U0474226

河海大学社科青年文库

特大型工程投资项目的利益冲突治理现代化

贺正齐　黄德春　张长征　著

光明日报出版社

图书在版编目（CIP）数据

特大型工程投资项目的利益冲突治理现代化 / 贺正齐，黄德春，张长征著．--北京：光明日报出版社，2021.4

ISBN 978－7－5194－5861－4

Ⅰ.①特… Ⅱ.①贺… ②黄… ③张… Ⅲ.①大型建设项目—工程项目管理—研究 Ⅳ.①F284

中国版本图书馆 CIP 数据核字（2021）第 059067 号

特大型工程投资项目的利益冲突治理现代化
TEDAXING GONGCHENG TOUZI XIANGMU DE LIYI CHONGTU ZHILI XIANDAIHUA

著　　者：	贺正齐　黄德春　张长征		
责任编辑：	李　倩	责任校对：	傅泉泽
封面设计：	徐娟娟	责任印制：	曹　诤

出版发行：光明日报出版社

地　　址：北京市西城区永安路 106 号，100050

电　　话：010－63169890（咨询），010－63131930（邮购）

传　　真：010－63131930

网　　址：http://book.gmw.cn

E－mail：gmcbs@gmw.cn

法律顾问：北京德恒律师事务所龚柳方律师

印　　刷：三河市华东印刷有限公司

装　　订：三河市华东印刷有限公司

本书如有破损、缺页、装订错误，请与本社联系调换，电话：010－63131930

开　　本：	170mm×240mm		
字　　数：	229 千字	印　　张：	15.5
版　　次：	2021 年 4 月第 1 版	印　　次：	2021 年 4 月第 1 次印刷
书　　号：	ISBN 978－7－5194－5861－4		
定　　价：	85.00 元		

版权所有　　翻印必究

前　言

　　当前，国际国内因素日趋复杂，中国面临的各种风险挑战前所未有，呈现国内与国际、网上与网下、传统与非传统多维度风险交织以及经济、科技、社会、政治、意识形态、军事等多领域风险叠加的趋势。其中，社会风险因素极易在经济、金融、科技、国际政治等风险因素的作用下放大，并向政治等领域传导，影响社会稳定。坚决贯彻习近平总书记关于风险治理的重要论述，科学推进新时代社会稳定风险治理，在实现中国梦的伟大历史进程中始终具有重要政治意义和深远战略意义。2019年1月21日，习近平总书记在省部级主要领导干部坚持底线思维，着力防范化解重大风险专题研讨班开班式上，就防范化解政治、意识形态、经济、科技、社会、外部环境、党的建设等领域重大风险做出深刻分析，强调深刻认识和准确把握外部环境的深刻变化，以及我国改革发展稳定面临的新情况新问题新挑战，坚持底线思维，增强忧患意识，提高防控能力，着力防范化解重大风险，保持经济持续健康发展和社会大局稳定。在当前国家着重强调防范化解重大风险以及推进治理体系与治理能力现代化的背景下，属于重大风险范畴的利益冲突放大下特大型工程投资项目社会稳定风险治理问题成为社会各界关注的焦点。

　　本书面向特大型工程投资项目的利益冲突实践问题，基于特大型工程投资项目利益冲突放大与社会稳定风险的关系，开展特大型工程投资项目利益冲突放大过程研究，剖析特大型工程投资项目利益冲突放大机理，聚焦利益冲突放大引发的特大型工程投资项目社会稳定风险问题，探讨建立特大型工程投资项目社会稳定风险的多元主体合作治理框架，提出多元主体合作治理模式下的多元利益主体冲突化解机制与社会稳定风险信息干预机制，并给出特大型工程投资项目社会稳定风险治理现代化体系建设方向。

首先，运用社会网络分析方法，构建特大型工程投资项目的"利益相关者—利益诉求"2-模网络，对其进行网络密度、中心度、结构洞等定量指标测度，界定出特大型工程投资项目主体的关键利益诉求。

其次，针对特大型工程投资项目利益冲突放大问题，基于关键利益诉求分析特大型工程投资项目关键利益主体行为，分别建立地方政府与当地群众、项目法人与当地群众、地方政府与项目法人之间的冲突博弈模型，并利用仿真研究方法分析三大关键利益主体冲突放大过程。

再次，在梳理特大型工程投资项目利益冲突的社会稳定风险治理困境与国际社会稳定风险治理模式基础上，提出对构建我国特大型工程投资项目社会稳定风险治理体系的启示，从多元主体合作治理的主体、动力、结构三方面给出特大型工程投资项目社会稳定风险治理的多元主体合作治理框架。

最后，针对特大型工程投资项目的利益冲突放大核心问题，在多元主体合作治理模式下，提出多元利益主体冲突化解机制与社会稳定风险信息干预机制，并结合国家治理体系与治理能力现代化要求，给出特大型工程投资项目社会稳定风险治理现代化体系建设方向。

本书的特点主要体现在：与一般项目风险管理研究不同，本研究聚焦特大型工程投资项目利益冲突及其引发的社会稳定风险实践问题，围绕特大型工程投资项目复杂的多元利益诉求和利益冲突引发的社会稳定风险问题，通过社会网络分析、演化博弈等理论与方法，识别特大型工程投资项目的关键利益诉求、利益冲突放大过程以及治理着力点，建立特大型工程投资项目的利益冲突治理现代化体系。不但完善了特大型工程投资项目利益冲突与社会稳定风险研究理论体系，在一定程度上拓展了项目风险管理理论，而且为我国特大型工程投资项目社会稳定风险化解提供了实践思路。本书所开拓的理论分析框架、研究方法和研究结论，为特大型工程投资项目的相关部门决策提供了参考工具与政策举措，也为我国其他工程投资类项目引发的重大风险问题分析与化解提供了借鉴，具有重要的理论与现实意义。然而，由于时间与精力的局限性，本书还存在许多不足之处，需要在今后的研究中进一步展开，敬请各位专家与广大读者批评指正。

感谢河海大学产业经济研究所的研究生们做了大量的支持工作。博士生苗军霞，硕士生张蕊、苗艺锦、刘冕、吴小庆、胡一锞、于利华等，先后参与了资料调研、数据收集和部分章节的写作、整理及文字校对工作。

目 录
CONTENTS

第一章 绪 论 …… 1

第一节 研究背景及意义 1
一、研究背景 1
二、研究目的 2
三、研究意义 3

第二节 国内外研究进展 4
一、特大型工程投资项目的多元利益诉求研究 4
二、特大型工程投资项目的利益冲突机理研究 10
三、特大型工程投资项目的利益冲突治理研究 16

第三节 研究思路与内容 21
一、研究思路 21
二、主要研究内容 22

第四节 研究方法与创新 24
一、研究方法 24
二、研究创新 26

第二章 概念界定与理论基础 …… 28

第一节 相关概念界定 28
一、特大型工程投资项目 28

二、利益冲突　29

　　三、社会稳定风险　31

　　四、治理现代化　33

第二节　特大型工程投资项目的利益冲突治理理论基础　34

　　一、特大型工程投资项目的多元利益冲突放大治理　34

　　二、特大型工程投资项目利益冲突的多元主体合作治理　36

第三节　利益冲突放大下特大型工程投资项目社会稳定风险
　　　　治理的实践与策略　37

　　一、特大型工程投资项目社会稳定风险治理的实践　37

　　二、特大型工程投资项目社会稳定风险治理的策略　39

小　结　40

第三章　特大型工程投资项目主体的关键利益诉求分析……………41

第一节　特大型工程投资项目关键利益诉求界定的
　　　　社会网络分析方法　41

　　一、2-模网络构建步骤　41

　　二、特大型工程投资项目的利益相关者识别　43

　　三、特大型工程投资项目的利益诉求识别　45

第二节　特大型工程投资项目"利益相关者—利益诉求"
　　　　2-模网络构建　51

　　一、问卷设计与数据搜集　51

　　二、"利益相关者—利益诉求"二部图构建　54

第三节　特大型工程投资项目的关键利益界定　57

　　一、利益相关者与利益诉求关系强度分析　57

　　二、关键利益诉求界定　61

小　结　65

第四章 特大型工程投资项目的利益冲突放大过程研究 …………… 67

第一节 关键利益主体行为分析 67

第二节 地方政府与当地群众利益冲突博弈 71

一、演化博弈基本理论 71

二、模型建立与均衡分析 74

三、仿真分析 79

四、参与者情绪对冲突的影响演化分析 84

五、结论 92

第三节 项目法人与当地群众的不完全信息动态博弈分析 93

一、不完全信息动态模型 93

二、均衡分析 95

三、结论 98

第四节 地方政府与项目法人的风险管理行为博弈 98

一、模型与均衡 99

二、随机演化模型及稳定性 101

三、数值分析 104

四、结论 109

小　结 109

第五章 利益冲突放大下特大型工程投资项目社会稳定风险的多元主体合作治理框架 ………………………………………… 110

第一节 特大型工程投资项目利益冲突的社会稳定风险治理困境 110

一、利益诉求多元的挑战 110

二、主体冲突放大的挑战 112

三、风险治理机制的挑战 114

第二节 特大型工程投资项目社会稳定风险治理模式的
　　　　比较与借鉴 115
　一、社会稳定风险治理的主要模式 115
　二、社会稳定风险治理模式的国际经验 118
　三、社会稳定风险治理模式的启示与借鉴 126

第三节 特大型工程投资项目社会稳定风险的多元主体
　　　　合作治理模式 130
　一、多元主体合作治理模式的构建原则与思路 130
　二、多元主体合作治理模式的主体分析 133
　三、多元主体合作治理模式的动力来源 135
　四、多元主体合作治理模式的结构设计 137

小　结 139

第六章　多元主体合作治理模式下特大型工程投资项目的多元
　　　　利益主体冲突化解机制…………………………………… 140

第一节 多元主体冲突化解的公众参与机制 140
　一、指导思想与基本原则 140
　二、公众参与化解路径 142
　三、公众参与方式选择 149

第二节 多元主体利益协调机制 157
　一、多元主体利益协商机制 157
　二、多元主体利益约束机制 159
　三、多元主体冲突处理机制 161

第三节 多元主体利益补偿机制 163
　一、多元主体利益补偿原则 164
　二、多元主体利益补偿方式 165
　三、多元主体利益补偿内容 167

小　结 168

第七章 多元主体合作治理模式下特大型工程投资项目的社会稳定风险信息干预机制 ·················· 170

第一节 社会稳定风险信息的干预机制总体思路 170
一、社会稳定风险信息干预的内涵 170
二、社会稳定风险信息干预的目标 171
三、社会稳定风险信息干预的框架构建 173

第二节 社会稳定风险信息的源头干预 175
一、信息公开法律法规建设机制 175
二、信息公开主体责任机制 178
三、信息公开通报执行机制 180

第三节 社会稳定风险信息的过程干预 183
一、信息监测法律法规建设机制 183
二、信息监测资源整合机制 187
三、信息监测技术发展机制 189

第四节 社会稳定风险信息的处置应对 193
一、渠道沟通与信息反馈机制 193
二、社会保障与经济补偿机制 195
三、谣言控制与心理疏导机制 199

小　结　201

第八章 特大型工程投资项目的社会稳定风险治理现代化体系 ······ 203

第一节 特大型工程投资项目社会稳定风险治理现代化的需求 203
一、应对项目风险挑战的有力保证 203
二、建立社会治理共同体的必然要求 204

第二节 特大型工程投资项目社会稳定风险治理现代化的原则与特点 206
一、特大型工程投资项目社会稳定风险治理现代化的原则 206
二、特大型工程投资项目社会稳定风险治理现代化的特点 208

第三节 特大型工程投资项目社会稳定风险治理现代化的
　　　　总体思路 210
　一、优化社会稳定风险管控体系 210
　二、提高项目治理水平和治理效能 212
　三、构建多方协同的全面治理体制 213
第四节 特大型工程投资项目社会稳定风险治理现代化的重要举措 214
　一、强化特大型工程投资项目社会稳定风险化解意识 214
　二、提高特大型工程投资项目社会稳定风险化解能力 216
　三、完善特大型工程投资项目社会稳定风险化解手段 217
小　结 220

第九章　结论与展望 …………………………………… 222
　第一节　研究结论 222
　第二节　研究展望 225

附录　特大型工程投资项目利益相关者与利益诉求的关系调查问卷
　………………………………………………………………… 227

第一章

绪 论

第一节 研究背景及意义

一、研究背景

(一)特大型工程投资项目主体的多元利益诉求是引发利益冲突的重要因素

利益冲突作为从社会学领域发展而来的概念,在经济学领域中表示每个人或者组织希望自己的利益最大化,追求的利益诉求差别而引发的冲突。特大型工程投资项目的投资规模大、建设周期长、工程建设复杂、项目涉及因素多、社会影响面广等特性,决定了特大型工程投资项目的利益主体众多,既包括直接利益主体,也包括非直接利益主体。这些利益主体由于所处位置与追求目标不同,利益诉求也必然不同。经济利益、环境利益、政治利益等利益诉求在不同的利益主体之间交织、相互影响,一旦相关利益主体的利益诉求难以得到保证,就会引发矛盾,造成利益冲突。

(二)利益冲突是特大型工程投资项目的社会风险根源

特大型工程投资项目的利益冲突主要体现在公众利益诉求与政府、项目法人决策之间的矛盾,表现为直接利益冲突与非直接利益冲突,其中非直接利益冲突较为突出。非直接利益冲突在时间和空间上的演化是一个无法控制的变量，稍有不慎就会引发严重的社会矛盾，例如特大型工程投资项目的征地拆迁、工程移民、生态补偿等影响社会系统运行的干扰要素，形成的利益冲突如果处置不当就会引发社会矛盾，带来一系列社会问题，并在某些地区成为维权民众与地方政府冲突的交汇点，导致社会风险的产生。

（三）利益冲突治理是化解特大型工程投资项目社会稳定风险的关键

当前我国处于社会矛盾的多发期、易发期，各种矛盾复杂交错，其社会矛盾多表现出群体性、对抗性和突发性特点，其中对抗性主要表现为当事人情绪越来越激烈，对抗程度不断加大，而突发性则表现为很多矛盾纠纷从产生到激化时间较短、传播速度较快，一触即发，社会矛盾易转化成影响社会稳定的社会风险因素。利益冲突是特大型工程投资项目社会风险的根源，也是产生社会稳定风险的直接原因，对特大型工程投资项目的利益冲突进行治理，协调各利益主体的利益诉求，可以有效缓解利益主体间矛盾冲突，减少社会矛盾，降低社会稳定风险发生概率。

为此，从利益主体与利益诉求多元视角研究特大型工程投资项目利益冲突，提出符合其科学规律的利益冲突及社会稳定风险治理框架，是当前解决我国特大型工程投资项目利益冲突及其引发的社会稳定风险的一条可选择的途径，也是实践中面临的一项紧迫任务。

二、研究目的

本书的主要任务是：围绕特大型工程投资项目利益冲突的实践问题识别特大型工程投资项目主体的关键利益诉求，揭示现阶段中国特大型工程投资项目的关键利益主体冲突放大机理，以及探讨如何治理利益冲突放大下的特大型工程投资项目社会稳定风险。为此，本研究要实现以下目的：

其一，特大型工程投资项目的利益主体多元、涉及因素复杂，多元利益主体间利益诉求不同导致利益冲突放大，如何从社会网络视角研究特大型工程投资项目利益相关者与利益诉求间复杂关系以及利用博弈论研究关键利益主体冲突放大问题，探索建立特大型工程投资项目利益冲突放大研究框架，是本研究的目的之一。

其二，如何治理利益冲突放大下的特大型工程投资项目社会稳定风险，探索提出特大型工程投资项目社会稳定风险治理框架，建立特大型工程投资项目社会稳定风险治理现代化体系，是本研究的目的之二。

三、研究意义

（一）重要的理论意义

本书从利益主体与利益诉求多元的视角建立特大型工程投资项目利益冲突研究框架，从特大型工程投资项目关键利益诉求出发，界定关键利益主体，研究特大型工程投资项目关键利益主体冲突放大过程，最终提出利益冲突放大下的特大型工程投资项目社会稳定风险的多元主体合作治理框架。同时，本研究通过将利益相关者理论、社会冲突理论、社会网络分析理论、委托代理理论等引入特大型工程投资项目利益冲突与社会稳定风险研究中，在一定程度上拓展了工程投资项目社会影响研究领域，丰富了特大型工程投资项目利益冲突与社会稳定风险形成机理研究，提升了复杂系统科学、经济学、管理学、社会学多学科交叉理论研究，完善了特大型工程投资项目利益冲突与社会稳定风险相关研究的理论体系。

（二）重要的现实意义

在当前的特大型工程投资项目建设中，经常因为利益冲突事件而使项目停摆，从而成为影响项目所在地区社会稳定的大问题。例如国外的巴西贝罗蒙特大坝项目、国内的南通启东PX项目等，都因为相关利益主体的利益诉求不同，造成利益冲突，影响项目成功甚至地区社会稳定。由于特大型工程投资项目利益冲突及社会稳定风险的复杂性，以往研究很难从操作层面提出具有指导意义的研究工具与方法，需要找到合适的突破点。本研究致力于从"应用导向"的研究范式，认识利益冲突放大对特大型工程投资项目社会稳定风险的影响，基于关键利益诉求界定关键利益主体，致力于从利益冲突放大视角研究特大型工程投资项目社会稳定风险形成机理，旨在解决当前社会稳定风险评估体制无法从根本上规避社会稳定风险的问题,具有重要的现实意义。

（三）重要的实践意义

中国的三峡水利枢纽、南水北调工程、京沪高铁、青藏铁路等特大型工程投资项目的兴建为中国经济发展带来了强劲动力；但同时,很多特大型工程投资项目也是人民群众关心的民生工程,带来的利益冲突问题复杂多变,受到政府及社会公众的高度关注。本研究基于社会网络与博弈论等理论,研究利益冲突放大下的社会稳定风险形成问题,提出特大型工程投资项目社会稳定风险的多元主体合作治理框架与相关治理机制,所开拓的理论分析框架、研究方法和研究结论,可以为我国特大型工程投资项目管理以及社会稳定风险管理提供实践思路和方法。

第二节　国内外研究进展

一、特大型工程投资项目的多元利益诉求研究

（一）特大型工程投资项目的利益主体研究

特大型工程投资项目具有复杂性,从项目的发起、设计、建造到运营和移交,每一个阶段都会涉及众多的群体和个人[1],这使得特大型工程投资项目利益主体研究成为一个热门话题[2]。在特大型工程投资项目管理领域,人们普遍认为在项目管理过程中应当处理好项目利益主体的利益诉求,以促进

---

[1] 游洋. 基于系统动力学的 PPP 利益相关者关系质量仿真研究 [D]. 天津：天津大学,2016.
[2] FLYVBJERG B, TURNER J R. Do classics exist in megaproject management? [J]. International Journal of Project Management, 2017, 36（2）：334-341.

项目的成功。① 因此，需要采用合适的方法对项目利益主体进行界定。

利益相关者理论被纳入特大型工程投资项目利益冲突治理现代化中。自20世纪90年代以来，人们对利益相关者的研究越来越感兴趣，许多学者试图定义和提出利益相关者分析的实用方法。以弗里曼（Freeman）为代表的广义上的利益相关者定义是指能够对公司目标的实现产生影响，或是在公司实现目标的过程中被影响的个人或集体，包括股东、雇员、消费者、社区、供应商以及政府等主体。② 以克拉克森（Clarkson）为代表的狭义上的利益相关者指的是将自身资本投入公司并因公司活动而承担一定风险的组织或个人。③ 基于利益相关者理论，学者们对不同特大型工程投资项目利益主体进行识别。林雄雁（2018）④ 基于利益相关者理论对重大水利工程项目的利益主体进行了识别与界定，认为重大水利工程利益主体应该包括政府部门、私营部门、项目公司在内的核心利益主体，金融机构、移民、承包商、供应商在内的一般利益相关者以及最终用户、环保人士、社会大众在内的边缘利益相关者。李宁宁（2018）⑤ 从利益相关者视角下解读了大型工程项目五个利益相关者的困境状态。布玛尔（Boumaour）等（2018）⑥ 基于利益相关者理论对阿尔及利亚古拉亚国家公园大型整合项目的利益主体进行研究，认为项

---

① YANG J, SHEN G Q, BOURNE L, et al. A typology of operational approaches for stakeholder analysis and engagement [J]. Construction Management and Economics, 2011 (29)：145 – 162.
② FREEMAN R E. Strategic Management：A Stakeholder Approach [M]. Boston：Pitman, 1984.
③ CLARKSON M. A risk – based model of stakeholder theory [C] //Preceedings of the Toronto Conference on Stakeholder Theory. Toronto, Canada：University of Toronto, 1994.
④ 杨雄雁. 水利工程PPP项目动态利益分配研究 [D]. 长沙：中南林业科技大学, 2018.
⑤ 李宁宁. 利益相关者视角下邻避冲突的治理困境及解决机制研究 [D]. 长春：长春工业大学, 2018.
⑥ BOUMAOUR A, GRIMES S, BRIGAND L, et al. Integration process and stakeholder's interactions analysis around a protection project：Case of the National park of Gouraya, Algeria（South – western Mediterranean）[J]. Ocean & Coastal Management, 2018 (153)：215 – 230.

目包括森林保护机构、国家公园董事会等19个利益主体。

特大型工程投资项目多元利益诉求分析的有效性依赖于利益主体的识别。通过文献梳理，常见的利益主体识别方法包括 Mitchell 评分法①、多维细分法②、社会网络分析法（SNA）③、半结构化访谈④、三维模型⑤、文献回顾总结⑥、案例研究调查⑦等。社会网络分析方法是近年来运用较多的方法之一，孙琳等（2019）⑧ 通过 SNA 分析测算出特大型工程投资项目的关键利益主体包括施工方、项目法人、地方政府及移民。此外，文献回顾总结和案例研究调查也是主要方法。任冬（2017）⑨ 基于对大量文献的阅读，研究总结出五个交通项目建设阶段的主要利益相关者，有政府机构、建设单位、勘察设计单位、施工单位以及监理单位；欧卓莹（2019）⑩ 基于对大量新闻

---

① MITCHELL R K, AGLE B R, WOOD D J. Toward a theory of stakeholder identification and salience: Defining the principle of who and what really counts [J]. Academy of management review, 1997, 22 (4): 853 – 886.
② 卢文刚, 黎舒菡. 基于利益相关者理论的邻避型群体性事件治理研究: 以广州市花都区垃圾焚烧项目为例 [J]. 新视野, 2016 (4): 90 – 97.
③ MOK K Y, SHEN G Q, YANG R J, et al. Investigating key challenges in major public engineering projects by a network – theory based analysis of stakeholder concerns: A case study [J]. International Journal of Project Management, 2017, 35 (1): 78 – 94.
④ GINIGE K, AMARATUNGA D, HAIGH R. Mapping stakeholders associated with societal challenges: A Methodological Framework [J]. Procedia Engineering, 2018 (212): 1195 – 1202.
⑤ 丁荣贵. 项目利益相关方及其需求的识别 [J]. 项目管理技术, 2008 (1): 73 – 76.
⑥ DI M F, DAVIS K. The influence of local community stakeholders in megaprojects: Rethinking their inclusiveness to improve project performance [J]. International Journal of Project Management, 2017, 35 (8): 1537 – 1556.
⑦ YU T, SHEN G Q, SHI Q, et al. Managing social risks at the housing demolition stage of urban redevelopment projects: A stakeholder – oriented study using social network analysis [J]. International journal of project management, 2017, 35 (6): 925 – 941.
⑧ 孙琳, 黄德春, 张长征. 基于 SNA 的特大型工程投资项目关键利益主体识别与博弈分析 [J]. 水利经济, 2019, 37 (3): 78 – 84, 88.
⑨ 任冬. 京津冀交通建设利益相关者风险态度及风险分担模式研究 [D]. 北京: 首都经济贸易大学, 2017.
⑩ 欧卓莹. 利益相关者理论视角下的中国海外高铁项目报道研究 [D]. 广州: 广东外语外贸大学, 2019.

文本的阅读识别出中国海外高铁项目所涉及的利益主体包括政府、专家、企业、行业组织、非政府组织、群众；王书利（Wang S L）等（2019）[1] 通过文献梳理得出水电项目涉及各种利益主体，包括业主、当局、债权人、设计师、监理、承包商和当地社区；刘博洋（2019）[2] 基于利益相关者理论，以李坑垃圾焚烧厂作为典型案例，通过实地调查、观察、访谈等方式获得一手资料，通过查阅网络和期刊以及新闻报道获得二手资料，提炼出李坑垃圾焚烧厂在建设与运营中存在政府、公众、企业三个利益主体。

这些方法各自都有优缺点，为了更加全面和精确地对特大型工程投资项目利益主体进行识别，部分学者采用多种方法相结合的方式。莫克（Mok，2017）[3] 结合 SNA 方法与访谈方法对大型文化建筑项目利益相关者进行识别。赵李萍（2019）[4] 在对我国一系列典型的铁路工程项目案例和相关文献分析的基础上，运用利益相关者显著模型设计了调查问卷，采用统计工具识别核心利益相关者。易红雨（2019）[5] 结合多维细分法和米切尔打分法对装配式住宅项目的利益主体进行识别，包括政府、项目咨询方、业主方、设计方、承包方、生产商等。任国琴（2019）[6] 采用深度访谈、个案研究及米切尔打分法得出业主单位、承包单位、监理单位、设计单位和农民是自始至终

---

[1] WANG S L, SHEN W X, TANG W Z, et al. Understanding the social network of stakeholders in hydropower project development: An owners' view [J]. Renewable Energy, 2019 (132): 326–334.
[2] 刘博洋. 利益相关者视角下邻避效应成因及治理策略研究：以李坑垃圾焚烧厂为例 [D]. 广州：广东外语外贸大学，2019.
[3] MOK K Y, SHEN G Q, YANG R J. Addressing stakeholder complexity and major pitfalls in large cultural building projects [J] International Journal of Project Management, 2017 (35): 463–478.
[4] 赵李萍. 铁路工程项目核心利益相关者关系分析与治理 [D]. 北京：北京交通大学，2019.
[5] 易红雨. 基于 SNA 的装配式住宅项目进度风险研究 [D]. 重庆：西华大学，2019.
[6] 任国琴. 小型公益性水利工程建设中利益相关者行为逻辑分析 [D]. 武汉：华中师范大学，2019.

影响水库建设或被水库建设影响的利益主体。王冰洁（2019）[①] 采用三维模型法对综合管廊项目利益主体进行初步识别，再通过深度访谈共识别出政府职能部门、项目公司、金融机构、周边群众等14个利益相关者。弗里茨（Fritz）等（2018）[②] 采用案例分析与供应链视角相结合的方法对金矿开采项目和可持续发展能源供应项目的利益相关者进行识别，将其界定为政府、企业、研究人员和非政府组织。

（二）特大型工程投资项目的利益诉求研究

特大型工程投资项目的利益主体多元、涉及因素复杂，大部分利益主体都缺乏必要的专业知识，也几乎很难直接参与诸如材料的选择，工序安排，土地、劳动资料的优化配置等与工程直接相关的活动中去，不同主体的利益诉求存在差异。[③] 多元利益主体间利益诉求不同导致利益冲突放大，因此明确不同主体的利益诉求是什么，分析利益诉求的区别和联系是特大型工程投资项目冲突治理的基础。特大型工程投资项目具有一定投资规模，关系国计民生，对一定区域政治、经济、社会、环境、文化等有重要影响。[④] 通过文献梳理，可以发现学者们主要从经济利益诉求、社会利益诉求、环境利益诉求等方面对特大型工程投资项目的利益诉求进行研究。

从特大型工程投资项目经济利益诉求来看，刘博洋（2019）[⑤] 认为特大型工程投资项目的投资，建设主体是经济主体，利润追求是理性经济人最基本的行为，特大型工程投资项目的投资，建设主体提供资金、设备、人才以

[①] 王冰洁. 基于SNA的综合管廊PPP项目利益相关者治理关系研究 [D]. 北京：北京建筑大学，2019.

[②] FRITZ M M C, RANTER R, BAUMGARTNER R. A supply chain perspective of stakeholder identification as a tool for responsible policy and decision-making [J]. Environmental Science and Policy, 2018（81）：63–76.

[③] 尹文娟. 工程活动中的"利益相关者"：必要性、缺席与复位研究 [J]. 科学技术哲学研究，2019（6）：68–73.

[④] 刘波，杨芮，王彬."多元协同"如何实现有效的风险沟通？——态度、能力和关系质量的影响 [J]. 公共行政评论，2019（5）：133–153，214–215.

[⑤] 刘博洋. 利益相关者视角下邻避效应成因及治理策略研究：以李坑垃圾焚烧厂为例 [D]. 广州：广东外语外贸大学，2019.

及先进的技术和管理经验等，参与项目设计、施工、运营全过程，主要动机就是为了实现资本增值。赵晖（2019）[①] 从利益补偿诉求角度分析，认为特大型工程投资项目具有一定的负外部性，可能会在建设和运营的过程中造成空气污染、地下水污染、动植物畸形生长等问题，导致周边群众的财产价值受损，周边群众对于财产价值受损的补偿或拆迁补偿额可能会存在不足、不公平的问题，因此产生经济补偿的利益诉求[②]。周佑勇和翟东（2017）[③] 从项目成本诉求角度分析，认为特大型工程投资项目的利益主体希望建设、运营成本越低越好，因此施工方有得到政府优惠政策以降低项目成本的利益诉求。王晓彦等（2019）[④] 从经济发展诉求角度分析，认为政府通过特大型工程投资项目的建设、运营来吸引社会资本的参与，同时为公众提供优质的基础设施服务，带动相关产业发展、提升区域竞争力，最终实现经济高质量发展。

当公众的社会利益受到侵害时，会产生社会利益诉求。戴二玲等（2019）[⑤] 从社会利益诉求中的居民生活治理诉求来看，认为政府开展特大型工程投资项目可以满足周边企事业单位及居民正常运营及生活，间接提高居民生活质量。谭惠民（Tan H M）等（2020）[⑥] 认为特大型工程投资项目具有一定的负外部性，项目所在地居民害怕在项目开发、建立和运营的过程中产生排放物，对健康产生危害，从而形成居民健康诉求，各地爆发的抵制 PX 项目事件、反对污水处理项目建设等，都是公众对于自身健康情况诉求

[①] 赵晖. 服务供给、公众诉求与邻避冲突后期治理：基于双案例的比较研究 [J]. 江苏社会科学，2019（5）：107－113.

[②] 张郁，李娟，徐彬. 邻避设施利益群众非理性抗争的心理感知——基于"挫折—侵犯"理论 [J]. 城市问题，2020（1）：81－90.

[③] 周佑勇，翟冬. 城市交通 PPP 模式的利益失衡及其法治构建 [J]. 河南社会科学，2017（1）：89－99.

[④] 王晓彦，胡婷婷，胡德宝. PPP 项目利益与风险分担研究——基于 PPP 项目利益主体不同利益诉求的分析 [J]. 价格理论与实践，2019（8）：96－99.

[⑤] 戴二玲，张曦，黄嘉南. 基于社会燃烧理论的建设项目社会稳定风险评估体系构建 [J]. 建筑经济，2019（6）：100－104.

[⑥] TAN H M, WONG P G, XU J H. Not under my backyard? Psychological distance, local acceptance, and shale gas development in China [J]. Energy Research & Social Science，2020（61）：101336.

的一种表现①。陈焕焕（2017）②、虞鑫（2019）③、王瑜（2019）④ 等还分别对劳动就业诉求、公共安全诉求等其他类型社会利益诉求展开了深入研究。

特大型工程投资项目在建设和运营的过程中不可避免地会对周边环境造成一定的破坏，因此相关利益主体有环境利益诉求。环境利益诉求包括自然环境诉求和社会环境诉求。从自然环境诉求角度分析，特大型工程项目所引发的空气污染、水污染、噪声污染破坏自然环境，项目所在地居民对自然环境诉求情绪高涨，认为项目高毒高害，污染环境，容易引发事故、危害健康。⑤ 刘志林（Liu Z L）等（2018）⑥ 认为如果自然环境诉求得不到重视，出于对保护环境的紧迫感，当地居民将会过度担心噪声、臭气、固废等污染物带来的负面影响，导致特大型工程投资项目的停建、缓建或迁址。⑦

二、特大型工程投资项目的利益冲突机理研究

（一）特大型工程投资项目的利益主体冲突研究

由于特大型工程投资项目具有建设周期长、利益主体多元、利益诉求复杂等特点，因此特大型工程投资项目的利益冲突与其他类型项目的利益冲突相比，其冲突更加直接且频繁。近年来，国内外学者对特大型工程投资项目

---

① 谭爽. 从知识遮蔽到知识共塑：我国邻避项目决策的范式优化 [J]. 中国特色社会主义研究，2019（6）：84 – 91.
② 陈焕焕. 基于利益相关者理论的政府重大工程决策中的公众参与研究：以茂名市 PX 项目事件为例 [D]. 广州：暨南大学，2017.
③ 虞鑫. 话语制度主义：地方政府回应公众意见的理论解释：基于"意见—政策"连接理论的多案例比较分析 [J]. 新闻与传播研究，2019（5）：21 – 40，126.
④ 王瑜. 利益分析视角下的地方政府行为研究：以 28 个典型邻避事件为例 [J]. 中国延安干部学院学报，2019（5）：110 – 116.
⑤ 卢文刚，黎舒菡. 基于利益相关者理论的邻避型群体性事件治理研究：以广州市花都区垃圾焚烧项目为例 [J]. 新视野，2016（4）：90 – 97.
⑥ LIU Z L, LIAO L, MEI C Q. Not – in – my – backyard but let's talk: Explaining public opposition to facility siting in urban China [J]. Land Use Policy, 2018 (77): 471 – 478.
⑦ 丛杭青，顾萍，沈琪，等. 工程项目应对与化解社会稳定风险的策略研究：以"临平净水厂"项目为例 [J]. 科学学研究，2019（3）：385 – 391.

的利益冲突做了大量的研究。分析总结国内外不同学者对工程投资项目利益冲突的研究,不难发现,工程投资项目产生利益冲突的根源均在于人们的利益关系,利益冲突的起点是不同利益主体之间的利益矛盾(毕天云,2000[①];杨晓敏,2010[②]),由此可见,特大型工程投资项目利益主体之间的冲突是引发工程投资项目利益冲突的一个重要方面。不同的利益主体往往只是根据自己的目标和价值体系独立地做出决定,而很少考虑其他利益主体的需求,因缺乏共同的价值观而导致大量的利益冲突(琚倩茜等,2017[③];于中华,2017[④];曾泫淋,2019[⑤])。除此之外,学者发现利益主体间的沟通与项目利益冲突存在紧密的关系,有效的沟通可以减少利益主体间的冲突(张连英等,2015[⑥];吴光东等,2017[⑦];奥里维拉等,2019[⑧];韦晨,2019[⑨])。因此越来越多的学者将特大型工程投资项目利益冲突的研究重点转移至主体(郑明珠等,2019[⑩])。学者们针对特大型工程投资项目的利益主体冲突问

---

① 毕天云. 论社会冲突的根源[J]. 云南师范大学学报(哲学社会科学版),2000,5:1.
② 杨晓敏. 论利益冲突[D]. 济南:山东大学,2010.
③ JU Q X, DING L Y, SKIBNIEWSKI M J. Optimization strategies to eliminate interface conflicts in complex supply chains of construction projects [J]. Journal of Civil Engineering and Management, 2017, 23 (6): 712 – 726.
④ 于中华. 工程项目利益相关者冲突处理机制的构建[J]. 中外企业家,2017 (20): 201 – 202.
⑤ 曾泫淋. 贵州建工集团项目团队利益冲突管理研究[D]. 贵阳:贵州大学,2019.
⑥ ZHANG L Y, HUO X Y. The impact of interpersonal conflict on construction project performance [J]. International Journal of Conflict Management, 2015, 26 (4): 479 – 498.
⑦ WU G D, LIU C, ZHAO X B, et al. Investigating the relationship between communication – conflict interaction and project success among construction project teams [J]. International Journal of Project Management, 2017, 35 (8): 1466 – 1482.
⑧ OLIVEIRA G F, RABECHINI J R. Stakeholder management influence on trust in a project: A quantitative study [J]. International Journal of Project Management, 2019, 37 (1): 131 – 144.
⑨ 韦晨,姚文刚. 市政建设项目中群体性行动的成因分析与对策建议[J]. 上海船舶运输科学研究所学报,2019,42 (1): 84 – 86.
⑩ 郑明珠,赛云秀,李俊亭. 大型建筑工程项目利益相关者管理研究述评[J]. 项目管理技术,2019,17 (3): 23 – 27.

题，主要从利益主体冲突的类型与研究方法两方面进行研究。

特大型工程投资项目利益主体冲突的类型有很多，既有两方利益主体冲突，如政府—社会公众、业主—项目法人、政府—媒体之间的冲突等；也有多方利益主体冲突，如政府—社会公众—项目法人之间的冲突。众多学者对特大型工程投资项目利益主体冲突的类型进行了深入研究。在两方主体冲突中，工程投资项目利益主体间的冲突主要体现为政府和项目法人之间的双向矛盾（孙元明，2011[①]；何蕾，2018[②]；德·谢珀等，2014[③]）。在多方主体冲突中，唐耀祥（2014）[④]、任高飞（2019）[⑤] 针对项目中业主、投资建设方、施工方三个主要利益相关者，从行为经济学视角采用博弈方法研究了利益冲突问题。卢文刚和黎舒菡（2016）[⑥] 以广州市垃圾焚烧项目为例，认为政府与公众、政府与媒体、公众与专家之间的利益冲突是推动邻避事件发展的重要因素，应通过各利益相关方协调合作来解决。

近年来学者采用多种研究方法对特大型工程投资项目利益主体冲突进行了更深层次的研究。莱斯·克莱逊（Layth Kraidi）等（2020）[⑦] 基于计算机

[①] 孙元明. 三峡库区"后移民时期"若干重大社会问题分析：区域性社会问题凸显的原因及对策建议［J］. 中国软科学，2011（6）：24–33.

[②] 何蕾. PPP模式下项目利益相关者关系网络分析：以某省某地区海绵城市项目为例［J］. 管理观察，2018（21）：101–102，105.

[③] DE S, DOOMS M, HAEZENDONCK E. Stakeholder dynamics and responsibilities in Public – Private Partnerships: A mixed experience ［J］. International Journal of Project Management, 2014, 32（7）: 1210–1222.

[④] 唐耀祥. BT项目主要利益相关方的冲突博弈研究：基于行为经济学视角［J］. 建筑经济，2014（7）：114–116.

[⑤] 任高飞. PPP项目中核心利益相关者的关系管理研究［J］. 大众标准化，2019（16）：178，180.

[⑥] 卢文刚，黎舒菡. 基于利益相关者理论的邻避型群体性事件治理研究：以广州市花都区垃圾焚烧项目为例［J］. 新视野，2016（4）：90–97.

[⑦] KRAIDI L, SHAH R, MATIPA W, et al. Using stakeholders' judgement and fuzzy logic theory to analyze the risk influencing factors in oil and gas pipeline projects: Case study in Iraq, Stage II ［J］. International Journal of Critical Infrastructure Protection, 2020（28）: 100337.

风险分析模型（CBRAM）对石油产品运输项目中利益主体冲突进行了研究。斯利尼瓦桑（N. P. Srinivasan）和达维亚（S. Dhivya, 2020）[①] 利用问卷调查的方法，并采用主成分分析法确定了影响工程项目利益相关者冲突的主要因素。胡长改等（2019）[②] 基于利益相关者价值网络（SVN）模型，构建项目利益相关者的价值—信息—协调关系综合网络，系统分析工程项目的不确定风险。袁竞峰等（2019）[③]、埃斯克罗德（Eskerod）等（2015）[④] 建立了系统动力学模型，于涛等（2019）[⑤] 建立了利益相关者冲突分析模型平衡利益相关者的利益，减少我国工程投资项目中的利益相关者冲突。

（二）特大型工程投资项目的社会稳定风险研究

在特大型工程投资项目的建设过程中，经常会遇到征地拆迁（Li C 和 Xi Z, 2019[⑥]；杨芳雨和沈克慧，2012[⑦]；赵时雨，2019[⑧]）、移民安置（李庆

[①] SRINIVASAN N P, DHIVYA S. An empirical study on stakeholder management in construction projects [J]. Materials Today：Proceedings, 2020 (21)：60–62.

[②] 胡长改,杨德磊,李洋,等.政府—社会资本合作（PPP）项目利益相关者价值网络研究[J].工程管理学报,2019,33(6)：72–77.

[③] YUAN J F, JI W Y, GUO G Y, et al. Simulation–based dynamic adjustments of prices and subsidies for transportation PPP projects based on stakeholders' satisfaction [J]. Transportation, 2019 (46)：1–6.

[④] ESKEROD P, HUEMANN M, RINGHOFER C. Stakeholder Inclusiveness：Enriching Project Management with General Stakeholder Theory [J]. Project Management Journal, 2015, 46 (6)：42–53.

[⑤] YU T, LIANG X, SHEN G Q, et al. An optimization model for managing stakeholder conflicts in urban redevelopment projects in China [J]. Journal of cleaner production, 2019 (212)：537–547.

[⑥] LI C, XI Z. Social stability risk assessment of land expropriation：lessons from the Chinese case [J]. International Journal of Environmental Research and Public Health, 2019, 16 (20)：3952.

[⑦] 杨芳勇,沈克慧.论房屋拆迁社会稳定风险评估体系的建立[J].南昌大学学报（人文社会科学版）,2012,43(6)：51–56.

[⑧] 赵时雨.征地拆迁中利益抗争及其社会风险研究[D].上海：华东理工大学,2019.

和黄诗颖，2016①；汪洋等，2018②)、生态环境污染（Zhang G W，2017③；Zhang R 等，2017④）等问题，这些问题极易引起各利益相关者之间的利益冲突从而导致群体性事件的爆发（荣婷和谢耘耕，2015⑤；武朝阳和刘莹莹，2016⑥)。在这个过程中，不同利益相关者之间的矛盾使社会充满了不同类型的风险，这些风险经过一系列演化，形成不同类型的社会冲突，对正常的社会秩序产生了冲击（王弘扬，2017⑦)。群体性事件作为我国社会冲突的主要表现形式之一，其爆发意味着产生社会冲突，进而产生社会风险，造成社会失稳（黄杰等，2015⑧；徐佳佳，2016⑨）。

由于特大型工程投资项目利益主体和利益诉求的多元化极易产生利益冲突，引发社会稳定风险，因此越来越多的学者倾向于研究利益冲突与社会稳定风险之间的关系。Liu Z 等（2016）⑩ 以中国吉县工业园区为例，建立了一个社会风险管理框架，以防止和减少大型工程项目的群体对抗和冲突。He Z

---

① 李庆，黄诗颖. 水库移民社会治理创新研究 [J]. 人民长江，2016，47（14）：98 - 103.
② 汪洋，冯怡宁，刘晶. 重大建设工程非自愿性移民贫困与治理研究评述 [J]. 工程管理学报，2018，32（2）：103 - 107.
③ ZHANG G W. Study on the Causes of Social Stability Risk of Environmental Engineering Project - Based on Qualitative Comparative Analysis Method [C] //2017 International Conference on Management Science and Engineering (ICMSE). IEEE，2017：684 - 690.
④ ZHANG R, ANDAM F, SHI G. Environmental and social risk evaluation of overseas investment under the China - Pakistan Economic Corridor [J]. Environmental monitoring and assessment，2017，189（6）：253.
⑤ 荣婷，谢耘耕. 环境群体性事件的发生、传播与应对：基于2003—2014年150起中国重大环境群体事件的实证分析 [J]. 新闻记者，2015（6）：72 - 79.
⑥ 武朝阳，刘莹莹. 重大工程项目建设中公众的风险感知分析：以宁波PX项目为例 [J]. 领导科学论坛，2016（13）：42 - 54.
⑦ 王弘扬. 风险治理在邻避冲突治理中的应用 [D]. 济南：山东大学，2017.
⑧ 黄杰，朱正威，赵巍. 风险感知、应对策略与冲突升级：一个群体性事件发生机理的解释框架及运用 [J]. 复旦学报（社会科学版），2015，57（1）：134 - 143.
⑨ 徐佳佳. 风险社会视域下群体性突发事件诱发动因及治理机制研究 [D]. 大连：辽宁师范大学，2016.
⑩ LIU Z, ZHU Z, WANG H, et al. Handling social risks in government - driven mega project: An empirical case study from West China [J]. International Journal of Project Management，2016，34（2）：202 - 218.

等（2018）[①]、Guo X 和卡普库（2019）[②]、Yu T 等（2017）[③] 认为大型工程项目利益相关者的多元化和利益相关者之间的复杂相互关系是影响社会稳定风险的重要因素，调查了利益相关者的相关风险及其相互关系，并用社会网络分析的方法确定了主要的社会稳定风险因素并提出了各自的应对措施。Qiu Y 等（2019）[④]、Peng S 等（2019）[⑤] 分别通过专家权威系数法和模糊综合评价法对拆迁安置诱发社会稳定风险的关键因素进行识别，并提出了社会稳定风险控制策略。张岩（2016）[⑥]、王勇（2016）[⑦]、曾小玲和何寿奎（2019）[⑧] 利用行为演化博弈模型，深入探讨利益冲突产生的原因及其机理，有针对性地提出相对行之有效的协调机制，以期减少社会稳定风险。黄德春等（2019）[⑨] 建立了系统动力学模型，选取大型工程项目 X 建设引发的群体性事件 S 为案例进行仿真研究，以政府响应时间与政府权威信息透明度为

[①] HE Z, HUANG D, ZHANG C, et al. Toward a stakeholder perspective on social stability risk of large hydraulic engineering projects in China: a social network analysis [J]. Sustainability, 2018, 10 (4): 1223.

[②] GUO X, KAPUCU N. Examining Stakeholder Participation in Social Stability Risk Assessment for Mega Projects using Network Analysis [J]. International Journal of Disaster Risk Management, 2019, 1 (1): 1–31.

[③] YU T, SHEN G Q, SHI Q, et al. Managing social risks at the housing demolition stage of urban redevelopment projects: A stakeholder–oriented study using social network analysis [J]. International journal of project management, 2017, 35 (6): 925–941.

[④] QIU Y, ZHANG Y, QI S. Identification of Social Stability Risk Factors in Demolition and Resettlement From Two–Dimensional Perspective [J]. Journal of Huaqiao University (Natural Science), 2019 (5): 612–620.

[⑤] PENG S, SHI G, ZHANG R. Social stability risk assessment: status, trends and prospects—a case of land acquisition and resettlement in the hydropower sector [J]. Impact Assessment and Project Appraisal, 2019: 1–17.

[⑥] 张岩. 环境邻避冲突中利益博弈与对策建议：以厦门 PX 项目事件为例 [J]. 法制博览, 2016 (26): 56–58.

[⑦] 王勇. 海外油气管道项目主要利益相关者冲突研究 [D]. 东营：中国石油大学（华东），2016.

[⑧] 曾晓玲，何寿奎. 重大工程项目 PPP 模式公私利益冲突与行为演化博弈研究 [J]. 建筑经济, 2019, 40 (12): 66–72.

[⑨] 黄德春，贺正齐，张长征. 大型工程社会稳定风险扩散的系统动力学仿真研究 [J]. 河海大学学报（哲学社会科学版），2019, 21 (3): 60–67, 107.

例，探讨其对风险化解的影响。

三、特大型工程投资项目的利益冲突治理研究

（一）特大型工程投资项目治理研究

关于项目治理的概念，国内外学术界没有统一说法，但中心思想一致，其最早来自公司治理理论，主张从公司治理的角度来对项目治理进行研究（杨飞雪等，2004①；拉尔夫，2009②；韦弗，2013③），其目的在于对相关利益者进行管理和整合，最终实现行为和结果的有效控制（丁荣贵，2013④；乔斯林，2016⑤）。具体来看，严玲等（2004）⑥从经济学的角度出发研究公共项目的治理，认为项目治理是以治理结构为核心，合理分配项目的权、责、利以及风险的制度框架体系；丁荣贵（2017）⑦从提高项目治理的成熟度出发，借鉴流程管理的思想，认为项目治理是一个动态的过程，是通过项目实施过程中利益相关者间的关系不断调整的过程，来保证利益相关者履行职责，从而实现项目目标，降低项目风险。做好项目治理与项目管理的定义辨析是项目治理研究的重要组成部分，克劳弗德（2005）⑧认为项目治理可以被定义为，为完成项目管理，适用于单一项目、大项目或项目组合的一整

---

① 杨飞雪，汪海舰，尹贻林. 项目治理结构初探［J］. 中国软科学，2004（3）：80 - 84.
② MULLER R. Project Governance：Fundamentals of project management［C］. Gower Publishing Company，2009：120 - 123.
③ WEAVER P. Effective project governance - linking PMI's standards to project governance［C］. Hong Kong：PMI Global Congress，2007：1 - 14.
④ 丁荣贵，高航，张宁. 项目治理相关概念辨析［J］. 山东大学学报（哲学社会科学版），2013（2）：138 - 148.
⑤ JOSLIN R，MULLER R. The relationship between project governance and project success［J］. International Journal of Project Management，2016，34（4）：613 - 626.
⑥ 严玲，尹贻林，范道津. 公共项目治理理论概念模型的建立［J］. 中国软科学，2004（6）：130 - 135.
⑦ 丁荣贵. 项目治理实现可控的创新［M］. 北京：中国电力出版社，2017.
⑧ CRAWFORD L H. Project governance：the pivotal role of the excutive sponsor［C］. Toronto：PMI Global Congress Proceedings，2005：1 - 9.

套正式的原则、结构和过程;沙凯逊(2018)[①]采取项目本位的立场,从组织间关系的视角审视建设项目中存在的各种关系。

国内外对项目治理的研究主要包括项目治理机制和项目治理结构两个方面,二者相互依赖,不可分割。项目治理机制体现组织机构运营的"动态性",张喆等(2007)[②]和陈帆等(2010)[③]认为提高项目效率的关键是优化控制权的分配,利用关系契约进行治理能够显著提升项目治理效率。项目治理结构方面,众多学者认为清晰的组织架构、有效的决策结构和控制流程会保证项目成功(帕特尔,2010[④];德里等,2012[⑤];Zhai Z 等,2017[⑥])。尹贻林等(2011)[⑦]、严玲等(2016)[⑧]、宋晓芳(2017)[⑨]和谢坚勋等(2018)[⑩]将项目治理应用于实际案例中,基于契约治理和关系治理对项目治理结构模型展开了深入研究,研究了在不同情境下,政府激励项目公司的最优均衡稳定策略。

[①] 沙凯逊. 建设项目治理中的若干基本问题探析[J]. 项目管理技术,2018,179(5):13–18.

[②] 张喆,贾明,万迪昉. 不完全契约及关系契约视角下的PPP最优控制权配置探讨[J]. 外国经济与管理,2007,29(8):24–29.

[③] 陈帆,王孟钧. 契约视角下的PPP项目承包方治理机制研究[J]. 技术经济,2010,29(6):45–48.

[④] PATEL M, HERBERT R. Impact of governance on project delivery of complex NHS PFI/PPP schemes[J]. Journal of Financial Management of Property and Construction, 2010, 15(3):216–234.

[⑤] DELHI V S K, MAHALINGAM A, PALUKURI S. Governance issues in BOT based PPP infrastructure projects in India[J]. Built Environment Project and Asset Management, 2012, 2(2):234–249.

[⑥] ZHAI Z, AHOLA T, LE Y, et al. Governmental governance of megaprojects: the case of EXPO 2010 Shanghai[J]. Project Management Journal, 2017, 48(1):37–50.

[⑦] 尹贻林,赵华,严玲,等. 公共项目合同治理与关系治理的理论整合研究[J]. 科技进步与对策,2011(13):1–4.

[⑧] 严玲,邓娇娇,严敏,等. 工程项目管理研究中的实验研究方法:以承包人履约行为实验为例[J]. 工程管理学报,2016,30(1):87–92.

[⑨] 宋晓芳. 非对称信息下PPP模式的逆向选择与道德风险防范研究[D]. 西安:西安建筑科技大学,2017.

[⑩] 谢坚勋,温斌焘,许世权,等. 片区整体开发型重大工程项目治理研究:以上海西岸传媒港为例[J]. 工程管理学报,2018,32(2):85–90.

特大型工程投资项目是指投资规模巨大的工程项目,其面临诸多困难与挑战,桑德隆(2012)①认为技术复杂性、利益相关者复杂性、公共部门与私人部门间利益冲突复杂性以及决策不确定性等挑战都会影响工程项目的治理。从大型项目的绩效不足问题出发,现有研究成果提供了许多解释。除工程项目一些固有特征,如有限理性、多元文化、复杂性和不确定性等因素的共同作用(肯西迪,2015②;马力韦基克,2016③),以及利益相关者的机会主义(戴维斯,2018④)导致工程项目绩效问题不可避免之外,洛赫(2006)⑤、阿荷拉(2012)⑥和曼利(2017)⑦认为绩效问题主要原因是治理机制的不恰当与不完整。针对此观点,桑德森(2012)⑧特别指出,治理机制的错位与不完善是导致重大工程项目绩效不佳的主要根源。此外,合同

---

① SANDERSON J. Risk, uncertainty and governance in megaprojects: A critical discussion of alternative explanations [J]. International journal of project management, 2012, 30 (4): 432–443.

② KENNEDY L. The politics and changing paradigm of megaproject development in metropolitan cities [J]. Habitat International, 2015 (45): 163–168.

③ MARREWIJK A V, SMITS K. Cultural practices of governance in the Panama Canal Expansion Megaproject [J]. International Journal of Project Management, 2016, 34 (3): 533–544.

④ DI M F, DAVIS K. Project manager's perception of the local communities' stakeholder in megaprojects. An empirical investigation in the UK [J]. International Journal of Project Management, 2018, 36 (3): 542–565.

⑤ LOCH C H, DEMEYER A, PICH M T. Managing the Unknown: A New Approach to Managing High Uncertainty and Risk in Projects [M]. New Jersey: John Wiley & Sons, Inc., 2006: 589–591.

⑥ AHOLA T, DAVIES A. Insights for the governance of large projects: Analysis of Organization Theory and Project Management: Administering Uncertainty in Norwegian Offshore Oil by Stinchcombe and Heimer [J]. International Journal of Managing Projects in Business, 2012, 5 (4): 661–679.

⑦ MANLEY K, CHEN L. Collaborative Learning to Improve the Governance and Performance of Infrastructure Projects in the Construction Sector [J]. Journal of Management in Engineering, 2017, 33 (5).

⑧ WANG S L, SHEN W X, TANG W Z, et al. Understanding the social network of stakeholders in hydropower project development: An owners' view [J]. Renewable Energy, 2019 (132): 326–334.

<<< 第一章 绪 论

重新谈判或合同条款不完整导致的合同风险也将给工程项目的契约治理造成阻碍①。

(二) 特大型工程投资项目的社会稳定风险治理研究

化解社会矛盾是社会管理的主要任务之一,在保障社会稳定中发挥着重要作用,如何对特大型工程投资项目社会稳定风险治理机制进行创新,在正确处理发展与稳定关系中具有重要地位。当前,中国正经历着转型社会、风险社会与网络社会三大结构性变迁,这三大结构性变迁,不仅规定了中国社会矛盾的内涵,也决定了它的数量结构(童星,2010②)。刘晓亮(2013)③研究发现,我国工程项目群体性事件有一个共同特征:污染尚未发生,公众即以行动抵制项目实施或者继续运行。然而,虽然政府重视群众工作,但现实中依然存在很多环境风险冲突和社会矛盾。当下,媒体化风险社会对传统风险治理体制提出了挑战(赵延东,2007④),在互联网影响如此广泛的今天,很多旁观者也会涉及其中,导致原本简单的社会冲突复杂化,牵扯进更多的利益主体(胡象明,2019⑤)。

特大型工程投资项目的各利益相关方产生的利益冲突是导致社会稳定风险产生的重要原因。当前,国内学者对特大型工程投资项目引起的群体性事件的治理研究基于实际问题的出现,以立足于具体案例分析研究为主。唐冰松(2018)⑥认为冲突治理可以采取合同治理、关系治理以及两种治理手段

---

① IRIMIA – DIEGUEZ A I, SANCHEZ – CAZORLA A, ALFALLA – LUQUE R. Risk management in mega – projects [J]. Procedia – Social and Behavioral Sciences, 2014 (119): 407 – 416.

② 童星, 张海波. 基于中国问题的灾害管理分析框架 [J]. 中国社会科学, 2010 (1): 132 – 146.

③ 刘晓亮, 张广利. 从环境风险到群体性事件: 一种"风险的社会放大"现象解析 [J]. 湖北社会科学, 2013 (12): 20 – 23.

④ 赵延东. 解读"风险社会"理论 [J]. 自然辩证法研究, 2007, 6.

⑤ 胡象明, 刘鹏. 价值冲突视角下敏感性工程社会稳定风险的成因及其治理困境 [J]. 武汉大学学报(哲学社会科学版), 2019, 2 (2): 84 – 192.

⑥ 唐冰松. 工程项目冲突治理的路径选择 [J]. 福建工程学院学报, 2018, 6 (3): 1 – 306.

19

并用的综合治理方式。国外学者则从多角度提出了工程项目引起的冲突治理的模式，苏·科万（2003）[1]认为冲突的产生与社交网络有着极大的关联，随着网络的发展，各抗议者之间可形成行为网状，极大地扩大了冲突的参与规模。帕特里克·德文·赖特（2011）[2]认为公民需要参与公共决策，建立民众对于政府的信任和补偿制度是治理冲突的关键。丹尼尔（2005）[3]大量研究冲突治理工具，发掘出五种有效处理邻避效应问题的手段：强硬式方式、回馈式方式、说服类方式、诱导型方式、逼迫式方式，并从实际出发，立足于各国家地区特性，结合社会发展各种综合因素，选择适宜个体案例的处理手段和方式。

目前，国内多数学者以公众参与和多元中心治理模式作为特大型工程投资项目社会风险治理研究的重点（李新民，1998[4]；薛澜，2010[5]；王耀东，2018[6]；张紧跟，2018[7]）。唐钧（2010）[8]认为社会维稳的风险治理本质是通过全方位的风险识别，采取科学的管理手段，实现政府系统联动、社会系统全面协同治理。针对社会稳定风险的治理手段研究，众多学

---

[1] COWAN S. NIMBY syndrome and public consultation policy [J]. Heart Lung & Circulation, 2003 (5): 379 - 386.
[2] DEVINE W P. Rethinking NIMBYism: The Role of Place Attachment and Place Identity in explaining place-protective action [J]. Place-protective Action. Journal of community & Applied social Psychology, 2009 (19): 26 - 441.
[3] DANIEL P. Siting and the politics of Equity [J]. Hazardous Waste, 2005 (4): 55 - 571.
[4] 李新民，李天威. 中西方国家环境影响评价公众参与的对比 [J]. 环境科学，1998 (S1): 58 - 61.
[5] 薛澜，董秀海. 基于委托代理模型的环境治理公众参与研究 [J]. 中国人口资源与环境，2010，20 (10): 48 - 54.
[6] 王耀东. 公众参与工程公共风险治理的效度与限度 [J]. 自然辩证法通讯，2018 (6): 4 - 99.
[7] 张紧跟，叶旭. 邻避冲突何以协商治理：以广东茂名PX事件为例 [J]. 中国地质大学学报（社会科学版），2018，18 (5): 113 - 123.
[8] 唐钧. 政府形象风险及其治理 [J]. 中国行政管理，2010 (5): 16.

者关注以人为本和价值层面，胡象明（2019）[①]认为事实风险只是社会稳定风险形成的客观基础，利益相关者在价值观上的差异所导致的对上述事实风险的认知差异而可能产生的行为冲突，即"价值风险"才是其直接诱因；谭爽（2015）[②]认为应调整风险治理的价值定位，从"项目本位"转向"人本位"；邓集文（2019）[③]提出改变政府单一主体治理风险的局面，形成政府、民众、企业、社会组织多元主体平等协商、共同参与的善治之道。

第三节 研究思路与内容

一、研究思路

本研究遵循"问题提出—理论框架构建—利益冲突放大机理—利益冲突治理体系"的研究思路，基于特大型工程投资项目利益冲突与社会稳定风险的关系，界定特大型工程投资项目主体的关键利益诉求，开展特大型工程投资项目利益冲突放大过程分析，研究特大型工程投资项目利益冲突放大机理，探讨构建利益冲突放大下特大型工程投资项目社会稳定风险的多元主体合作治理模式与治理机制。在关键利益诉求界定中，运用社会网络分析方法将特大型工程投资项目的利益相关者与利益诉求相联系，界定出特大型工程投资项目主体的关键利益诉求；在关键利益诉求界定基础上，分析不同关键利益诉求的关键利益主体行为，借助博弈论理论与方法研究利益冲突放大过程；提出解决利益冲突放大的多元利益主体冲突化解机制与社会稳定风险信息干预机制，并探究特大型工程投资项目的社会稳定风险治理现代化体系建

[①] 胡象明，刘鹏. 价值冲突视角下敏感性工程社会稳定风险的成因及其治理困境 [J]. 武汉大学学报（哲学社会科学版），2019，72（02）：184-192.
[②] 谭爽，胡象明. 中国大型工程社会稳定风险治理悖论及其生成机理：基于对B市A垃圾焚烧厂反建事件的扎根分析 [J]. 甘肃行政学院学报，2015（6）：60-67，127.
[③] 邓集文. 中国城市环境邻避风险治理的转型 [J]. 湖南社会科学，2019（3）：60-68.

设方向。

本研究的技术路线如图1-1所示。

二、主要研究内容

本研究的主要内容包括九章：

第一章是绪论。从特大型工程投资项目的利益冲突与社会稳定风险问题的背景出发，对本研究的研究目的和研究意义进行阐述，并对前人相关研究成果进行回顾梳理，提出本研究的研究思路、研究内容、研究方法和研究的创新点。

第二章是概念界定与理论基础。首先，对特大型工程投资项目、利益冲突、治理现代化等概念进行了界定；其次，从特大型工程投资项目的多元利益冲突放大治理和利益冲突的多元主体合作治理，分析了特大型工程投资项目的利益冲突治理理论；最后，总结了利益冲突放大下特大型工程投资项目社会稳定风险治理的实践与策略，为全文奠定理论基础。

第三章是特大型工程投资项目主体的关键利益诉求分析。首先，基于文献梳理、实地访谈与问卷调查等方法识别特大型工程投资项目的主要利益相关者与利益诉求；其次，利用社会网络分析方法构建特大型工程投资项目"利益相关者—利益诉求"2-模网络；最后，利用搜集到的相关数据对所构建的特大型工程投资项目"利益相关者—利益诉求"2-模网络进行定量测度，界定出特大型工程投资项目主体的关键利益诉求。

第四章是特大型工程投资项目的利益冲突放大过程研究。首先，基于界定出的特大型工程投资项目主体的关键利益诉求，分析特大型工程投资项目的关键利益主体及其行为；其次，分别对地方政府与当地群众、项目法人与当地群众、地方政府与项目法人之间的关系进行博弈分析，探讨三个关键利益主体冲突放大过程，剖析特大型工程投资项目利益冲突放大机理。

第五章是利益冲突放大下特大型工程投资项目社会稳定风险的多元主体合作治理框架。首先，总结我国特大型工程投资项目利益冲突的社会稳定风险治理困境；其次，梳理国际上现有的主要社会稳定风险治理模式，总结社

<<< 第一章 绪 论

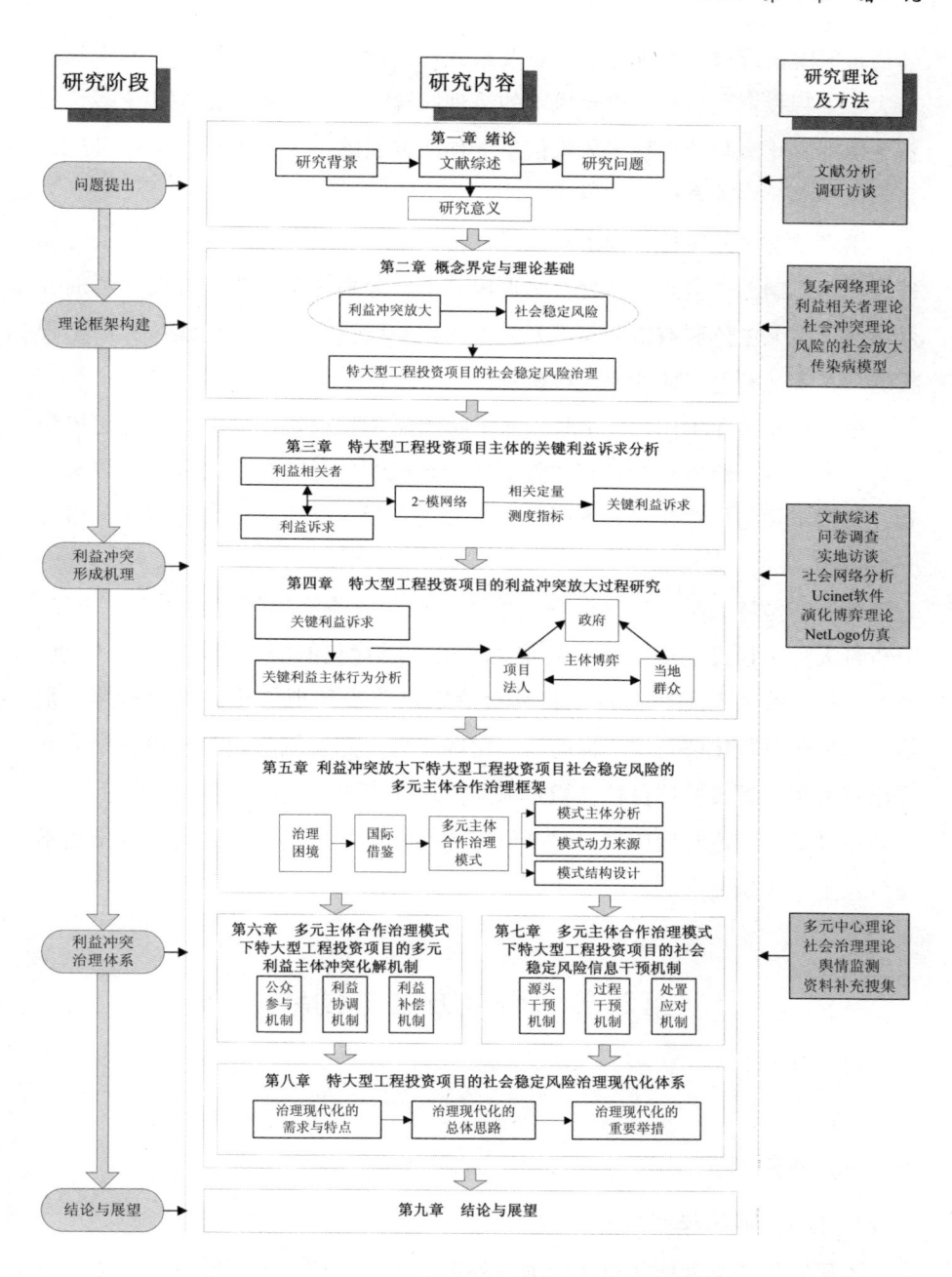

图 1-1 技术路线图

会稳定风险治理模式的国际经验以及给我们的启示与借鉴；最后，基于我国特大型工程投资项目社会稳定风险的治理困境与国际借鉴，提出基于多元利益主体冲突化解与社会稳定风险信息干预两方面的特大型工程投资项目社会稳定风险多元主体合作治理模式。

第六章是多元主体合作治理模式下特大型工程投资项目的多元利益主体冲突化解机制。在多元主体合作治理模式下，分别从多元主体冲突化解的公众参与、多元主体利益协调与多元主体利益补偿三个方面来构建特大型工程投资项目多元利益主体冲突化解机制。

第七章是多元主体合作治理模式下特大型工程投资项目的社会稳定风险信息干预机制。给出社会稳定风险信息干预机制的总体思路，分别从源头干预、过程干预与处置应对三方面提出特大型工程投资项目社会稳定风险信息干预机制。

第八章是特大型工程投资项目的社会稳定风险治理现代化体系。首先，分析特大型工程投资项目社会稳定风险治理现代化的需求以及原则、特点；其次，提出特大型工程投资项目社会稳定风险治理现代化的总体思路；最后，从强化风险化解意识、提高风险化解能力、完善风险化解手段三个方面提出特大型工程投资项目社会稳定风险治理现代化的重要举措。

第九章是结论与展望。对整个研究进行总结，提出研究结论，并指出不足以及下一步研究方向。

第四节　研究方法与创新

一、研究方法

（一）文献综述与归纳法

本研究依托笔者所在单位的国内外数据库、科研平台，阅读大量文献资料，包括政府制定的工程投资项目管理和社会稳定风险管理相关政策法规，

<<< 第一章 绪 论

复杂网络、博弈论等相关书籍、著作,回顾和总结了国内外有关特大型工程投资项目的利益冲突、社会影响、社会风险、项目治理等研究的进展和前沿,梳理我国特大型工程投资项目利益冲突与社会稳定风险的特征以及面临的问题,为本研究提供基础支撑。

(二) 实地调查与问卷法

在已有研究基础上,选取南水北调工程东线、广东高陂水利枢纽工程等进行实地调研和相关数据搜集,对我国特大型工程投资项目利益冲突及社会稳定风险管理现状进行分析,为特大型工程投资项目的利益冲突及社会稳定风险形成研究奠定基础,为构建特大型工程投资项目社会稳定风险治理机制提供依据。

(三) 辩证逻辑的方法

辩证分析特大型工程投资项目相关主体之间的利益诉求、关键利益主体间的冲突等客观现实本身,从个别与一般、部分与整体、单一与多样、简单与复杂等多方面,剖析特大型工程投资项目的多元利益诉求及其利益冲突引发的社会稳定风险形成机理,从理论上将"利益冲突放大下特大型工程投资项目社会稳定风险如何形成"既具体又完整地再现出来。

(四) 系统分析法

运用系统分析法对特大型工程投资项目的利益相关者及其利益诉求形成的复杂社会网络进行研究,通过归纳和演绎,探寻特大型工程投资项目的关键利益诉求与关键利益主体,回答利益冲突放大下特大型工程投资项目社会稳定风险如何形成,形成了"行为研究→价值研究→规范研究"的系统分析基本步骤,为本书的政策科学研究(特大型工程投资项目社会稳定风险治理)提供基础。

(五) 模型与仿真研究法

本书通过构建"利益相关者—利益诉求"2-模网络、关键利益主体冲突博弈模型等,对特大型工程投资项目的关键利益诉求、关键利益主体冲突放大机理进行研究,并运用 Matlab、NetLogo 等仿真工具对所构建的模型进行

25

仿真研究，探讨不同情境下利益冲突如何放大。

二、研究创新

本书聚焦特大型工程投资项目的利益冲突实践问题，围绕特大型工程投资项目复杂的利益诉求和利益冲突引发的社会稳定风险问题，通过社会网络与博弈论等理论与方法，识别特大型工程投资项目的关键利益诉求、利益冲突放大过程以及治理着力点，建立利益冲突治理现代化体系。主要创新体现在以下两个方面。

第一，运用社会网络与博弈论的理论与方法，刻画特大型工程投资项目复杂多变的主体互动关系，分析其利益冲突放大过程，剖析社会稳定风险形成规律。

基于社会网络分析方法构建特大型工程投资项目"利益相关者—利益诉求" 2 - 模网络，界定出特大型工程投资项目主体的关键利益诉求，由此分析关键利益主体行为，并借助博弈论方法，构建了三大关键利益主体间的冲突博弈模型，对特大型工程投资项目利益冲突放大进行研究，剖析社会稳定风险形成规律。区别了以往单纯从工程投资项目社会影响或社会冲突事件对特大型工程投资项目利益冲突及其引发的社会稳定风险的研究，既关注了特大型工程投资项目的利益相关者又关注了利益诉求，抓住了特大型工程投资项目社会稳定风险"源头"，在利益冲突放大视角下，为特大型工程投资项目社会稳定风险研究既提供了新的分析框架，又为机理分析提供了模型工具，具有一定的理论创新和方法创新。

第二，引入多元主体合作治理模式，结合利益冲突放大下特大型工程投资项目社会稳定风险特征，构建社会稳定风险治理机制与治理现代化体系。

笔者认为国际经验不能完全指导我国特大型工程投资项目社会稳定风险的治理，不考虑利益冲突的治理机制也无法有效化解社会稳定风险。因此，本书立足特大型工程投资项目主体的关键利益诉求，结合社会稳定风险形成过程特征，聚焦特大型工程投资项目的利益冲突放大核心问题，从多元利益主体冲突化解与社会稳定风险信息干预等方面构建特大型工程投资项目社会稳定风险的多元主体合作治理模式与机制，并提出治理现代化体系思路举措，为政府及相关工程管理方化解特大型工程投资项目社会稳定风险提供工具与政策举措，有效弥补现阶段特大型工程投资项目社会稳定风险化解的缺陷。

第二章

概念界定与理论基础

第一节 相关概念界定

一、特大型工程投资项目

对项目的定义有很多种,被广泛认可的一种定义是美国项目管理协会(PMI)给出的,认为"项目是为完成一种独特的产品或服务所做出的一次性努力"。PMI 同时指出项目是为了开发出与众不同的产品、服务或成果而进行的当前阶段工作。开发一项新产品、策划一项大型活动、组织一次培训课程等都可以被称作项目。德国工业标准(DIN)69901 认为项目是在时间、精力、资金、人工等限制下实现计划好了的设计。即便对项目的相关定义纷乱杂多,但是万变不离其宗,它们都具备以下几个共同点:

第一,项目实施都有一个或者一组具体的目标,整个项目的计划和实施都要以此目标作为最终目的。

第二,项目会受到时间、资金、人员等人财物方面的限制,在这些限制约束下达成项目目标。

第三,项目一次性的特征,对于一个项目来说,项目成果一般具有明显的单件性,具有比较明确的开始与结束时间,尽管有类似的项目存在,但绝对不会是一模一样的,因此项目不会在完全一样的条件下再次发生。

第四，项目具有复杂性的特征，一个项目必然包含很多要素，各要素之间存在相互影响、相互作用。

第五，项目的开发都是以客户为中心的，任何项目都是以客户的需求为导向，以达到客户要求为目的。

由于项目有多样性，不同的项目有着很大的差异，为了使研究更加具有针对性，本书借鉴相关文献，将特大型工程投资项目定义为建设规模巨大、投资规模庞大、涉及因素众多，对区域乃至整个国家有着重大而且深远影响的工程投资项目。这里的特大型工程投资项目具有广泛含义，与原国家建设部对大型工程项目的具体范围规定的 14 个类别（房屋建筑工程、公路工程、铁路工程、民航机场工程、港口与航道工程、水利水电工程、电力工程、矿山工程、冶炼工程、石油化工工程、市政公用工程、通信与广电工程、机电安装工程、装饰装修工程）并不完全一致，本书所指的特大型工程投资项目主要包括了重大水利水电工程、高速铁路、特大型石油化工项目等，如三峡水利枢纽工程、南水北调工程、京沪高铁、粤港澳大桥、西气东输、战略石油储备工程等。

二、利益冲突

"利益"一词自古以来就得到了人们的关注，法国学者霍尔巴赫（Heinrich Diefrich）将利益定义为"每一个人根据自己的性情和思想使自身的幸福观与之联系的东西"[1]，美国著名法学家雷斯科·庞德（Roscoe Pound）认为利益是"人们个别地或通过集团、联合或亲属关系，谋求满足的一种需求或愿望，因而在安排各种人们关系和人们行为时必须将其估计进去"[2]；我国学者柳新元提出"所谓利益，是在一定社会生产发展阶段和一定社会关系约束下，需要主体以一定的社会关系为中介、以社会实践为手段，使需要主体与需要对象之间的矛盾状态得到克服，即需要的满足"[3]。虽然学者们对

---

[1] [法]霍尔巴赫. 自然的体系[M]. 管士宾, 译. 北京：商务印书馆, 1964：217.
[2] POUND R. Social control through law [M]. London：Routledge, 2017.
[3] 柳新元. 利益冲突与制度变迁[M]. 武汉：武汉大学出版社, 2002.

"利益"的定义有所不同，但都认为"利益"是与"需要"相联系的，只有符合主体需要的才是利益。人们对于利益的追求是人类活动的动因和目标，因此自社会分工出现后利益冲突就普遍存在于社会的各个领域。

"利益冲突"是一个涉及社会学、法学、政治学和管理学等多学科的交叉概念，其内涵广泛、边界不清，学术界尚未形成准确的定义。国际经济合作与发展组织（OECD）认为利益冲突是公共部门的工作人员的自身利益与其工作职责之间的冲突。① 在社会学领域，利益冲突是指官员的私人经济利益足够影响或者可能影响官员履行公共职责，也指官员追求私人利益时与其有权力也有义务履行的公共利益相冲突（威廉姆斯，1985②）；而在经济学领域，由于每个人或组织希望自己的利益最大化，利益冲突则是由利益相关者所追求的利益差别而引发的（张维迎和马捷，1999③）；张玉堂（2001）④在其著作《利益论：关于利益冲突与协调问题的研究》中将利益冲突定义为"利益双方基于利益矛盾而产生的利益纠纷和利益争夺过程，是利益双方的利益矛盾积累到一定程度所产生的一种激烈对抗的态势"。一般认为，利益冲突包含了对抗性与非对抗性两种基本性质，对抗性与非对抗性利益冲突之间在一定条件下是可以相互转化的（柳海滨，2008⑤）。从冲突的类型来看可以分为交易型利益冲突、集体型利益冲突、影响型利益冲突、复合型利益冲突，也可以从利益冲突的过程进行分类（刘存亮，2013⑥）。此外，大量

---

① OECD. Managing conflict of interest in the public service：OECD guidelines and overview [R]. Organization for Economic Co–operation and Development，2003.
② WILLIAMS R. Keywords：A vocabulary of culture and society [M]. Oxford：Oxford University Press，1985.
③ 张维迎，马捷. 恶性竞争的产权基础 [J]. 经济研究，1999（6）：11–20.
④ 张玉堂. 利益论：关于利益冲突与协调问题的研究 [M]. 武汉：武汉大学出版社，2001.
⑤ 柳海滨. 转型时期我国政府自利与公共利益冲突问题研究 [D]. 长春：吉林大学，2008.
⑥ 刘存亮. 我国公职人员利益冲突管理制度体系研究 [D]. 大连：大连理工大学，2013.

学者对利益冲突的成因（科兰德，1982①；陈赟，2005②）、利益冲突的化解（博伊斯和大卫，2009③；埃莉诺·奥斯特罗姆和文森特·奥斯特罗姆④）等问题进行了研究。

特大型工程投资项目具有对社会民众影响面大、持续时间长的特点，在征地拆迁、移民安置、生活环境破坏、民族文化传统破坏、弱势群体影响等方面涉及的关系非常复杂，集不同主体的利益与矛盾于一体，处理不好往往会引发群体性事件，产生社会利益冲突（赵振亭，2014⑤）。利益是人类生存和发展的需要，存在于不同的生活领域，一个特大型工程投资项目涉及许多组织、群体或个人的利益，所涉及的对象构成了工程项目的利益相关者。特大型工程投资项目的利益冲突主要包括了工程建设公职人员谋求个人私益与公共利益之间的冲突，也包括了政府、项目法人、拆迁户、移民等不同主体的利益诉求冲突，这些冲突都体现在主体之间的冲突。特大型工程投资项目的利益冲突往往随着项目建设周期和规模的扩散而变得更加激烈，各主体的利益诉求一旦无法满足，就会引发社会矛盾并进一步激化。因此，特大型工程投资项目的利益冲突包括了个人私益与公共利益之间的冲突，也包括了特大型工程投资项目各相关主体之间的利益诉求冲突。

三、社会稳定风险

社会稳定风险作为风险的一种，包含了社会稳定以及社会风险两层含义。社会稳定从字面意思可以理解为政治、经济、文化、生态等各方面处于

---

① COLANDER D C. Stagflation and competition [J]. Journal of Post Keynesian Economics, 1982, 5 (1): 17-33.
② 陈赟. 国企改革中政企利益冲突与协调的研究 [D]. 武汉：武汉理工大学, 2005.
③ BOYCE G, DAVIDS C. Conflict of interest in policing and the public sector: Ethics, integrity and social accountability [J]. Public Management Review, 2009, 11 (5): 601-640.
④ OSTROM E, OSTROM V. Choice, Rules and Collective Action: The Ostrom's on the Study of Institutions and Governance [M]. Colchester: ECPR Press, 2014.
⑤ 赵振亭. 重大工程项目社会稳定风险指标体系与评估研究 [D]. 成都：西南交通大学, 2014.

一个稳定、安定、和谐的状态,是政治、经济、文化等多种人类活动因素综合作用的结果,是一个历史的、综合的、动态的概念。社会稳定具有历史性和综合性,在不同的发展阶段具有不同的内涵和外延,而且涉及社会的多个方面,不仅仅包括政治稳定、经济稳定,还应该包括社会秩序正常以及人心安定(郭信言,2014[①])。社会稳定不是指社会中完全没有社会矛盾,而是指社会矛盾可以得到及时的化解,将社会冲突与矛盾控制在一定的范围之内,从而达到社会有序运行的状态,因此社会稳定也是一个动态的平衡过程。

风险在不同的领域具有不同的内涵,长久以来从不同的研究出发点与研究视角形成了概率说、不确定性说、结果差异说、利害关系说、可能性说等多种类型的定义,但其核心含义都是"未来结果的不确定性或损失"。风险一般与危险、危机和不确定等概念密切相关而又相互区别,具有客观性、普遍性、必然性、可识别性、可控性、损失性、不确定性和社会性等特点。社会风险从广义上来说是因为政治、经济、文化、生态等多方面的风险因素综合作用导致社会的不安定与不和谐,引发社会冲突,危及社会稳定和社会秩序的可能性,当这种可能性积累到一定程度而成为现实性,社会风险就会演变成社会危机,对社会稳定和社会秩序造成灾难性的影响。[②]

"维稳"是在我国国情基础上为了维持我国社会的稳定、经济的快速发展而做出的一项措施,通过积极主动的干预与调控来消除隐藏的社会矛盾源,从而使社会风险控制在一定范围之内。根据本研究给特大型工程投资项目的定义,由于其建设规模巨大、投资规模庞大、涉及因素众多,对社会和人民群众的生活具有重大影响,因而容易引发社会冲突。本书所研究的特大型工程投资项目的社会稳定风险,是指在特大型工程投资项目的组织和实施过程中,由于直接利益相关者或间接利益相关者的利益受到损害,造成了各

---

① 郭信言. 关于信访与维稳的关系 [J]. 信访与社会矛盾问题研究,2014,3:5.
② JONES N, CLARK J, TRIPIDAKI G. Social risk assessment and social capital:A significant parameter for the formation of climate change policies [J]. The Social Science Journal,2012,49(1):33-41.

种社会冲突，引发的社会风险在社会系统中积累到一定程度，使得社会系统发生社会无序化和社会环境不和谐的风险。社会风险隐藏在社会发展和社会系统中，是普遍存在的，由于社会风险容易引发社会失稳，因此社会问题处理不当或未妥善解决，积累到一定程度就会危及社会稳定。

四、治理现代化

"治理"概念源于古典拉丁语和古希腊语中的"掌舵"一词，具有控制和操纵的含义。西方治理理论的主要创始人之一詹姆斯·N. 罗西瑙认为，治理和政府统治并不是同义词，它们之间存在重大差异。他将治理定义为活动领域的一套管理机制，虽然未经正式授权，但仍有效运作。与统治不同，治理是指由共同目标支持的活动，它包括政府机制和非政府机制。[1] 20世纪90年代，西方学者采用"治理"一词，强调政府的权力下放和将权力授予社会，通过这种方式，实现了多主体以及多中心的治理，西方治理理论强调社会和政府在治理的地位上是平等的。因此"治理"一词的基本含义是指公共管理组织在一个既定的范围内运用公共权威维持秩序，满足公众的需要。治理的目的是在各种不同的制度关系中运用权力去引导、控制和规范公民的各种活动，以最大限度地增进公共利益。所以，治理是一种公共管理活动和公共管理过程，它包括必要的公共权威、管理规则、治理机制和治理方式。

治理的现代化最开始是国家领域的治理现代化，指在维持国家基本制度框架不变的前提下，将一些技术、程序、机制引入国家治理的实际过程中，特别是立法和决策过程中，以提高国家的治理能力和治理体系。治理现代化是治理体系与治理能力现代化的有机统一，也是国家制度和制度实施能力的体现。只有拥有一套健全的治理体系才可以真正提高治理能力，只有通过提高治理能力，才能真正发挥治理体系的效能。后来治理现代化逐渐发展至各个领域，如工程投资项目领域。在特大型工程投资项目运行过程中，不可避

---

[1] Rosenau J N, Czempiel E O. Governance without Government: Order and Change in World Politics [J]. American Political Science Review, 1992, 87 (2): 311 – 545.

免会产生不同程度的利益冲突,轻则影响项目进展,重则影响社会稳定,因此该领域也逐渐被要求进行现代化治理。在特大型工程投资项目中,治理的主体、治理的机制和治理的效果是治理现代化的三个要素。从治理主体的角度出发,治理现代化的实现需要依靠高素质的官员队伍,在我国,政府依然是治理的主体,这就需要政府机构职权设置科学合理,官员队伍具备较强的专业能力,以此保证治理现代化目标的顺利实现;从治理体制的角度出发,有必要建立一套民主、科学的治理体制和机制,制度是实现治理现代化的重要保障,制度的创新是关键。最后,从治理效果的角度出发,治理现代化需要有效的制度执行力,提高制度的执行力是中国特大型工程投资项目实现治理现代化的必然要求。

综上所述,特大型工程投资项目利益冲突的治理现代化是指通过提高特大型工程投资项目治理主体的素质、规范特大型工程投资项目相关制度体制,加强制度的执行力等途径,减少特大型工程投资项目建设过程中的利益冲突,维护社会稳定,逐步实现特大型工程投资项目治理的现代化。

第二节 特大型工程投资项目的利益冲突治理理论基础

一、特大型工程投资项目的多元利益冲突放大治理

"治理"(govern)在英语中原意指统治,管理(国家、组织或社区),控制,影响。1989年,世界银行在一份关于非洲的发展报告中首次提到了"治理危机"一词。之后,"治理"这一概念日渐引起各国政府、企业以及学术界的关注。詹姆斯·N. 罗西瑙认为,治理与统治不同,指的是一种由共同目标支持的活动,既包括政府机制,也包含非正式、非政府的机制。① 全球治理委员会(The Commission on Global Governance)对治理的定义是:治

---

① 吴志成. 西方治理理论述评 [J]. 教学与研究, 2004 (6).

理是各种公共的或私人的个人和机构管理其共同事务的诸多方式的总和。总结以上对治理的定义,结合特大型工程投资项目社会稳定风险的特征可以对本研究中的治理下一个定义:以政府为主,项目法人、个人、非政府组织及其他部门通过正式或者非正式的机制为实现共同的社会稳定目标的总称。治理活动是面临一个集体问题时,多个行为主体互动和政策制定的过程,即治理的主体不仅仅是政府,还包括了民间社会、社会组织、企业以及公民等其他行为主体,他们在治理活动中不是单向度的管制与服从的关系,而至少存在着一种弱双向度的协商,甚至强双向度的伙伴关系,这也是治理与传统的统治之间的最大区别。

特纳和基根将治理引入项目领域,学者们将项目治理分为项目外部的治理和项目内部的治理。本研究所指的治理对应的是项目外部治理,即与项目活动相关的治理。项目外部的项目治理就是从多项目、多主体的角度来确定项目治理的内容[1],治理重点在于多元利益冲突放大。所有风险来源的核心必然是"人",只有以人为本、从人出发,将特大型工程投资项目所涉及的各方主体利益充分考虑,才是化解特大型工程投资项目社会稳定风险的根本路径,针对特大型工程投资项目的多元利益冲突,多元主体合作治理是核心。

习近平总书记指出:"治理和管理一字之差,体现的是系统治理、依法治理、源头治理、综合施策。"[2] 与管理不同,治理则达到了一个更高的站位,特大型工程投资项目社会稳定风险发生后,如何更加系统地、科学地、全面地实现"大格局"治理是我国政府致力于寻求的方向。如何适应内外部环境,科学地利用资源,建设社会稳定风险的现代化治理能力对我国政府提出了新的时代要求。总结来看,"大格局"治理必然有以下几个特征:

1. 不同于"统治",治理强调多元化,应致力于建设以政府为主导,多

---

[1] 方炜,牛婷婷,王莉丽. 项目治理研究现状与前景展望 [J]. 科技管理研究,2017,37(4):200-206.

[2] 青连斌. 习近平总书记创新社会治理的新理念新思想 [EB/OL]. 中国共产党新闻网,2017-08-17.

方配合的协同治理体系。

2. 治理强调的是一种过程，针对风险产生、传播、扩散，治理应该具有时效性和覆盖性。

3. 治理强调多方共同目标，即绝非依赖国家强制力和集中的权威，其中共同目标是高质量治理的基础。

二、特大型工程投资项目利益冲突的多元主体合作治理

18世纪，法国著名的"经营管理之父"法约尔，第一次把风险的管理列为企业管理的重要职能。美国是最先开始进行风险管理理论与实践研究的国家。一战以后，美国开始研究风险的负担、除去和转嫁方法，并在企业中建立有关组织机构，对风险管理进行交流和技术研究。二战以后，人类大量开发利用新技术、新材料和新能源，社会经济得到全面发展，但同时也给社会带来了新的风险，这种威胁促使风险管理开始走向科学化。20世纪70年代以后，风险管理在世界范围内得到传播，法国有关学者围绕经营管理中偶发风险的控制问题和资产保全问题，研究讨论经营管理型和保险管理型风险管理理论，并取得重要进展。近十几年来，人们在建设工程项目管理中提出了全面风险管理的概念，认为风险管理是一个动态的过程，应运用系统的方法对风险进行控制，以减少工程项目实施过程中的不确定性。项目管理者必须树立风险意识，防患于未然，要在各阶段、各个方面实施有效的风险控制，形成一个全过程、全方位、全部门的风险管理体系。

风险治理与风险管理有一定的相似处，都是对于危险的一种控制，但是风险治理不仅限针对性强、涵盖面窄、技术性强的风险管理，风险治理是建立在多元、透明、公平、公开、团结等原则基础上的一种系统性风险决策办法，也是一个持续化的决策过程。特大型工程投资项目的社会稳定风险就是对社会稳定造成威胁的风险，一般包括环境问题、交通影响、土地征收问题、安全文明施工以及它涉及的各方面利益的纠纷。特大型工程投资项目一般具备规模大、投资高、结构复杂、建设周期长、参与主体广、影响因素多等特点，在风险治理时需要在众多利益相关者之间进行调和。

在多个利益相关者之间进行协调，就产生了多元主体合作治理。多元主体合作治理不仅是一种体制也是一种机制。从体制而言，多元主体合作治理突破一地、一时、一事、一个部门的分割体制，通过合作协商解决冲突，化解利益矛盾。从机制而言，多元主体合作治理是相对于单一政府治理或自主治理而言的多主体混合治理机制。多元主体合作治理是基于特大型工程相关主体的合作，构建一个信息互联互通的协商平台，通过这一平台削弱信息不对称现象，加强利益协商与补偿，引导多元主体合作治理新模式。在这个过程中，政府的参与仍可以保持治理的权威性和有效性。多元主体合作治理的重点在于治理的模式突破长期以来的政治惯性，不再由政府承担治理的无限责任，而是集合政府、项目法人、项目施工方、社会公众、社会组织等利益相关者，由多元利益相关者共同引导合作协商，转变为各种社会力量协同参与的多元主体结构，以此防范和化解社会稳定风险。

第三节　利益冲突放大下特大型工程投资项目社会稳定风险治理的实践与策略

一、特大型工程投资项目社会稳定风险治理的实践

（一）社会稳定风险治理的主体

对多元利益冲突放大下特大型工程投资项目社会稳定风险进行治理，首先需要明确治理主体。目前我国社会稳定风险治理的主体是一个多元混合的主体，主要由政府、市场、民间组织以及个人共同组成。政府作为社会的主要管理者，是稳定风险治理的第一责任主体，在社会稳定风险治理中承担着大部分的责任。另外，在现在的市场经济条件下，社会稳定风险的存在与市场主体的经济活动有着紧密的联系，在很大程度上是分不开的。同时随着现代社会市场经济的愈加活跃，市场手段成为社会稳定风险治理的重要方式，可以有效地提高治理效率，市场的作用也决定了市场是社会稳定风险治理的

重要主体之一。随着社会民主化程度的提高、公民意识的觉醒以及一些民间组织的涌现，公民个人和民间组织也必不可少地会参与社会稳定风险治理当中去。

（二）社会稳定风险治理的内容

风险治理是指通过风险识别、风险估计、风险应对、风险监控等活动来管控风险并进行治理的工作，由此看出，社会稳定风险治理的内容应当包括风险识别、风险评估、风险应对以及风险监控这几大部分。社会稳定风险识别是进行风险治理的首要工作，是指针对各种可能影响社会稳定的因素进行系统的调查，找出可能影响预期目标实现的主要风险，并对其进行归类以便后期工作。社会稳定风险评估是指对可能存在的社会稳定风险和诱发这些风险的因素进行评估，即对其进行科学的预测、分析和评判，主要包括风险发生的可能性大小、风险发生的社会危害程度以及风险可控性，并评估整个项目以及社会对该风险的脆弱性反应程度，以便制订相应预案，提高治理效率。社会稳定风险应对是指运用各种风险治理的方式途径，对可能发生或者已经发生的社会稳定风险进行应对。其目的是尽可能避免社会稳定风险的发生，或最大限度地减少已经发生的风险造成的危害。社会稳定风险监控是指对已经识别出的社会稳定风险进行监控，以便能及时应对该风险的发生，采取适当的措施，提高社会稳定风险治理的效率和效果。

（三）社会稳定风险治理的方法

科学化治理要求运用正确的治理方法，现有的风险治理理论中，主要有头脑风暴法、德尔菲方法、核查表法、影响图分析法、故障树法、层次分析法、蒙特卡罗模拟法、模糊集理论、贝叶斯方法和灰色系统理论等方法。其中，头脑风暴法、德尔菲方法、核查表法、故障树法、层次分析法、模糊集理论等多种方法可以运用于社会稳定风险治理实践中，以寻找对社会稳定产生影响的风险因素，识别出可能存在的社会稳定风险；影响图分析法、故障树法、层次分析法、模糊集理论、贝叶斯方法和灰色系统理论等方法可以运用于对社会稳定风险的评估过程中；借助故障树法、层次分析法、模糊集理论和贝叶斯方法等研究社会稳定风险的处理方案，可以有效地进行风险的应对和监控。

二、特大型工程投资项目社会稳定风险治理的策略

随着经济社会发展和基础设施投资力度加大，特大型工程投资项目日益朝着大型化、综合化、复杂化方向发展，由此可能引发的社会风险也日益复杂多变。因此，特大型工程投资项目社会稳定风险治理是一个长期动态的过程，主要从以下几方面入手。

（一）重视风险感知，推动综合风险治理

特大型工程投资项目所引发的风险争议甚至群体性事件，其根源在于不同利益相关者之间存在不同差异程度的风险感知以及相应的应对行为。因此，风险感知应当成为社会稳定风险评估的重要依据，政府进行科学决策的同时必须对此高度重视。这要求将可以获取不同利益相关者真实风险感知的方式程序化以及规范化，如问卷调查、实地考察、座谈会、听证会和公示等，从而在提高风险治理的科学性和有效性的同时，推动由被动维稳的"应急管理"向源头治理与动态治理相结合的"综合风险治理"转变。

（二）强化平衡思维，有效协调主体间关系

习近平总书记在2014年1月7日至8日召开的中央政法工作会议上指出："维权是维稳的基础，维稳的实质就是维权，要求完善对维护群众切身利益具有重大作用的制度。"因此要有效协调不同利益相关者的关系，并努力维护群众切身利益。就各级政府而言，基于多元利益冲突以及风险共生的现实，当前亟须强化其利益与风险平衡思维，使决策科学化，努力协调好利益与风险之间的分配关系。就特大型工程投资项目而言，其利益与风险分配应当建立在各利益主体有效参与的基础上，并进行协商沟通使决策民主化。同时落实政府决策，切实协调好所在地区经济增长与当地群众利益间的关系，杜绝出现政商联合损害民众利益的情况。

（三）加强风险沟通，健全舆情分析机制

风险沟通是一个为公众提供可以减少焦虑和恐慌的信息，以及提供有助于其应对危机建议的过程。有效合理的风险沟通是社会稳定风险治理的重要方式,加强风险沟通有利于增强不同利益主体对风险的可承担性,并减小政府与公众间的风险感知差异程度。同时基于当前的互联网时代,风险信息传播广泛并且迅速,网络舆情危机成为众多群体性事件发生的前奏或导向,并与现实舆情危机相互动,从而导致群体冲突的爆发甚至不断升级。因此,应该积极健全特大型工程投资项目舆情分析机制,以有效提升政府对舆情危机的应对能力。

小　结

　　本章是特大型工程投资项目利益冲突研究的相关概念界定与理论基础。首先,对特大型工程投资项目、利益冲突、社会稳定风险、治理现代化等相关概念进行了界定;其次,从特大型工程投资项目的多元利益冲突放大治理与多元主体合作治理两方面分析了特大型工程投资项目的利益冲突治理理论基础;最后,结合风险治理理论,总结利益冲突放大下的特大型工程投资项目社会稳定风险治理实践与策略,为特大型工程投资项目利益冲突治理研究奠定理论基础。

第三章

特大型工程投资项目主体的关键利益诉求分析

第一节 特大型工程投资项目关键利益诉求界定的社会网络分析方法

一、2-模网络构建步骤

根据2-模网络分析的一般步骤,特大型工程投资项目"利益相关者—利益诉求"2-模网络的构建步骤包括了2-模数据矩阵构建、2-模数据矩阵向1-模数据矩阵的转化以及2-模网络的可视化。

(一) 构造2-模数据矩阵

2-模数据矩阵中行与列的对象是不同的,例如在特大型工程投资项目"利益相关者—利益诉求"2-模数据矩阵中,行表示利益相关者(S_i),列表示利益诉求(R_j),如表3-1所示。本研究的数据通过调查问卷与访谈相结合的方式获得,在所有受访对象中,如果有x人(或者x份调查问卷)认为S_i与R_j有紧密联系,则$S_iR_j = x$。

表3-1 特大型工程投资项目"利益相关者—利益诉求"2-模数据矩阵示例

利益诉求 利益相关者	R_1	R_2	……	R_n
S_1	S_1R_1	S_1R_2	……	S_1R_n
S_2	S_2R_1	S_2R_2	……	S_2R_n

续表

利益相关者＼利益诉求	R_1	R_2	……	R_n
……	……	……	$S_iR_j = x$	……
S_m	S_mR_1	S_mR_2	……	S_mR_n

（二）2－模数据矩阵转化为1－模数据矩阵

对2－模数据最为常见的分析方法是将该2－模数据矩阵转化为两个1－模数据矩阵，再分别对每一类节点之间的关系进行分析。例如，特大型工程投资项目"利益相关者—利益诉求"2－模数据，可以转化为"利益相关者—利益相关者"关系数据，表示的是每一对利益相关者同时具有密切联系的利益诉求的个数，这种转化模式称为行模式；也可以转化为"利益诉求—利益诉求"关系数据，表示的是每一对利益诉求之间所共有的利益相关者个数，这种转化模式称之为列模式。具体的转化方法包括对应乘积法与最小值方法两种。

1. 对应乘积法。该方法是将行动者A所在行的每一项分别乘以行动者B的对应项，再进行加总。这种方法中的乘积是对"共同发生"的次数的累积，因此主要适用于二值数据。对于二值数据来说。在二值数据中，必须是每个行动者在某一事件上都存在的时候，乘积才会是1，只有一方存在或双方都不存在乘积都为0。因此，在各个事件上的总和就是行动者共同包含的事件的次数，这也表示了关系的强度。

2. 最小值方法。该方法是从每个事件上的两个行动者的每一项中选择出最小值。对于二值数据，最小值方法与对应乘积方法结果相同。对于多值数据，此方法表示的是两个行动者之间的关系等于两个行动者与事件之间关系的最小值。最小值方法一般用于对多值数据的处理，本研究所得到的数据属于多值数据，因此本书选择最小值方法进行2－模数据向1－模数据的转化。

(三) 网络的可视化

对特大型工程投资项目"利益相关者—利益诉求"2-模数据进行可视化中即构建特大型工程投资项目"利益相关者—利益诉求"二部图，首先需要构建一个二部矩阵，这些都可借助社会网络分析软件完成。此外，对于2-模数据矩阵的转化、利益相关者关系1-模数据及利益诉求关系1-模数据的可视化等也都需要借助社会网络分析软件。目前，较为常见的社会网络分析软件包括了Ucinet、Pajek、NetMiner等，本书主要利用Ucinet 6.0进行可视化，并进行相关数据分析。一般而言，网络图中节点的不同形状表示不同的节点类型（利益相关者或者利益诉求），节点的大小可以依据节点的度或中心性等不同指标大小来表示，节点之间的联系表示节点之间的关系（利益相关者之间的关系、利益诉求之间的关系或利益相关者与利益诉求之间的关系），节点间联系的粗细表示关系的强弱。

二、特大型工程投资项目的利益相关者识别

对于特大型工程投资项目的利益相关者识别，一般是通过问卷调查、文献梳理、滚雪球等方法，由于研究对象及研究目的的不同，得到的利益相关者并不完全一致，对于不同的研究需求应该采取针对性的利益相关者识别。本书主要是基于文献综述结合相关项目单位专家的访谈确定初步的利益相关者。

莫克等（2017）[1] 采用文献综述的方法，总结出重大公共工程项目的利益相关者包括了项目资助者、工程设计人员、承包商、供应商、分销商、财务人员、媒体、环境保护主义者等。布玛尔等（2018）[2] 以阿尔及利亚古拉

---

[1] MOK K Y, SHEN G Q, YANG R J, et al. Investigating key challenges in major public engineering projects by a network-theory based analysis of stakeholder concerns: A case study [J]. International Journal of Project Management, 2017, 35 (1): 78-94.

[2] BOUMAOUR A, GRIMES S, BRIGAND L, et al. Integration process and stakeholders' interactions analysis around a protection project: Case of the National park of Gouraya, Algeria (South-western Mediterranean) [J]. Ocean & Coastal Management, 2018 (153): 215-230.

亚国家公园大型整合项目为研究对象,认为项目过程中的利益相关者包括森林保护机构、国家公园董事会、公共人民大会、环保协会、渔业和水产养殖商会、环境理事会等19个利益相关者。王家远等(2016)[①]认为大型复杂绿色建筑项目的利益相关者包括客户、承包商、分包商和供应商、最终用户、政府、社区、竞争对手、评审方。施骞等(2017)[②]总结出城市大型拆迁重建项目的利益相关者包括政府、项目开发商、拆迁人员、附近居民以及一般公众等。王雪青等(2015)[③]从承包商视角对项目利益相关者进行研究,通过文献梳理总结出当地群众、承包商、环保部门、设计单位、媒体、移民、政府、咨询单位等18类利益相关者。

本书关注的是特大型工程投资项目社会稳定风险管理过程中的利益相关者,首先应当识别特大型工程投资项目的一般利益相关者。通过相关文献的梳理及对相关特大型工程投资项目单位从业人员的调查访谈,初步总结出特大型工程投资项目的利益相关者,包括了当地政府、项目法人、承包商、供应商、分包商、监理单位、设计单位、施工人员、当地群众、专家学者、社会公众、媒体、社会组织13类,并进行了简单定义,如表3-2所示。

表3-2 特大型工程投资项目的利益相关者

利益相关者	利益相关者的描述
当地政府	特大型工程投资项目所在地的政府机关
项目法人	特大型工程投资项目建设的责任主体,负责项目策划、资金筹措、建设实施等

[①] YANG R J, ZOU P X W, WANG J Y. Modelling stakeholder-associated risk networks in green building projects [J]. International journal of project management, 2016, 34 (1): 66-81.

[②] YU T, SHEN G Q, SHI Q, et al. Managing social risks at the housing demolition stage of urban redevelopment projects: A stakeholder-oriented study using social network analysis [J]. International journal of project management, 2017, 35 (6): 925-941.

[③] 王雪青,孙丽莹,陈杨杨. 基于社会网络分析的承包商利益相关者研究 [J]. 工程管理学报, 2015, 29 (3): 13-18.

续表

利益相关者	利益相关者的描述
承包商	具体承担特大型工程投资项目建设的相关单位，受雇于项目法人
供应商	为特大型工程投资项目提供材料、设备等的相关单位
分包商	承担特大型工程投资项目施工、运输、劳务等子工程的相关单位
监理单位	承担特大型工程投资项目监理任务的单位
设计单位	为特大型工程投资项目进行设计工作的相关单位
施工人员	参与特大型工程投资项目建设施工的工人
当地群众	生活在特大型工程投资项目所在地且受到其影响的人，包括移民群众
专家学者	与特大型工程投资项目相关的项目管理、工程技术、环境保护等方面的专家
社会公众	对特大型工程投资项目比较关心的非项目所在地的普通群众
媒体	报纸、网络、广播等传统媒体和新媒体平台及其从业者
社会组织	对特大型工程投资项目比较关注的环境保护、社会发展等方面的社会组织

三、特大型工程投资项目的利益诉求识别

特大型工程投资项目不同利益主体之间存在着不同利益诉求，这些利益诉求之间既有共性，也有特性。本书基于不同利益诉求的角度，进行不同利益主体间的利益诉求识别。

（一）经济利益诉求

经济利益诉求是特大型工程投资项目多元利益诉求中最为基本的一项利益诉求，也是最为重要的一项利益诉求。经济利益诉求表现为多种形式，如利益补偿诉求、财务成本诉求、经济发展效率诉求以及规避市场风险诉求等。每个利益主体均会涉及一种甚至是几种不同的经济利益诉求，这些经济利益诉求相互影响，会加剧特大型工程投资项目的社会矛盾，造成社会

冲突。

1. 项目经济效益诉求

基于"经济人"角度，每个利益主体都希望在项目实施的过程中，通过资源的优化配置追求经济效益，也就是实现利益的最大化。特大型工程投资项目的经济效益诉求，是指多元利益主体通过商品和劳动的互相交换，通过较少的劳动消耗换取更多的经济利益，或者是通过同等多的劳动换取较多的经济利益。工程项目的经济效益好是指在项目的实际建设过程中，资金占用比例小，通过各种资源的优化配置尽量降低成本，从而使得经济利益增加。因此，项目经济利益诉求是每个多元利益主体的共同诉求。

2. 利益补偿诉求

特大型工程投资项目的实施一般会涉及征地拆迁问题，造成大量的工程移民，这种工程移民属于非自愿移民，不仅影响特大型工程投资项目所在区域的人口迁移与社会系统重构，而且也会对特大型工程投资项目的建设产生影响。对移民拆迁问题影响大的就在于利益补偿，受影响群众的利益补偿不合理、不公平、不及时等问题都会引发不满情绪，受影响群众的利益补偿问题处理不当会直接导致群体性事件的发生，增加对政府、项目法人的冲击，也间接增大了项目建设的财务压力，造成社会稳定风险的爆发。

3. 财务成本诉求

项目的财务成本是整个工程项目的核心，无论工程项目的规模、任务、性质如何，都需要考虑到财务成本问题，对于特大型工程投资项目来说更是如此，因此财务成本诉求成为特大型工程投资项目经济利益诉求之一。在特大型工程投资项目建设中，任何一个利益主体都希望项目所产生的财务成本越低越好。但是由于现实情况的复杂性，如前期的规划设计费用、中期的施工费用、后期的维护费用等往往难以准确估计，非常容易引发工程的技术问题、工期延期等情况，引起特大型工程投资项目资金、进度和质量的相互矛盾，极大地增加了项目的不确定性，影响特大型工程投资项目所在地的社会稳定。

4. 经济发展效率诉求

一般说来，特大型工程投资项目的建设会在一定程度上促进当地经济发展，但对于经济发展质量并不一定全是正面的影响，通常也会伴随着一些负面影响，因此便产生了经济发展效率诉求。经济发展质量的内涵实质上是一种效率的观念，表现为固定投入下产出更高或固定产出下投入更少。特大型工程投资项目所在地的经济发展不能只顾当前短期利益，而应是一种长期可持续的观念，当特大型工程投资项目的建设在当地是以对资源、环境的巨大破坏为代价来促进经济发展时，经济发展质量问题就会逐步显现。当地经济发展质量的问题反过来又会影响到当地居民的切身感受，进而引发当地居民对特大型工程投资项目的抗拒，因此经济发展效率诉求会越来越强烈。

（二）社会利益诉求

特大型工程投资项目建设有时会因为政府与项目法人等利益相关方片面追求经济利益与政绩的扩大化，而忽视特大型工程投资项目对当地社会环境造成的负面影响，侵害了公众的社会利益。由于社会利益受到侵害，因此产生了社会利益诉求。社会利益诉求同经济利益诉求一样，立足于不同的利益主体，社会利益诉求可以大致分为以下几类。

1. 社会安全诉求

良好的社会秩序是经济社会正常运转的关键，也是特大型工程投资项目取得成功的重要保障。建设周期长与建设复杂性是特大型工程投资项目的两大特征，在特大型工程投资项目的建设过程中，伴随着工程移民的外迁以及施工人员的进入，人员构成与社会关系复杂，给社会安全管理带来了极大的挑战。社会安全得不到保障，不但会直接造成人员伤亡与财产损失，也容易引发施工方与当地群众等不同团体的矛盾，因此不同团体会产生对于社会安全的利益诉求。

2. 居民生活质量诉求

居民的生活质量是指在一定时期内，某一地区人民群众生活的社会环境和生活保障的状况，是从质的方面反映人民群众生活的社会条件。特大型工程投资项目建设的项目风险大、影响范围广等特征使得其在一定范围内影响人民群众的正常生活，人们的生活习惯、社会风俗等都有可能被迫进行调整，造成居民生活质量的下降，居民的生活质量得不到基本的保障。特大型工程投资项目的建设侵害到了当地居民的切身利益，引发了居民的不满情绪，因此居民产生了生活质量诉求，强烈要求在建设特大型工程投资项目的同时，也要注重他们生活质量的保障。

3. 居民健康诉求

随着社会经济的快速发展，社会公众对于特大型工程投资项目建设引起的生态环境问题特别重视，追根究底还是人们对于自身健康问题关注度的提高，担心特大型工程投资项目的建设会影响到他们甚至下一代的身心健康，如各地爆发的抵制PX项目事件、反对核电项目建设等，都是公众对于自身健康情况诉求的一种表现。

4. 就业诉求

特大型工程投资项目的建设在一定时期内会促进当地的就业，但在其完成建设进入运行阶段之后，大批施工人员离开，当地社会也会逐步恢复正常化，以往依靠特大型工程投资项目建设的相关人员（如项目施工人员、材料运输人员、后勤保障人员等）会随着项目建设的结束而离岗，面临重新就业的困难。瞬间性的失业给相关人员带来了巨大的生活压力，基本的生活得不到保障，就业诉求达到了一定高度。

（三）环境利益诉求

自然环境作为人类社会生存和发展的基础，对于人类实践活动具有决定性的作用。特大型工程投资项目的建设在对大自然进行改造的同时，也不可避免地会对周边环境造成一定的破坏，这里的环境既包括自然环境，也包括社会环境。例如，重大水利工程的建设不仅可能引发工程周边泥石流、山体滑坡等灾害，也有可能导致原有基础设施的改变。由此可见，以基础设施为例，环境利益诉求不仅包括自然环境利益诉求，也包括社会环境利益诉求。

1. 自然环境利益诉求

环境利益诉求产生的重要原因之一就是特大型工程投资项目建设引发的环境污染问题。特大型工程投资项目引发的空气污染、水质污染、噪声污染等都成为人们对特大型工程投资项目抵触的重要因素，自然环境的破坏引发了群众的不满情绪，因此自然环境利益诉求高涨。特大型工程投资项目的环境污染问题如果得不到高度重视，极容易导致利益相关方的不满，爆发抗议活动甚至群体性事件。除此之外，特大型工程投资项目由于建设规模之巨大，对于生态环境的影响也非常大，森林衰竭、水土流失、生物种群消失等生态破坏问题如果在特大型工程投资项目的规划、审批、建设等阶段未能及时解决或刻意对公众隐瞒，会更加激化公众的不满情绪，与此同时，公众的自然环境利益诉求也会更加强烈。

2. 基础设施效益诉求

基础设施在日常生活中具有重要作用，为我们的生产生活提供最基本的服务，一般包括交通运输、机场、港口、桥梁、通信、水利及城市供排水供气、供电设施等，基础设施是一个区域得以正常运行的重要保障。在特大型工程投资项目的建设过程中，会对原有基础设施建设造成不同程度的破坏，进而影响到当地居民的日常生活和工作，导致公众产生基础设施利益诉求，对于原有基础设施被破坏感到不满。除此之外，由于特大型工程投资项目建设周期长，工程量大，新的基础设施从开始建造到完善，需要很长的时间跨度，在此期间，公众对于完善基础设施建设具有强烈的利益诉求。

（四）文化利益诉求

1. 教育诉求

特大型工程投资项目一般建设于偏僻的欠发达地区，主要目的是合理利用当地资源，优化资源配置，进而带动当地经济发展。这些区域同外界文化交流不畅通，不论是信息传递还是教育水平都受到严重的制约。因此，当地居民尤其是有正处于受教育阶段孩子的亲属，更加渴望通过特大型工程投资项目的建设，可以带动当地经济发展，提高本地教育水平。

2. 文化发展诉求

特大型工程投资项目的建设可以促进传统文化的传承和转型，但是由于项目的建设，当地区域人际长期以来形成的社会关系网络将被打破，生活方式的转变会深刻地影响当地居民文化，给当地文化的发展带来巨大冲击。特大型工程投资项目会改变当地社会生活的风俗习惯，宗教文化、传统民族文化也面临被边缘化的风险。特别是在中国某些地区,"乡土观念""安土重迁"等中华民族特有情感以及语言、风俗习惯的差异等都会加重工程移民的社会归属感缺失,容易引起工程移民的抵触心理,造成各方面的直接冲突,引发社会稳定风险。在项目刚开始施工时,若不做好调节工作,大部分居民会认为外来文化会冲击本地文化,对项目的建设持反对态度。但是当项目建设到一定程度时,不同的文化之间既相互冲击,又相互融合,这时大家都希望不同的文化可以逐渐相互融合,进而可以实现文化创新。

(五)其他利益诉求

特大型工程投资项目的利益诉求除了以上所列出的经济利益诉求、社会利益诉求、环境利益诉求、文化利益诉求之外,还存在着其他利益诉求,如项目进度诉求、项目管理权诉求等其他因素。

1. 项目进度诉求

对于特大型工程投资项目而言,时间代表着机遇,同时也代表着利益。在特大型工程投资项目建设过程中,项目进度控制是质量控制的重要保证之一,也是保证项目财务正常的重要手段之一。如果项目进度控制出现问题,一方面会直接影响项目成本,进而增加项目的不确定性,形成不稳定因素;另一方面,进度控制的不合理容易产生工程质量问题,一定程度上影响工程的安全,引发公众恐慌。很多利益主体,如政府、项目法人、拆迁户等都对项目的整体进度情况十分关注,都期望工程项目可以如期如质地完成。

2. 项目管理权诉求

特大型工程投资项目具有投资规模巨大、建设周期长的特性,其包含的单项工程也非常多,各单项工程的衔接关系非常复杂,对项目的管理提出了很高的要求。特大型工程投资项目的各相关方在项目进展过程中由于分工不同、目的不同而有可能会出现行动不一致的情况,这时便会产生利益冲突。因此,对于项目具有主导管理权就显得分外重要,特大型工程投资项目一般由政府主导,掌握项目主导管理权;也有少部分项目由项目法人或者其他利益主体主导,这些利益主体之间存在着对项目管理权的诉求。特大型工程投资项目的利益诉求见表3-3。

表3-3 特大型工程投资项目的利益诉求

	利益诉求	利益诉求说明
经济利益诉求	项目经济利益诉求	追求工程项目经济效益最大化
	利益补偿诉求	受影响群众要求补偿更加公平合理
	财务成本诉求	工程项目建设在保障质量前提下,成本越低越好
	经济发展效率诉求	短期利益与长远利益同时兼顾
社会利益诉求	社会安全诉求	工程项目建设要求保障社会安全
	居民生活质量诉求	工程项目建设要求提高居民生活质量
	居民健康诉求	工程项目建设要求保障居民健康
	就业诉求	当地居民不因工程项目的建设而失业
环境利益诉求	自然环境利益诉求	工程项目建设要求经济与自然协调发展
	基础设施利益诉求	完善基础设施建设
文化利益诉求	教育诉求	要求保障居民受教育权利、提高教育水平
	文化发展诉求	减少文化冲突,促进文化融合和文化创新
其他利益诉求	项目进度诉求	工程项目按时完工
	项目管理权诉求	获得项目管理主导权

第二节 特大型工程投资项目"利益相关者—利益诉求"2-模网络构建

一、问卷设计与数据搜集

（一）社会网络分析的问卷设计

社会网络分析的问卷设计除了遵循一般问卷设计的原则,还应当注意社会网络分析方法的特点。社会网络分析一般具有比较明确的边界,因此一般不采用随机抽样方法获得样本，而一般采用方便抽样方法。此外，由于对于同一对行动者而言，他们之间可能存在着不止一种关系，因此应当进行多维度的关系调查，以期尽可能多地获得行动者之间的多种关系。社会网络分析的问卷设计具有一些调查技巧，例如问卷尽量不署名，可以事后由研究者自己加上被调查名字，保证不泄密，强调本研究纯属学术研究等。[1] 针对特大型工程投资项目主体的关键利益诉求研究需要，遵循以上调查原则，结合前文初步识别出的利益相关者、利益诉求，本书设计了特大型工程投资项目利益相关者与利益诉求关系调查问卷。

调查问卷主要包括三个方面的问题。首先需要确定特大型工程投资项目的利益相关者，在调查问卷中给出初步识别出的利益相关者为受访者提供参考，让受访者从中选择并补充出相关的利益相关者，填入已制好的特大型工程投资项目利益相关者与利益诉求关系表中。其次，在调查问卷中给出初步识别出的特大型工程投资项目的利益诉求为受访者提供参考，让受访者从中选择并补充得到相关利益诉求，填入已制好的特大型工程投资项目利益相关者与利益诉求关系表中。最后，让受访者判断各利益相关者会与哪些利益诉求有关系，如果某一利益相关者与某一利益诉求有关系，则在相应表格中填入"√"，由此完成特大型工程投资项目利益相关者与利益诉求关系表。详细的特大型工程投资项目利益相关者与利益诉求关系调查问卷见附录。

（二）数据搜集与分析

由于社会稳定风险的敏感性，本研究进行了"脱敏"处理，不给出具体调研的特大型工程投资项目名称。本研究主要对广东某重大水利枢纽工程涉及的政府、项目法人、行业专家、当地群众等相关主体进行访谈与问卷发放。调研对象是一项以防洪、供水为主，兼顾发电和航运的综合性重大水利枢纽工程，与上下游堤防共同组成"堤库结合"的防洪体系，工程正常蓄水

---

[1] 罗家德. 社会网分析讲义［M］. 北京：社会科学文献出版社，2005.

水位为38米，校核洪水位为46.29米，防洪库容为2.037亿立方米，总库容为4.01亿立方米，电站装机容量100兆瓦，年发电量5.85亿度，为国家Ⅱ等大型工程，主要建筑物级别为2级，次要建筑物级别为3级，临时性建筑物为4级。水库淹没总面积32706.04亩，其中水域面积22585.97亩，陆地面积10120.07亩，陆地面积中含耕地面积3243.31亩、园地438.48亩、林地3082.23亩、草地716.21亩、住宅用地496.70亩、交通运输用地129.68亩、水域及水利设施用地1987.22亩、其他用地27.23亩。

为避免问卷的无效发放，调查组提前与相关单位进行联系，在获得确定答复后再进行发放。特大型工程投资项目利益相关者与利益诉求关系调查问卷共发放200份，收回196份，剔除1份填写不全的问卷，共得到有效问卷195份，有效问卷率为97.5%。通过对195份有效问卷中利益相关者的统计，发现当地政府、项目法人、承包商、施工人员、当地群众出现次数比较高，被受访者认为是最为主要的利益相关者。此外，除了前文初步识别出的13类利益相关者之外，调查问卷中还出现了中央政府这一类利益相关者，具体的利益相关者统计结果如表3-4所示。

表3-4 广东某重大水利枢纽工程利益相关者统计结果

利益相关者	出现频次	利益相关者	出现频次
当地政府	195	施工人员	179
项目法人	194	当地群众	195
承包商	178	专家学者	151
供应商	161	社会公众	157
分包商	152	媒体	158
监理单位	147	社会组织	141
设计单位	153	中央政府	5

通过对195份有效问卷中利益诉求的统计，发现项目经济利益诉求、利益补偿诉求、财务成本诉求、就业诉求、社会安全诉求、项目进度诉求等利

益诉求出现次数比较高，被受访者认为是特大型工程投资项目最为主要的利益诉求。此外，除了前文初步识别出的14类利益诉求之外，调查问卷中还出现了政治利益诉求、按时发放工资这两类利益诉求，具体的利益诉求统计结果如表3-5所示。

表3-5　广东某重大水利枢纽工程相关主体的利益诉求统计结果

利益诉求	出现频次	利益诉求	出现频次
项目经济利益诉求	195	自然环境利益诉求	173
利益补偿诉求	195	基础设施利益诉求	170
财务成本诉求	191	教育诉求	158
经济发展效率诉求	156	文化发展诉求	161
社会安全诉求	188	项目进度诉求	184
居民生活质量诉求	178	项目管理权诉求	157
居民健康诉求	177	政治利益诉求	4
就业诉求	189	按时发放工资	3

表3-4与表3-5给出了特大型工程投资项目主要利益相关者与利益诉求的统计结果，为了更加深入研究特大型工程投资项目利益相关者与利益诉求间的关系，确定关键利益相关者与关键利益诉求，需要构建特大型工程投资项目"利益相关者—利益诉求"二部图，并利用社会网络分析方法中的相关测度指标来进行分析。

二、"利益相关者—利益诉求"二部图构建

特大型工程投资项目利益相关者与利益诉求关系调查问卷中最为重要的是完成两者之间的关系调查。通过对195份有效问卷的统计与整理，可得到"利益相关者—利益诉求"2-模数据矩阵，如表3-6所示。行表示特大型工程投资项目利益相关者，列表示特大型工程投资项目相关主体的利益诉

求,表中某行某列交叉格中的数字代表有多少受访者认为此行的利益相关者与此列的利益诉求具有密切联系,对特大型工程投资项目具有重要影响。例如,表中第一行第一列的113表示有113位受访者认为当地政府与项目经济利益诉求息息相关,对特大型工程投资项目具有重要影响。

表3-6 广东某重大水利枢纽工程"利益相关者—利益诉求"2-模数据矩阵

利益诉求\利益相关者	项目经济利益诉求	利益补偿诉求	财务成本诉求	经济发展效率诉求	社会安全诉求	居民生活质量诉求	居民健康诉求	就业诉求	自然环境利益诉求	基础设施利益诉求	教育诉求	文化发展诉求	项目进度诉求	项目管理权诉求	政治利益诉求	按时发放工资诉求
当地政府	113	99	99	145	143	85	127	98	101	84	105	88	97	41	4	0
项目法人	142	58	152	58	73	17	43	17	73	46	0	0	183	115	2	0
承包商	140	16	153	29	56	15	41	15	41	17	0	0	170	56	0	0
供应商	85	15	99	30	6	4	17	14	16	15	0	0	73	14	0	0
分包商	99	14	113	14	28	7	15	5	15	0	0	0	125	31	0	0
监理单位	56	55	71	41	100	29	46	3	73	56	0	13	113	40	0	0
设计单位	71	26	112	69	103	43	42	14	111	53	9	26	62	29	0	1
施工人员	26	57	43	3	10	27	29	73	14	11	0	0	99	0	0	3
当地群众	28	155	7	7	183	172	181	191	101	56	86	98	16	0	0	1
专家学者	56	73	42	71	84	53	56	44	99	59	59	84	15	10	2	0
社会公众	28	42	17	44	94	43	113	99	99	43	71	86	38	0	0	0

续表

利益诉求\利益相关者	项目经济利益诉求	利益补偿诉求	财务成本诉求	经济发展效率诉求	社会安全诉求	居民生活质量诉求	居民健康诉求	就业诉求	自然环境利益诉求	基础设施利益诉求	教育诉求	文化发展诉求	项目进度诉求	项目管理权诉求	政治利益诉求	按时发放工资诉求
媒体	24	60	14	56	116	99	97	55	100	72	72	103	25	0	0	2
社会组织	27	84	27	71	83	75	68	68	85	39	99	98	13	0	3	1
中央政府	5	4	4	5	3	2	2	5	1	2	2	3	2	0	0	0

首先，将得到的广东某重大水利枢纽工程"利益相关者—利益诉求"2-模数据矩阵输入社会网络分析软件Ucinet中并进行保存；其次，利用

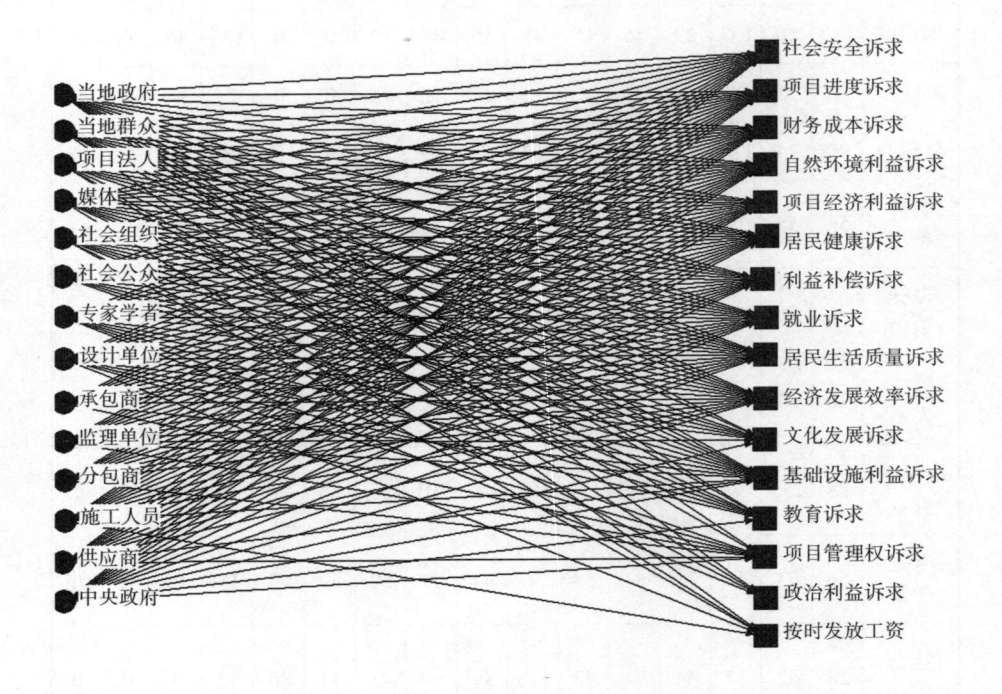

图3-1 广东某重大水利枢纽工程"利益相关者—利益诉求"二部图

<<< 第三章 特大型工程投资项目主体的关键利益诉求分析

Ucinet 中 Transform → Bipartite 分析路径完成二部矩阵的构建；最后，利用 Ucinet 中 Visualize → NetDraw → File → Open → Ucinet dataset → 2 - Mode network 分析路径完成广东某重大水利枢纽工程"利益相关者—利益诉求"二部图构建，如图 3 - 1 所示。

从图 3 - 1 广东某重大水利枢纽工程"利益相关者—利益诉求"二部图中可以看出，一共包含了 30 个节点，左侧圆形节点表示 14 个利益相关者，右侧方形节点表示 16 种利益诉求，两者之间的连线表示利益相关者与利益诉求之间的联系。特大型工程投资项目"利益相关者—利益诉求"二部图表现出一定的聚类性，可以清楚地看出 2 - 模关系的结构。

第三节 特大型工程投资项目的关键利益界定

一、利益相关者与利益诉求关系强度分析

特大型工程投资项目"利益相关者—利益诉求"二部图表示出了利益相关者与利益诉求之间的关系，为了更好地观察节点相互之间的影响力，可依据各节点度的大小以及关联度在 Ucinet 中重新作图，得到基于节点度大小的特大型工程投资项目"利益相关者—利益诉求"2 - 模网络，如图 3 - 2 所示。基于节点度大小的特大型工程投资项目"利益相关者—利益诉求"2 - 模网络包含了 30 个节点和 188 条连线。图 3 - 2 中节点的大小表示节点度的大小，连接两个节点的连线表示两者之间存在着影响关系，连线的粗细表示两者影响程度的大小。网络中心是那些具有更多联系的节点，而具有较少联系的节点分布在网络的边界。从图 3 - 2 可看出，所有的节点都是相互关联的，反映出特大型工程投资项目的利益相关者与利益诉求之间具有非常复杂的联系。我们通过计算网络密度和凝聚力来定量表示网络的整体情况。通过 Ucinet 对特大型工程投资项目"利益相关者—利益诉求"2 - 模网络的网络

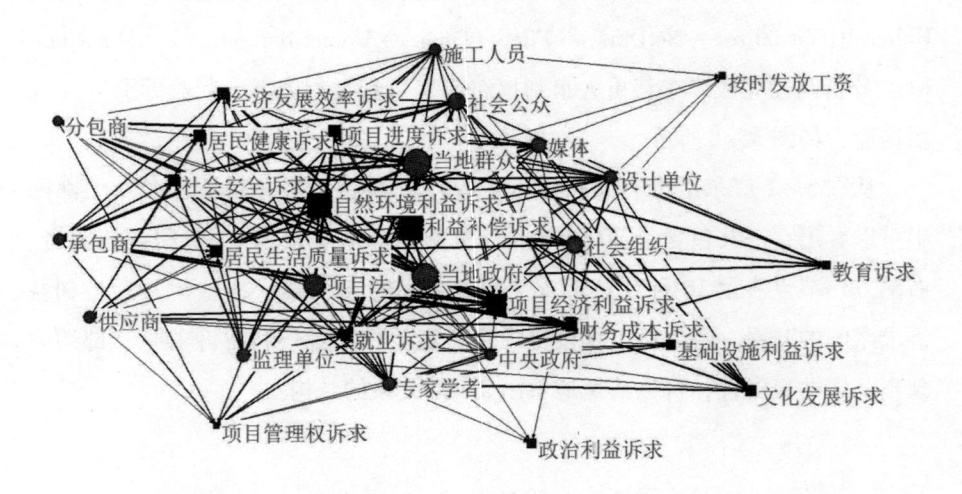

图 3-2 基于节点度大小的"利益相关者—利益诉求"2-模网络

密度与凝聚力进行计算，得到的结果分别为 0.8393 和 0.298，表明网络较为密集，节点较为集中。为了更加清楚地表示网络中各节点的影响力，本书对广东某重大水利枢纽工程"利益相关者—利益诉求"2-模网络进行了节点度的测量。在 2-模网络中，节点分为主节点集与子节点集，因此度的测量也分为主节点的度与子节点的度，在特大型工程投资项目"利益相关者—利益诉求"2-模网络中，主节点集是利益诉求集合，子节点集是利益相关者集合。表 3-7 显示了广东某重大水利枢纽工程"利益相关者—利益诉求"2-模网络度的总体情况。可以看出，主节点度平均值为 660.00，最小值为 8，最大值为 1084，说明平均每种利益诉求在 195 份调查问卷中与 660 个次的利益相关者有联系，最多的一种利益诉求与 1084 个次的利益相关者有联系，最少的一种利益诉求只与 8 个次的利益相关者有联系。子节点度平均值为 754.286，最小值为 45，最大值为 1429，说明平均每个利益相关者在 195 份问卷调查中与之联系的有 754.286 个次利益诉求，最多的一个利益相关者与 1429 种次利益诉求有联系，最少的一个利益相关者只与 4 种次利益诉求有联系。

表3-7 广东某重大水利枢纽工程"利益相关者—利益诉求"2-模网络度的总体情况

节点集	主节点	子节点
平均值	660.00	754.286
标准差	314.728	345.523
最小值	8	45
最大值	1084	1429

进一步对广东某重大水利枢纽工程"利益相关者—利益诉求"2-模网络的各个节点的度进行测量,如表3-8所示。

表3-8 广东某重大水利枢纽工程"利益相关者—利益诉求"2-模网络度的测量

主节点	度数中心度	接近中心度	中间中心度	子节点	度数中心度	接近中心度	中间中心度
社会安全诉求	1084	65.909	2.617	当地政府	1429	65.909	4.123
项目进度诉求	1032	65.909	2.617	当地群众	1282	63.043	3.086
财务成本诉求	953	65.909	2.617	项目法人	979	60.417	2.773
自然环境利益诉求	933	65.909	2.617	媒体	895	63.043	3.086
项目经济利益诉求	900	65.909	2.617	社会组织	841	65.909	4.812
居民健康诉求	877	65.909	2.617	社会公众	817	60.417	1.975
利益补偿诉求	758	65.909	2.617	专家学者	807	65.909	4.123
就业诉求	698	65.909	2.617	设计单位	771	65.909	3.961
居民生活质量诉求	672	65.909	2.617	承包商	749	58.000	1.433
经济发展效率诉求	643	65.909	2.617	监理单位	696	60.417	1.931
文化发展诉求	598	53.704	0.897	分包商	466	55.769	1.181
基础设施利益诉求	552	63.043	2.186	施工人员	395	58.000	1.947

续表

主节点	度数中心度	接近中心度	中间中心度	子节点	度数中心度	接近中心度	中间中心度
教育诉求	503	51.786	0.679	供应商	388	58.000	1.433
项目管理诉求	338	53.704	0.966	中央政府	45	63.043	2.560
政治利益诉求	11	45.313	0.143				
按时发放工资	8	46.774	0.237				

由表3-4、表3-5、表3-6可知，对于利益诉求而言，社会安全诉求、项目进度诉求、财务成本诉求、自然环境利益诉求、项目经济利益诉求、居民健康诉求、利益补偿诉求、就业诉求、居民生活质量诉求的度相对较高，与之密切相关的利益相关者相对较多，而且在所有问卷中出现的频次也较高，因此被认为是主要的利益诉求。其他的如经济发展效率诉求、文化发展诉求等诉求与之相关的利益相关者不多，而且度也小于主节点集的平均值，因此在后文中将不考虑这些利益诉求。对于利益相关者而言，当地政府、当地群众、项目法人与绝大多数利益诉求相关，并且在所有调查问卷中出现频次最高，而媒体、社会组织、社会公众、专家学者与大部分的利益诉求相关，在所有调查问卷中出现频次也较高，因此这些被认为是主要的利益相关者。其他的如设计单位、承包商、监理单位、分包商、施工人员、供应商、中央政府等虽然也是特大型工程投资项目的利益相关者，但与之相关的利益诉求不多，并且他们的度也小于子节点集度的平均值，因此在后文中将不考虑这些利益相关者。其实这样的结论也可以在图3-2中得到一定的体现，项目经济利益诉求、利益补偿诉求、自然环境利益诉求等利益诉求节点较大而且处于网络的中心，文化发展诉求、教育诉求等利益诉求节点较小且处于网络的边缘，利益相关者也呈现相似的情况，这些都直观地表现了所得出的结论。

<<< 第三章 特大型工程投资项目主体的关键利益诉求分析

二、关键利益诉求界定

依据上文的分析,将设计单位、承包商、监理单位、分包商、施工人员、供应商、中央政府等影响较小的利益相关者以及经济发展效率诉求、文化发展诉求、基础设施利益诉求、教育诉求、项目管理诉求、政治利益诉求、按时发放工资等影响较小的利益诉求剔除,在表3-6的基础上得到新的"利益相关者—利益诉求"2-模数据矩阵,并基于最小值方法转化得到广东某重大水利枢纽工程利益相关者的利益诉求关系1-模数据矩阵,并将数据矩阵输入 Ucinet 中,基于节点度的大小将广东某重大水利枢纽工程利益相关者的利益诉求关系网络可视化,得到广东某重大水利枢纽工程利益相关者的利益诉求关系网络,如图3-3所示。

对广东某重大水利枢纽工程利益相关者的利益诉求关系网络进行 Burt 结构洞测量,分别得到利益诉求关系网络的冗余矩阵、限制度矩阵及四个结构洞指数,分别如表3-9、表3-10、表3-11所示。

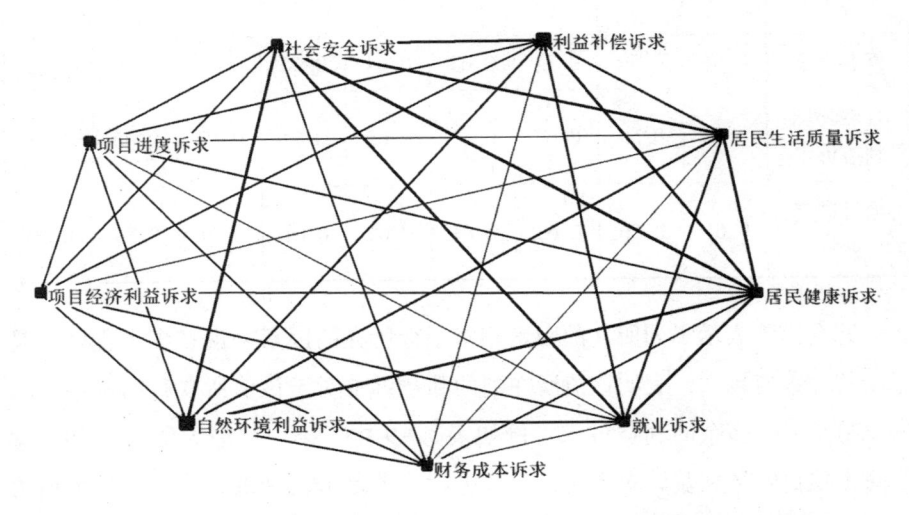

图3-3 广东某重大水利枢纽工程利益相关者的利益诉求关系网络

表3-9 广东某重大水利枢纽工程利益相关者的利益诉求冗余矩阵

	项目经济利益诉求	利益补偿诉求	财务成本诉求	社会安全诉求	居民生活质量诉求	居民健康诉求	就业诉求	自然环境利益诉求	项目进度诉求
项目经济利益诉求	0.00	0.59	0.65	0.62	0.62	0.63	0.61	0.60	0.69
利益补偿诉求	0.62	0.00	0.68	0.63	0.63	0.62	0.62	0.61	0.73
财务成本诉求	0.61	0.62	0.00	0.62	0.62	0.62	0.61	0.58	0.67
社会安全诉求	0.60	0.58	0.64	0.00	0.58	0.58	0.57	0.53	0.67
居民生活质量诉求	0.62	0.61	0.71	0.64	0.00	0.65	0.64	0.61	0.76
居民健康诉求	0.60	0.58	0.68	0.60	0.61	0.00	0.59	0.57	0.71
就业诉求	0.61	0.59	0.71	0.63	0.64	0.66	0.00	0.60	0.75
自然环境利益诉求	0.62	0.59	0.67	0.61	0.62	0.64	0.62	0.00	0.71
项目进度诉求	0.61	0.56	0.63	0.61	0.62	0.61	0.61	0.59	0.00

冗余矩阵表示了列所在的因素相对于行所在的因素来说在多大程度上是冗余的。数值越大，表明该值所在列的利益诉求对于该值所在行的利益诉求来说越是一个多余的利益诉求。例如表3-9中，第一行最大值为0.69，说明对于项目经济利益诉求来说，项目进度诉求是最冗余的；第二行最大值为0.73，说明对于利益补偿诉求而言，项目进度诉求也是最冗余的。对于整个广东某重大水利枢纽工程利益相关者的利益诉求冗余矩阵来说，财务成本诉

求、居民生活质量诉求、居民健康诉求、项目进度诉求的冗余度较大，其在广东某重大水利枢纽工程利益相关者的利益诉求关系网络中相对比较冗余，而项目经济利益诉求、利益补偿诉求、社会安全诉求、就业诉求以及自然环境利益诉求冗余度较小，表明其在特大型工程投资项目利益相关者的各类利益诉求中是受到较多关注的几种利益诉求。

表3-10 广东某重大水利枢纽工程利益相关者的利益诉求限制度矩阵

	项目经济利益诉求	利益补偿诉求	财务成本诉求	社会安全诉求	居民生活质量诉求	居民健康诉求	就业诉求	自然环境利益诉求	项目进度诉求
项目经济利益诉求	0.00	0.05	0.09	0.07	0.04	0.07	0.05	0.07	0.09
利益补偿诉求	0.06	0.00	0.02	0.10	0.11	0.09	0.07	0.11	0.02
财务成本诉求	0.06	0.05	0.00	0.09	0.04	0.06	0.04	0.07	0.06
社会安全诉求	0.03	0.07	0.02	0.00	0.06	0.09	0.07	0.07	0.02
居民生活质量诉求	0.02	0.07	0.02	0.12	0.00	0.10	0.08	0.07	0.02
居民健康诉求	0.03	0.07	0.02	0.11	0.06	0.00	0.07	0.07	0.02
就业诉求	0.02	0.07	0.02	0.12	0.07	0.10	0.00	0.07	0.02
自然环境利益诉求	0.03	0.06	0.02	0.11	0.06	0.09	0.06	0.00	0.03
项目进度诉求	0.06	0.05	0.05	0.09	0.04	0.07	0.04	0.07	0.00

限制度矩阵表示了行所在的因素在多大程度上受到该因素所在网络中其

他因素的限制。数值越大，表明该值所在列的利益诉求对于该值所在行的利益诉求限制力越大。如表3-10所示，第一行最大值为0.09，说明对于项目经济利益诉求而言，其受到财务成本诉求、项目进度诉求限制力最大；第二行最大值为0.11，说明对于利益补偿诉求而言，其受到居民生活质量诉求、自然环境利益诉求的限制力最大，而受财务成本诉求限制力较小。对整个网络的限制度分析将在随后的结构洞指数分析中给出。

表3-11 广东某重大水利枢纽工程利益相关者的利益诉求关系网络结构洞指数

	有效规模	效率	总限制度	等级度
项目经济利益诉求	2.991	0.374	0.459	0.059
利益补偿诉求	3.134	0.391	0.450	0.080
财务成本诉求	2.967	0.342	0.464	0.017
社会安全诉求	2.925	0.371	0.460	0.054
居民生活质量诉求	2.542	0.318	0.486	0.061
居民健康诉求	2.840	0.355	0.459	0.073
就业诉求	2.595	0.324	0.481	0.051
自然环境利益诉求	3.121	0.378	0.451	0.091
项目进度诉求	2.622	0.353	0.461	0.018

表3-11给出了四种结构洞指数。第一列是各种利益诉求的有效规模，有效规模越大，该利益诉求在所在网络中的行动越自由。从表中第一列可看出项目经济利益诉求、利益补偿诉求、自然环境利益诉求的有效规模较大，说明其行动自由度相对较大。但是，由于社会网络中每个节点的个体网络规模不同，有效规模指标的解释往往不具有可比性，此时需要分析相对有效规模，即表中第二列的效率。效率越大，说明该利益诉求在整个网络中的行动越高效。从表中第二列可以看出除了居民生活质量诉求、就业诉求的效率较低外，其余几类利益诉求的效率差别不大，其中利益补偿诉求、项目经济利益诉求、自然环境利益诉求相对较高，说明这三类利益诉求在特大型工程投

资项目利益相关者的利益诉求中相对敏感,应该得到重视。表中第三列表明了各利益诉求在整个网络中的总限制度,利益补偿诉求与自然环境利益诉求的总限制度较低,而其他利益诉求的总限制度较高,这也与实际情况比较相符。一般来说,在特大型工程投资项目利益相关者的利益诉求中,最先提及的一般是利益补偿诉求与自然环境利益诉求这两种利益诉求,同时也是得到最多关注的,受到其他利益诉求的限制相对较小。表中第四列表示各利益诉求在网络中的等级度,等级度越高说明该利益诉求越处于网络核心地位。可以看出,利益补偿诉求与自然环境利益诉求的等级度最高,居于网络的中心,而财务成本诉求、项目进度诉求等利益诉求的等级度相对较低,处于网络的边缘。

通过以上对广东某重大水利枢纽工程进行的案例分析,可以发现利益补偿诉求、自然环境利益诉求与项目经济利益诉求不但处于特大型工程投资项目利益相关者的利益诉求关系网络的核心,而且其总限制度较低,行动效率较高,说明其在特大型工程投资项目利益相关者的利益诉求中有着比较重要的地位。此外,居民生活质量诉求、居民健康诉求等利益诉求的行动效率相对居中,说明在特大型工程投资项目利益相关者的利益诉求中,其相对敏感,会对特大型工程投资项目产生一定影响,但总限制度较高,等级度较低,说明其利益诉求有时无法得到足够重视。可能的原因在于这几种利益诉求在解决了利益补偿诉求与自然环境利益诉求后也能得到相应的缓解,自身难以形成一定的影响力。因此,本书认为利益补偿诉求、自然环境利益诉求与项目经济利益诉求为特大型工程投资项目主体的关键利益诉求。

小　结

本章是基于社会网络分析方法对特大型工程投资项目主体的关键利益诉求进行界定。首先,基于前文分析及文献梳理初步识别特大型工程投资项目的利益相关者及利益诉求。其次，设计调查问卷并以广东某重大水利枢纽工程为例，搜集整理得到"利益相关者—利益诉求" 2 - 模数据矩阵。再次，基于相关定量测度指标测算利益相关者与利益诉求的关系强度，剔除影响相对较小的利益相关者与利益诉求。最后，采用最小值方法将"利益相关者—利益诉求" 2 - 模数据转化得到利益诉求关系 1 - 模数据，并进行网络可视化，随后进行结构洞测量，分析各利益诉求的角色与地位，确定了利益补偿诉求、自然环境利益诉求与项目经济利益诉求为处于核心地位的关键利益诉求。

第四章

特大型工程投资项目的利益冲突放大过程研究

在特大型工程投资项目生命周期内，由于主体的角色、认知、风险感知不同，因此利益诉求也不同，第三章分析了特大型工程投资项目主体的利益诉求，指出了利益补偿诉求、自然环境利益诉求与项目经济利益诉求是主体利益诉求中最关键的。关键利益诉求不同，主体的行为策略也不同，即使主体关键利益诉求相同，由于角色、认知等存在差异，行为也会不一致，他们的行为策略及其博弈关系会对特大型工程投资项目的进展产生很大影响，社会稳定风险也是这些行为的博弈结果。因此，本章基于不同的利益诉求，借助博弈理论研究关键利益主体的行为博弈，进而分析主体行为的主要影响因素，对研究社会稳定风险形成机理与社会稳定风险治理具有重要指导意义。

第一节 关键利益主体行为分析

特大型工程投资项目中利益相关者众多，包括地方政府、项目法人、当地群众、设计单位、承包商、供应商、社会组织等，不同主体的利益诉求不同，这些不同的利益诉求是冲突的根源。第三章指出了利益补偿诉求、自然环境利益诉求与项目经济效益诉求是关键利益诉求，针对这些利益诉求，我们首先分析涉及的关键主体以及主体的行为策略。

特大型工程投资项目一般规模巨大，涉及范围广，建设周期长，在项目实施中，经常引发移民征地、生态破坏、环境污染等损坏当地群众利益的影响因素。对于征地农户来说，在失去土地，遭受经济损失的同时也可能面临再就业问题；对于征地移民来说，甚至被迫离开了长久生活的家园，他们担心移民后的生活质量是否下降，能否融入当地风俗等，因此希望得到充足的补偿，如果项目负责方不能给予合理的补偿，很容易引起群众的不满，发生冲突。另外，随着社会的进步与生活水平的提高，人们对生活质量的要求也随之提高，对项目的要求不再只是注重它带来的经济效益，他们更关心项目的社会效益（环境、可持续性等）。因此，当地群众是关键主体，有迫切的利益补偿诉求与自然环境利益诉求。

地方政府与项目法人在项目中的作用举足轻重。过去，受GDP政绩考核的影响，地方政府为促进当地经济的快速发展，大力招商引资，甚至以牺牲生态环境为代价，竞相降低环境标准，在经济快速增长的同时，环境污染问题也日趋严重。环境污染已经严重影响人们生产、生活质量，环境保护刻不容缓。国家在"十五"计划中将减排量作为可持续发展的主要预期目标之一，"十一五"规划则首次将节能减排作为约束性要求。环境绩效逐渐被纳入地方政府政绩考核指标体系，甚至实行"一票否决"制，因此，在特大型工程投资项目中，地方政府的诉求主要是项目经济利益诉求与自然环境利益诉求。项目法人在项目全过程中，全面承担建设投资运作、建设实施职能和责任，向国家和各投资方负责，希望在项目实施过程中，实现利益的最大化，因此，项目法人的主要诉求是项目经济利益诉求。

综上所述，特大型工程投资项目中关键利益主体为地方政府、项目法人、当地群众，关键利益诉求是利益补偿诉求、自然环境利益诉求与项目经济利益诉求。他们的利益诉求不同，行为策略也不同，不同的行为可能引发冲突，下面分析他们在利益诉求下的行为策略。

（一）项目法人

在特大型工程投资项目中，中央政府是投资主体，委托项目法人进行工程建设和运营管理。在项目建设过程中，项目法人全面承担建设投资运作、建设实施职能和责任，向国家和各投资方负责。项目法人不仅要保证项目的顺利进行，同时也要追求项目的经济利益最大化。由于信息不对称、逆向选择、临时性等原因，项目法人在项目建设管理运营中容易产生机会主义行为，比如在招投标工作中，违背择优、公平、竞争原则，规避招标，压低标底，使一些施工能力差、技术水平低、设施装备不完备的承包商承揽到建设项目，给工程埋下安全隐患；在与地方政府协商合作、共同处理事务方面，存在搭便车行为，会轻视风险管理，认为地方政府会承担解决群众的利益诉求、负面情绪安抚等工作。另外，对于承建的具有外部负效应的污染项目，项目法人在以经济利益为首要目标的追求下，为降低社会协商成本，在工程环评、立项、审批和施工投产等环节很可能与地方政府合谋暗箱操作，不及时公开信息，也不公布项目可能存在的风险，剥夺周边群众的知情权，隐瞒事实真相；对于群众反映的施工期间出现的破坏生态环境、施工噪声、交通堵塞等行为，如果不能从群众切身利益出发，及时做出回应，这些都会引起当地群众的不满，引发社会矛盾，影响社会稳定。

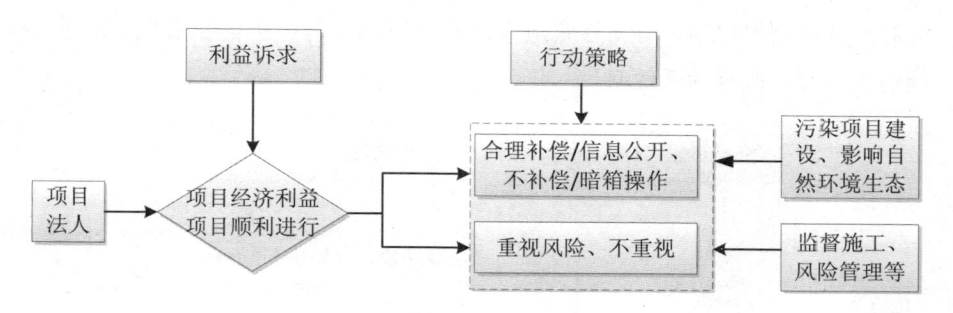

图 4-1 项目法人行为策略图

（二）地方政府

在特大型工程投资项目中，地方政府是中央政府委托的代理人，根据国家的政策和审定的规划设计方案组织实施，依法对项目进行监督、协调和管理，并为项目建设和生产经营创造良好的外部环境，帮助项目法人协调解决征地拆迁、移民安置和社会治安等问题。因此，地方政府既要受中央政府的监督，又要与项目法人协调合作，还担负土地征收、安置移民的重要任务，与当地群众有着直接的利益交织。在项目建设过程中，地方政府身份的多重性决定了其行为目标的复杂性。

　　以追求项目经济利益为目标的地方政府，在特大型工程投资项目的组织实施中，一方面，希望上级政府大力扶持，给予充足的预算，同时也会精打细算，节约财政支出，在实施拆迁征地的补偿过程中，很有可能与民争利，出现经济补偿不合理的情况，甚至对于不配合的群众采取强制征地拆迁等不良手段；另一方面，地方政府出于维护社会稳定、政绩考核、社会信誉问题等考虑，主动开展周边居民的拆迁动员协商工作，听取拆迁户的意见，制订合理的补偿安置方案，采取协商拆迁策略。对于少数已经补偿到位仍然提出不合理要求的所谓"钉子户"，地方政府为了息事宁人，主动让步，增加补偿，也会导致先行搬迁的住户心理失衡，引发不满。对于项目中出现的环境问题，一方面，地方政府迫于环境绩效考核，会对项目进行监督，督促施工单位采取措施进行污染防治，另一方面，由于环境政策体系的不完整以及地方政府任期制等原因，容易导致地方政府对环境监管产生消极态度，致使环境污染治理与监督的低效率。

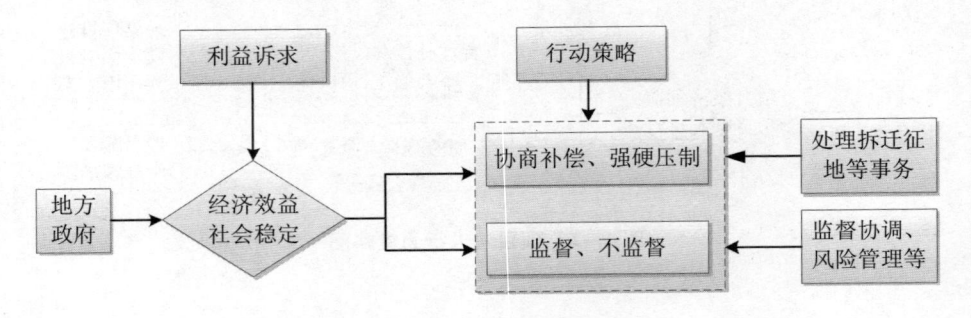

图4-2　政府行为策略图

（三）当地群众

　　在特大型工程投资项目中，征地拆迁、移民安置、自然环境破坏等风险因素会对当地群众的生产生活造成负面影响。从理性出发的居民在与地方政府关于补偿的商谈中会讨价还价，尽可能地追求自身利益的最大化，利益因素是影响居民行为的主要因素。权衡利弊后，大部分群众会同意补偿方案，同时由于风险感知、情绪等因素，也会有小部分群众认为补偿不到位，采取抗争行为。另外，对于追求自然环境利益诉求的群众来说，由于专业知识的缺乏，对污染项目的风险认知与实际风险之间存在一定的偏差，而且很容易放大风险，风险一旦被放大，群众对污染项目的安全隐患就会产生更大的担忧和恐惧，其负面情绪就会被激化，很可能采取行动抵制污染项目的兴建。这时，如果项目负责方没有及时采取措施，发布官方确切信息，明确项目可能存在的风险，以及控制风险的措施等，不正确引导公众科学认知，消除公众的疑虑、猜测、恐慌，很容易引起当地群众的不满。受从众心理影响，公众负面情绪会扩大，周边的公众会自发地形成一个利益相关群体，一致反对污染项目建设，甚至爆发冲突。

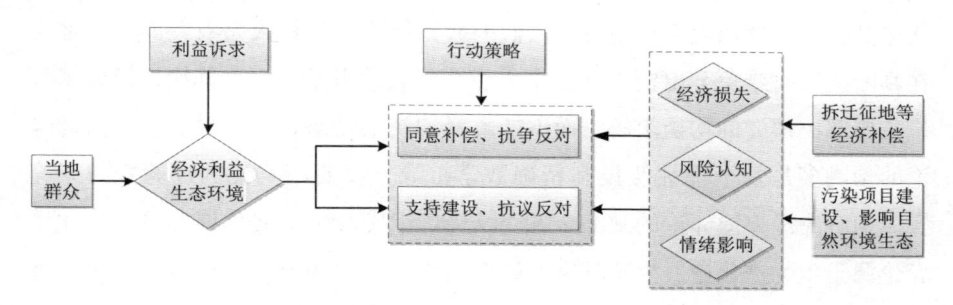

图4-3　当地群众行为策略图

因此，在特大型工程投资项目中，关键利益主体地方政府、当地群众、项目法人围绕着关键利益诉求产生的利益冲突是社会稳定风险的根源，下面我们分析他们在各自利益诉求下的行为演化博弈。

第二节　地方政府与当地群众利益冲突博弈

一、演化博弈基本理论

博弈论是研究决策主体的行为发生直接相互作用时候的决策以及决策的

均衡问题。① 1944 年，冯·诺依曼和摩根斯坦恩合作的《博弈论和经济行为》一书的出版标志着博弈理论的诞生。20 世纪 50 年代，纳什（Nash）与塔克（Tucker）的著作奠定了现代非合作博弈的基石。60 年代，泽尔腾（Selten）将纳什均衡的概念引入了动态分析，提出了"精炼纳什均衡"概念，而海萨尼（Harsany）把不完全信息引入博弈论，他们的工作为后人发展博弈论提供了思路和模型。博弈论基本要素包括：博弈方（参与人）、行动、信息、战略、支付（效用）、结果和均衡。80 年代之后，研究工作围绕修正经典博弈中完全理性假设展开，并试图用动态结构解释纳什均衡。研究表明经典博弈论存在三种缺陷。首先，经典博弈论假设博弈方是完全理性的，完全了解对手的策略集、行动规则、收益结构，并能按照自身利益或效用最大化原则决策。然而现实环境中，人们的智力能力与理性人是有差距的，而且在判断决策时难免会出错，因此完全理性的假设很难实现。其次，经典博弈论主要解决博弈的均衡求解，而不能解释均衡的动态过程。最后，经典博弈论的预测多是基于理性假设和精确数学推导，需要用实证的经验规律来充实。为解决经典博弈论的缺陷，20 世纪 90 年代产生了演化博弈论，演化博弈论源于生物进化论，生态学家在研究动物与植物冲突或合作行为过程中逐渐发现可以用博弈论解释非理性的生物演化行为及结果，将进化论思想引进博弈论就形成了演化博弈论。演化博弈论假设博弈方是"有限理性"的，有限理性意味着至少部分博弈方在决策时会出现错误判断而偏离完全理性博弈的均衡策略，一次博弈不能达到均衡，但事后博弈方会分析总结，通过"试错"的方法，不断调整和改进策略，最终达到均衡状态。在特大型工程投资项目中，关键利益主体是政府、项目法人与当地群众，他们所处的环境具有复杂性和不确定性，而且不断变化，他们在决策时不具备完美的判断和预测能力，会犯错、会冲动、会不理智，会不断修正和改进自己的行为，模仿成功的策略，因而满足有限理性的假设。

演化博弈的基本要素包括：（1）群体，指研究系统中的许多参与者，可

---

① 张维迎. 博弈论与信息经济学 [M]. 上海：上海人民出版社，2016.

以是同类群体或不同类群体,每个群体都有自己的行动集。(2)支付函数,指群体选择某种行动时的收益,对策略式博弈表示的要素博弈来说又称为适应度函数,与参与者选择的策略及当前不同策略的比例分布相关。(3)动态,反映了群体参与者的学习与模仿过程,常见的包括最优反应动态与复制动态模型。(4)均衡,反映了演化收敛的稳定状态,常见的有静态演化稳定策略(ESS)以及动态演化均衡(EE)。

演化博弈论把博弈理论分析和动态演化过程分析结合起来,它不同于博弈论将重点放在静态均衡和比较静态均衡上,强调的是动态均衡。演化博弈论主要研究系统中参与人如何通过具体的动态学习模仿过程来达到稳定的均衡状态,核心的两个概念是演化稳定策略与复制动态模型,它们分别表征演化博弈的稳定状态和向这种稳定状态的动态收敛过程。

复制动态方程是指参与人选择某种纯策略的增长率与相对支付或适应度(纯策略所获得的支付与群体的平均支付之差)成正比,即

$$\frac{dx_i}{dt} = x_i[u(s_i,x) - u(x,x)]$$

上式中 x_i 表示参与人采取某种纯策略 s_i 的比例或概率,$u(s_i,x)$ 表示参与人采取纯策略 s_i 的支付,$u(x,x) = \sum_i x_i u(s_i,x)$ 表示参与人的平均支付。当 $u(s_i,x) > u(x,x)$,即参与人选择纯策略 s_i 的支付大于期望支付时,则选择纯策略 s_i 的个体增长率为正,反之 $u(s_i,x) < u(x,x)$,则选择纯策略 s_i 的个体增长率为负,当 $u(s_i,x) = u(x,x)$,选择纯策略 s_i 的个体增长率为零。

演化稳定策略是指若博弈群体都采取某种策略时,博弈的均衡不会因为小部分的突变或入侵而打破。形式化定义如下:

如果 $y \neq x$,存在一个 $\varepsilon \in (0,1)$,不等式 $u[x,\varepsilon y + (1-\varepsilon)x] > u[y,\varepsilon y + (1-\varepsilon)x]$ 成立,称 x 是演化稳定策略。其中 y 表示突变策略;$\varepsilon \in (0,1)$ 是一个与突变策略 y 有关的常数,称之为侵入界限;$\varepsilon y + (1-\varepsilon)x$ 表示选择演化稳定策略群体与选择突变策略群体构成的混合群体。

从定义可以看出,当系统处于演化稳定状态时(群体选择演化稳定策

略时所处的状态就是演化稳定状态),系统不会因为小部分的突变而偏离演化稳定状态,即系统会"锁定"于该状态。定义的直观意义是,当一个系统处于演化稳定均衡的吸引域范围之内时,它就能够抵抗来自外部的小冲击。

二、模型建立与均衡分析

由前面分析知道,在特大型工程投资项目中,地方政府与当地群众由于征地拆迁、环境问题引起的经济利益补偿是关键利益诉求,因此本节建立地方政府与当地群众的博弈模型来分析利益冲突的演化过程。

地方政府的目标除了维持整个地区的稳定,更注重地区的经济绩效,在处理征地拆迁等经济补偿事务中,希望用最小的成本获得最大的收益,同时希望群众能够响应国家政策,以大局为重,对于少数不服从的,也会强制执行,因此地方政府的策略是(协商,强制)。对于当地受影响群众来说,作为理性人,他们首先要考虑自己的经济利益,其次才是集体利益,大部分群众都会服从安排,也会有少数觉得补偿不到位的有不满情绪,还会出现个别所谓"钉子户",虽然补偿已经到位,仍提出一些不合理要求,拒不搬迁,因此群众的策略是(同意,抗争)。

假设地方政府采取协商策略,农户采取同意策略时的收益分别为 U, V,当处于强势地位的地方政府采取强制策略时,处于弱势地位的当地群众迫于压力采取同意策略,地方政府会从中获取额外收益 ΔU,同时会付出强制成本 C_{p1},地方政府的强制行为会导致他在群众中的威信下降,设信誉损失为 γ;当群众因为补偿不合理而采取抗争策略时,地方政府为维护社会稳定,避免与群众对峙采取协商策略时,会额外增加补偿 ΔV,同时地方政府的处置成本为 δ,群众因为抗争会遭到惩罚,处罚成本为 C_{g1};地方政府采取强硬策略同时群众抗争时双方付出的成本分别为 C_{p2}, C_{g2}。假设 $C_{p1} < C_{p2}$, $C_{g1} < C_{g2}$,地方政府采取协商的比例为 $x(0 < x < 1)$,农户同意的比例为 $y(0 < y < 1)$。根据上述假设可得双方的得益矩阵如表 4-1:

表 4-1　地方政府与当地群众博弈矩阵

地方政府	当地群众	
	同意 y	抗争 1-y
协商 x	U, V	$U - \Delta V - \delta, V + \Delta V - C_{p1}$
强制 1-x	$U + \Delta U - C_{g1} - \gamma, V - \Delta U$	$U + \Delta U - C_{g2} - \Delta V - \gamma - \delta, V + \Delta V - \Delta U - C_{p2}$

由于特大型工程投资项目中地方政府与当地群众所处的环境具有复杂性和不确定性，而且不断变化，他们在决策时不具备完美的判断和预测能力，而是不断修正和改进自己的行为，模仿成功的策略，因而满足有限理性的假设。因此采用演化博弈中的复制动态方程描述其演化过程。

根据上述假设，地方政府采取协商策略、强制策略及平均收益分别为：

$$R_x = yU + (1-y)(U - \Delta V - \delta) \quad (式4-1)$$

$$R_{1-x} = y(U + \Delta U - C_{g1} - \gamma) + (1-y)(U + \Delta U - \Delta V - C_{g2} - \gamma - \delta) \quad (式4-2)$$

$$\overline{R} = xR_x + (1-x)R_{1-x} \quad (式4-3)$$

根据 Malthusian 方程，地方政府采取强制策略的比例随时间的变化率与采取该策略获得的收益与平均收益之差成正比，有：

$$\frac{dx}{dt} = x(R_x - \overline{R}) = x(1-x)[(C_{g1} - C_{g2})y + C_{g2} + \gamma - \Delta U] \quad (式4-4)$$

同样，当地群众采取同意与抗争策略的收益、平均收益分别为：

$$W_y = xV + (1-x)(V - \Delta U) \quad (式4-5)$$

$$W_{1-y} = x(V + \Delta V - C_{p1}) + (1-x)(V + \Delta V - \Delta U - C_{p2}) \quad (式4-6)$$

$$\overline{W} = yW_y + (1-y)W_{1-y} \quad (式4-7)$$

地方政府采取强制策略的比例随时间的变化率为：

$$\frac{dy}{dt} = y(1-y)[(C_{p1} - C_{p2})x + C_{p2} - \Delta V] \quad (式4-8)$$

于是（4-4），（4-8）构成二维动力系统（Ⅰ）：

$$\begin{cases} \dfrac{dx}{dt} = x(1-x)[(C_{g1} - C_{g2})y + C_{g2} + \gamma - \Delta U] \\ \dfrac{dy}{dt} = y(1-y)[(C_{p1} - C_{p2})x + C_{p2} - \Delta V] \end{cases}$$

系统（Ⅰ）的平衡点为 (0, 0), (0, 1), (1, 0), (1, 1), (x^*, y^*)，其中 $x^* = \dfrac{\Delta V - C_{p2}}{C_{p1} - C_{p2}}$, $y^* = \dfrac{\Delta U - C_{g2} - \gamma}{C_{g1} - C_{g2}}$（注：只有当 $0 < x^* < 1, 0 < y^* < 1$ 时才是平衡点）。

根据 FRIEDMAN 提出的方法，二维动力系统平衡点的稳定性可由两博弈方的动力系统雅克比矩阵局部稳定性得到，雅克比矩阵如下：

$$J = \begin{bmatrix} \dfrac{dx}{dx} & \dfrac{dx}{dy} \\ \dfrac{dy}{dx} & \dfrac{dy}{dy} \end{bmatrix}$$

$$= \begin{bmatrix} (1-2x)[(C_{g1} - C_{g2})y + C_{g2} + \gamma - \Delta U] & x(1-x)(C_{g1} - C_{g2}) \\ y(1-y)(C_{p1} - C_{p2}) & (1-2y)[(C_{p1} - C_{p2})x + C_{p2} - \Delta V] \end{bmatrix}$$

（式4-9）

该矩阵在各平衡点处的行列式与迹如表 4-2 所示。

表 4-2 矩阵（4-9）在平衡点处的行列式与迹

(x, y)	$\det J$	$\mathrm{tr}J$
(0, 0)	$(-\Delta U + C_{g2} + \gamma)(-\Delta V + C_{p2})$	$(-\Delta U + C_{g2} + \gamma) + (-\Delta V + C_{p2})$
(0, 1)	$(-\Delta U + C_{g1} + \gamma)(\Delta V - C_{p2})$	$(-\Delta U + C_{g1} + \gamma) + (\Delta V - C_{p2})$
(1, 0)	$(\Delta U - C_{g2} - \gamma)(-\Delta V + C_{p1})$	$(\Delta U - C_{g2} - \gamma) + (-\Delta V + C_{p1})$
(1, 1)	$(\Delta U - C_{g1} - \gamma)(\Delta V - C_{p1})$	$(\Delta U - C_{g1} - \gamma) + (\Delta V - C_{p1})$

续表

(x,y)	det$J$	tr$J$
(x,y)	$-\dfrac{(\Delta V - C_{p1})(\Delta V - C_{p2})(\Delta U - C_{g1} - \gamma)(\Delta U - C_{g2} - \gamma)}{(C_{p2} - C_{p1})(C_{g2} - C_{g1})}$	0

下面分情况讨论平衡点的稳定性（如表4-3，表4-4，表4-5）。

表4-3 情形1 $\Delta V < C_{p1}$

	\multicolumn{9}{c}{$\Delta V < C_{p1}$}
	\multicolumn{3}{c}{$\Delta U > C_{g2} + \gamma$}	\multicolumn{3}{c}{$C_{g1} + \gamma < \Delta U < C_{g2} + \gamma$}	\multicolumn{3}{c}{$\Delta U < C_{g1} + \gamma$}
平衡点	det$J$	tr$J$	稳定性	det$J$	tr$J$	稳定性	det$J$	tr$J$	稳定性
(0,0)	负	正,负	鞍点	正	正	不稳定	正	正	不稳定
(0,1)	正	负	稳定	正	负	稳定	负	正,负	鞍点
(1,0)	正	正	不稳定	负	正,负	鞍点	负	正,负	鞍点
(1,1)	正	正	不稳定	负	正,负	鞍点	正	负	稳定
(x^*,y^*)	\multicolumn{3}{c}{不是平衡点}	\multicolumn{3}{c}{不是平衡点}	\multicolumn{3}{c}{不是平衡点}

表4-4 情形2 $C_{p1} < \Delta V < C_{p2}$

	\multicolumn{9}{c}{$C_{p1} < \Delta V < C_{p2}$}
	\multicolumn{3}{c}{$\Delta U > C_{g2} + \gamma$}	\multicolumn{3}{c}{$C_{g1} + \gamma < \Delta U < C_{g2} + \gamma$}	\multicolumn{3}{c}{$\Delta U < C_{g1} + \gamma$}
平衡点	det$J$	tr$J$	稳定性	det$J$	tr$J$	稳定性	det$J$	tr$J$	稳定性
(0,0)	负	正,负	鞍点	正	正	不稳定	正	正	不稳定
(0,1)	正	负	稳定	正	负	稳定	负	正,负	鞍点
(1,0)	负	正,负	鞍点	正	负	稳定	负	负	稳定
(1,1)	正	正	不稳定	正	正	不稳定	负	正,负	鞍点
(x^*,y^*)	\multicolumn{3}{c}{不是平衡点}	负	零	鞍点	\multicolumn{3}{c}{不是平衡点}

表 4-5 情形 3 $\Delta V > C_{p2}$

	$\Delta V > C_{p2}$							
	$\Delta U > C_{g2} + \gamma$			$C_{g1} + \gamma < \Delta U < C_{g2} + \gamma$			$\Delta U < C_{g1} + \gamma$		
平衡点	detJ	trJ	稳定性	detJ	trJ	稳定性	detJ	trJ	稳定性
(0, 0)	正	负	稳定	负	正,负	鞍点	负	正,负	鞍点
(0, 1)	负	正,负	鞍点	负	正,负	鞍点	正	正	不稳定
(1, 0)	负	正,负	鞍点	正	负	稳定	正	负	稳定
(1, 1)	正	正	不稳定	正	正	不稳定	负	正,负	鞍点
(x^*, y^*)	不是平衡点			不是平衡点			不是平衡点		

通过上述分析可知，不同情形下双方的演化均衡结果不同。由于因利益冲突而引发冲突事件的主体是群众，因此我们主要关心各情形下群众的演化稳定策略。

（1）表4-3表明，只要群众抗争时获得的额外经济补偿收益小于群众抗争政府协商时群众付出的处罚成本（群众抗争政府协商时群众付出的处罚成本大于获得的额外经济补偿收益），即 $\Delta V < C_{p1}$，群众的稳定策略是同意。

（2）表4-4表明，当群众抗争时获得的额外经济补偿大于群众抗争地方政府协商时群众付出的处罚成本而小于双方都强硬时地方政府付出的成本（或群众抗争政府协商时群众付出的处罚成本小于抗争时获得的额外经济补偿收益），即 $C_{p1} < \Delta V < C_{p2}$，同时政府强制时获得的收益小于双方都强硬时政府付出成本与损失信誉之和时，即 $\Delta U < C_{g2} + \gamma$，政府会协商解决问题，而群众会采取抗争策略。

（3）表4-5表明，当群众抗争时获得的额外经济补偿收益只要大于双方都强硬时群众付出的处罚成本（或双方都强硬时群众付出的处罚成本小于群众抗争时获得的额外经济补偿收益），即 $\Delta V > C_{p2}$，群众就会选择抗争策略。

上述结果表明，当群众抗争时付出的处罚成本较小（或获得的额外经济补偿收益较大）时，就会采取抗争策略。这个结果与现实情况是相符的。现实中，常常是当有群众闹事时，政府恐怕事态进一步扩大，为尽快平息闹事群众，往往会采取温和的处事方式，如妥协解决、增加补偿等，这样虽然使暂时的冲突问题得以解决，但是却留下严重的"后遗症"，即当群众的切身利益受到影响时，或者群众对于政府的决策不满时，容易采取过激行为。

三、仿真分析

特大型工程投资项目引起的利益冲突涉及地方政府、当地群众、项目法人等各利益主体之间的互动，其中有可以量化的经济因素，也有难以量化的社会因素与心理因素，因此无法对研究对象进行实证研究。此时，仿真分析就是一种可行的检验手段。仿真分析可以对事件的不同情景进行模拟，通过改变参数，观察决策者的策略演化过程。由于情形较多，我们只分析三种情形。

情形 1 $\Delta V < C_{p1}$，$\Delta U < C_{g1} + \gamma$，即群众抗争时获得的额外补偿小于政府协商群众抗争的惩罚成本，政府强硬时获得的额外收益小于抗争成本与信誉损失之和时，进化稳定策略为（1，1），即（协商，同意）。

假设地方政府采取强硬策略时获得的额外收益为 $\Delta U = 9$，群众采取抗争策略时获得的额外补偿收益为 $\Delta V = 8$；地方政府强硬时付出的成本分别为 $C_{g1} = 6$，$C_{g2} = 10$，此时信誉损失 $\gamma = 5$；群众抗争时付出的惩罚成本分别为 $C_{p1} = 12$，$C_{p2} = 15$，此时地方政府的处置成本为 $\delta = 5$，地方政府采取协商策略的初始比例 x_0 分别取值为 0.2，0.4，0.6 和 0.8，当地群众采取同意策略的初始比例 y_0 分别取值为 0.2，0.4，0.6 和 0.8，博弈演化过程如图 4-4。

图 4-4 表明，（1）对于博弈双方来说，当地方政府强制获得的额外收益小于最小抗争成本与信誉损失之和，群众抗争获得的额外补偿收益小于付出的最小惩罚成本时，他们在博弈中意见一致，演化至均衡策略（协商，同

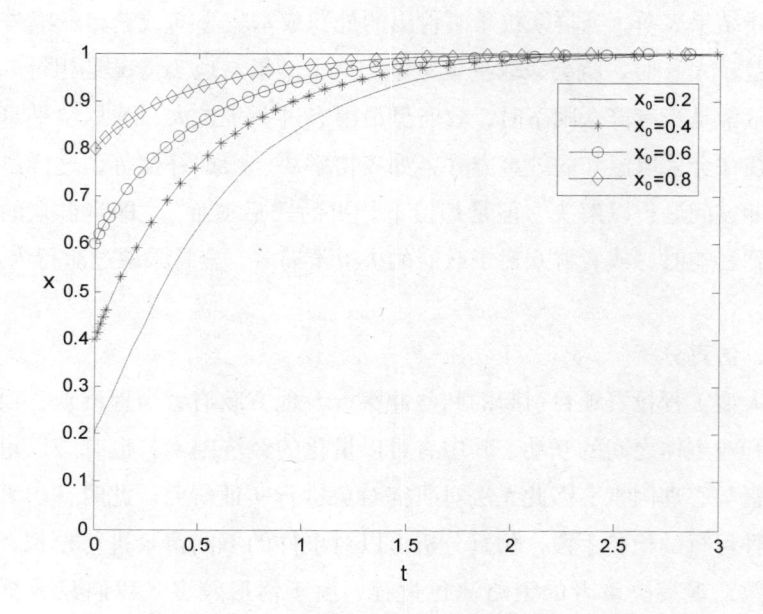

图4-4（a） 地方政府的博弈演化过程图

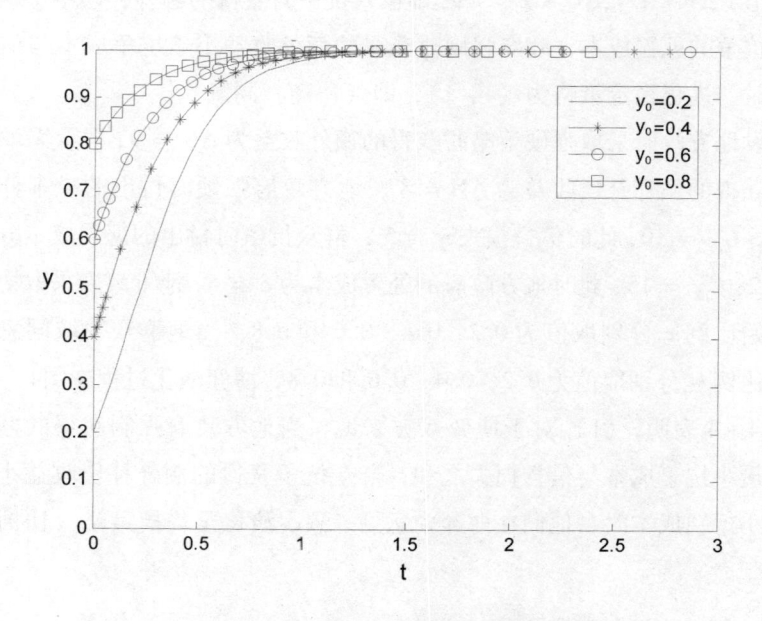

图4-4（b） 当地群众的博弈演化过程

意)。此时,由于理性的参与者追求的是自身利益的最大化,当双方不合作付出的成本大于其收益时,最终都会趋于合作。(2)博弈演化至均衡策略的速度与初始状态有关,初始时倾向于协商/同意的比例越大,演化至均衡策略的速度越快,这说明群体中采取协商/同意策略的比例较高时,由于群体中个体间具有相互模仿的从众心理,会更倾向于采用合作协商的方式,进而大大降低了冲突事件爆发的可能性。(3)对比两图发现初始状态策略选择比例相同情况下,群众均比地方政府更快演化至均衡策略。这是由于群众抗争时付出的惩罚成本比较大,且获得的额外补偿又较小,考虑到切身利益不能受损,于是很快采取同意策略。

情形2 $C_{p1} < \Delta V < C_{p2}$,$\Delta U < C_{g1} + \gamma$,即群众抗争时获得的额外补偿小于政府强硬群众抗争的惩罚成本,并大于政府协商群众抗争惩罚成本,政府强硬时获得的额外收益小于抗争成本与信誉损失之和,进化稳定策略为(1,0),即(协商,抗争)。

假设地方政府采取强硬策略时获得的额外收益为 $\Delta U = 20$,群众采取抗争策略时获得的额外补偿收益为 $\Delta V = 10$;地方政府强硬时付出的成本分别为 $C_{g1} = 13$,$C_{g2} = 15$,此时信誉损失 $\gamma = 8$;群众抗争时付出的惩罚成本分别为 $C_{p1} = 8$,$C_{p2} = 15$,此时地方政府的处置成本为 $\delta = 6$,地方政府采取协商策略的初始比例 x_0 分别取值为0.2、0.4、0.6和0.8,当地群众采取同意策略的初始比例 y_0 分别取值为0.2、0.4、0.6和0.8,博弈演化过程如图4-5。

图4-5表明,(1)对于博弈双方来说,当群众抗争时获得的额外补偿小于政府强硬群众抗争的惩罚成本,大于政府协商群众抗争的惩罚成本,政府强硬时获得的额外收益小于抗争成本与信誉损失之和,最终演化至均衡策略(协商,抗争)。(2)博弈演化至均衡策略的速度与初始状态有关,对于地方政府,初始时倾向于协商的比例越大,演化至均衡策略协商的速度越快;而对于当地群众,初始时倾向于抗争策略的比例越小,演化至均衡策略抗争的速度越快;表明当群体中有少部分个体采取抗争策略时,这种策略会在群体中迅速扩散,最终演化至抗争均衡。(3)对比两图发现初始状态策略

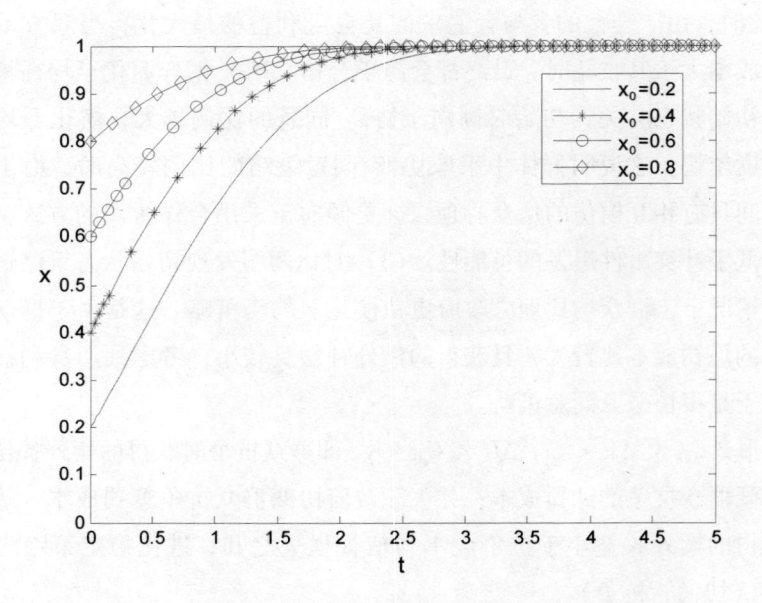

图4-5（a） 地方政府的博弈演化过程图

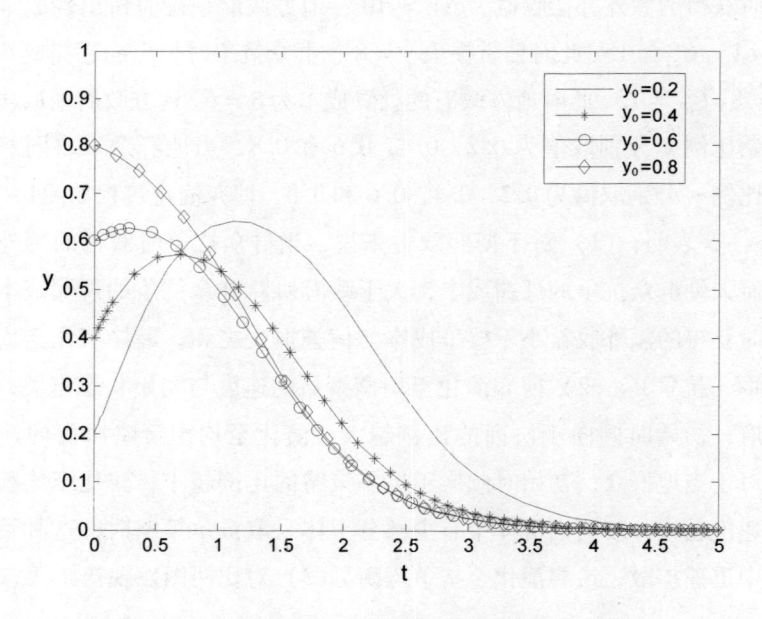

图4-5（b） 当地群众的博弈演化过程

<<< 第四章 特大型工程投资项目的利益冲突放大过程研究

选择比例相同情况下，地方政府比群众均更快演化至均衡策略。这是由于地方政府强硬时付出的惩罚成本与信誉损失大于其获得的额外收益，于是很快采取同意策略。而群众演化至抗争策略的速度较慢，一方面是初始时群体中有些个体会处于观望状态，会通过试错寻求最优策略，另一方面是此时抗争获得的额外补偿比较少，只有他们确信政府不会强硬时采取抗争策略才有利可图，于是趋向于均衡的速度较慢。

情形3 $\Delta V > C_{p2}$，$\Delta U > C_{g2} + \gamma$，即群众抗争时获得的额外补偿大于政府强硬群众抗争的惩罚成本，政府强硬时获得的额外收益大于群众抗争政府强硬的处罚成本与信誉损失之和时，进化稳定策略为（0，0），即（强硬，抗争）。

假设参数取值为 $\Delta U = 20$，$\Delta V = 16$，$C_{g1} = 6$，$C_{g2} = 8$，$C_{p1} = 7$，$C_{p2} = 10$，$\gamma = 5$，地方政府采取协商策略的初始比例 x_0 分别取值为 0.2、0.4、0.6 和 0.8，当地群众采取同意策略的初始比例 y_0 分别取值为 0.2、0.4、0.6 和 0.8，博弈演化过程如图 4-6。

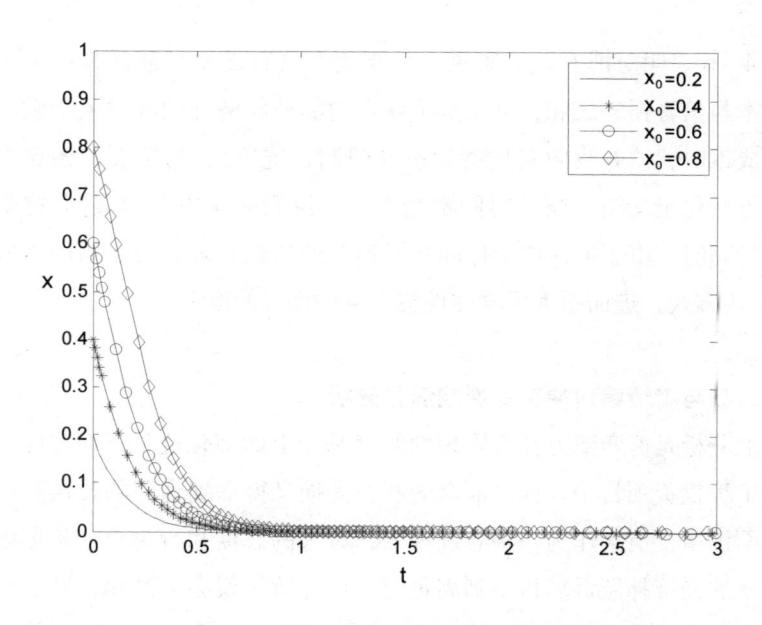

图 4-6（a） 地方政府的博弈演化过程

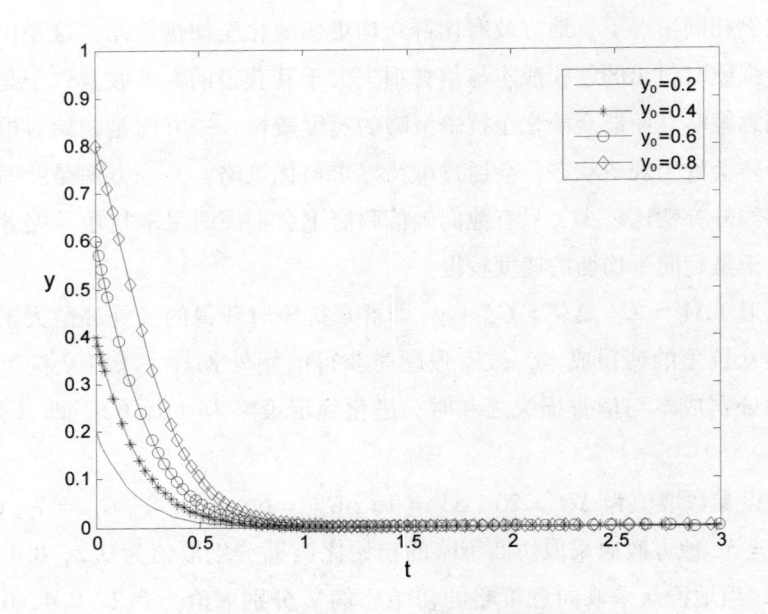

图 4-6（b）　当地群众的博弈演化过程

图 4-6 表明对博弈双方来说，只要地方政府强硬时额外收益大于最大付出成本与信誉损失之和，群众抗争获得的额外经济补偿收益大于政府的最大惩罚成本时，博弈收敛到均衡状态（强制，抗争），且随着初始比例的增大，双方演化至均衡策略的时间都增大。这说明群体中采取强制/抗争策略的比例较高时，由于群体中个体间相互模仿的从众心理，会更倾向于采用强制/抗争的方式，进而增大了群体性突发事件爆发的概率。

四、参与者情绪对冲突的影响演化分析

以上分析是博弈双方在有限理性假设基础上的演化过程，而实际上，在特大型工程投资项目中，如果群众的利益受损又得不到合理的补偿就很可能产生负面情绪，情绪作为一种心理因素，对人的态度和行为会产生影响，特别当群众的经济补偿诉求得不到满足时，负面情绪就会被激化，处于群体中的个体情绪很容易被感染，极易丧失理性而采取过激行为，导致群体冲突事

件。奎金①提出的秩依期望效用理论（Rank–Dependent Expected Utility Theory，简称 RDEU）指出，不同的情绪会对博弈结果产生不同的影响，因此本节利用 RDEU 分析在利益补偿诉求冲突中，群众的情绪如何影响博弈的演化。

RDEU 优点在于构建了可以刻画决策者在不确定性条件下的情绪态度及程度（乐观或悲观态度）的非线性决策权重。相关定义如下：

秩位（ranking position）：设随机变量 X 的取值集合为 $\{x_i, i=1,2,\cdots,n\}$，假设 $x_1 > x_2 > \cdots > x_n$，概率分布为 $P\{X=x_i\} = p_i, (i=1,2,\cdots,n)$，其中 $p_i \geq 0, \sum_{i=1}^{n} p_i = 1$，则秩位为：$RP_i = P\{X \leq x_i\} = p_i + p_{i+1} + \cdots + p_n (i=1,2,\cdots,n)$。

RDEU 模型：对于风险决策结构 $\{p_1, x_1; p_2, x_2; \cdots p_n, x_n\}$，假设 $x_1 > x_2 > \cdots > x_n$，则秩依期望效用为：

$$V(X, U, \pi) = \sum_{i=1}^{n} \pi_i(x_i) u_i(x_i)$$

其中 $u_i(x_i)$ 是 x_i 的一般效用函数，$\pi_i(x_i)$ 是权重，且满足

$\pi_i(x_i) = \omega_i(p_i + 1 - RP_i) - \omega_i(1 - RP_i), i = 1,2,\cdots,n$

$\omega(x)$ 单调增加，且满足 $\omega(0)=0, \omega(1)=1$。按照定义，若 $\omega(x)$ 是凸函数，则秩位增大，权重减小，决策者是"悲观"的。反之，若 $\omega(x)$ 是凹函数，则秩位增大，权重增大，决策者是"乐观"的。因此，称 $\omega(x)$ 为情绪函数②，本节取 $\omega_i(x) = x^{r_i}, i=1,2$，$r_i$ 为局中人 i 的情绪指数，$r_i > 1$ 为悲观的，$0 < r_i < 1$ 为乐观的（此文中由于函数的结构与 [224] 中有区别，故情绪指数含义相反，即 $r_i > 1$ 为乐观的，$0 < r_i < 1$ 为悲观的），$r_i = 1$ 为无情绪。效用函数设为 $u(x_i) = x_i$.

依据 RDEU 模型，需对参与者的收益进行排序，一般来说，收益大小会

---

① QUIGGIN J. A Theory of Anticipated Utility [J]. Journal of Economic Behavior and Organization, 1982 (3): 323–343.
② 龚日朝. 基于秩依期望效用理论的鹰鸽博弈均衡解分析 [J]. 管理科学学报, 2012, 15 (9): 35–45.

随着变量的不同而不同，在这里，我们的目的是考虑情绪对演化博弈模型的影响，因此只考虑与本章第二节中对应的三种情况。

情形 1 $\Delta U < C_{g1} + \gamma, \Delta V < C_{p1}$，即博弈双方都强硬时付出的成本都较大。博弈双方收益大小关系如下：

地方政府：（协商，同意）＞（强制，同意）＞（协商，抗争）＞（强制，抗争）

当地群众：（协商，同意）＞（协商，抗争）＞（强制，同意）＞（强制，抗争）

由 RDEU 模型及博弈矩阵表 4-1，计算地方政府与当地群众获得相应收益时的概率分布、秩及决策权重，如表 4-6，4-7。

表 4-6 地方政府收益值对应的概率、秩、权重

地方政府收益	概率	秩位	权重
U	xy	1	$\omega_1(xy)$
$U + \Delta U - C_{g1} - \gamma$	$y(1-x)$	$1 - xy$	$\omega_1(y) - \omega_1(xy)$
$U - \Delta V - \delta$	$x(1-y)$	$1 - y$	$\omega_1(x + y - xy) - \omega_1(y)$
$U + \Delta U - C_{g2} - \Delta V - \gamma - \delta$	$(1-x)(1-y)$	$1 - x - y + xy$	$1 - \omega_1(x + y - xy)$

表 4-7 当地群众收益值对应的概率、秩、权重

当地群众收益	概率	秩位	权重
V	xy	1	$\omega_2(xy)$
$V + \Delta V - C_{p1}$	$x(1-y)$	$1 - xy$	$\omega_2(x) - \omega_2(xy)$
$V - \Delta U$	$(1-x)y$	$1 - x$	$\omega_2(x + y - xy) - \omega_2(x)$
$V + \Delta V - \Delta U - C_{p2}$	$(1-x)(1-y)$	$1 - x - y + xy$	$1 - \omega_2(x + y - xy)$

地方政府采取协商的收益及 RDEU 函数为：

$$R_{1,x} = y^{r_2}U + (1 - y^{r_2})(U - \Delta V - \delta) = U - \Delta V - \delta + y^{r_2}(\Delta V + \delta)$$

（式 4-10）

$$\overline{R}_1 = U\omega_1(xy) + (U + \Delta U - C_{g1} - \gamma)[\omega_1(y) - \omega_1(xy)] + (U - \Delta V - \delta)[\omega_1(x+y-xy) - \omega_1(y)]$$

$$+ (U + \Delta U - C_{g2} - \Delta V - \gamma - \delta)[1 - \omega_1(x+y-xy)]$$

$$= U + \Delta U - C_{g2} - \Delta V - \gamma - \delta + (C_{g1} + \gamma - \Delta U)(xy)^{r_1} + (\Delta U - C_{g1} - \gamma + \Delta V + \delta)y^{r_1} + (C_{g2} + \gamma - \Delta U)(x+y-xy)^{r_1} \qquad (\text{式}4-11)$$

当地群众采取同意的收益及 RDEU 函数为：

$$R_{2,y} = x^{r_1}V + (1-x^{r_1})(V - \Delta U) = V - \Delta U + x^{r_1}\Delta U \qquad (\text{式}4-12)$$

$$\overline{R}_2 = V\omega_2(xy) + (V + \Delta V - C_{p1})[\omega_2(x) - \omega_2(xy)]$$

$$+ (V - \Delta U)[\omega_2(x+y-xy) - \omega_2(x)] + (V + \Delta V - \Delta U - C_{p2})[1 - \omega_2(x+y-xy)]$$

$$= V + \Delta V - \Delta U - C_{p2} - (\Delta V - C_{p1})(xy)^{r_2} + (\Delta V + \Delta U - C_{p1})x^{r_2} - (\Delta V - C_{p2})(x+y-xy)^{r_2} \qquad (\text{式}4-13)$$

博弈双方的扩展复制动态方程为：

$$\frac{dx}{dt} = x^{r_1}(R_{1,x} - \overline{R}_1)$$

$$= x^{r_1}[C_{g2} + \gamma - \Delta U + y^{r_2}(\Delta V + \delta) - (C_{g1} + \gamma - \Delta U)(xy)^{r_1} - (\Delta U - C_{g1} - \gamma + \Delta V + \delta)y^{r_1}$$

$$- (C_{g2} + \gamma - \Delta U)(x+y-xy)^{r_1}] \qquad (\text{式}4-14)$$

$$\frac{dy}{dt} = y^{r_2}(U_{2,y} - \overline{U}_2)$$

$$= y^{r_2}[C_{p2} - \Delta V + \Delta U x^{r_1} + (\Delta V - C_{p1})(xy)^{r_2} - (\Delta V - C_{p1} + \Delta U)x^{r_2}$$

$$+ (\Delta V - C_{p2})(x+y-xy)^{r_2}] \qquad (\text{式}4-15)$$

这里我们主要是借助仿真图形分析情绪对演化博弈的影响。由于在特大型工程投资项目中，政府拥有充分的信息与资源，在征地移民中占主导地位，从而能够做出理性的判断，行为基本符合理性假设的特征，而地方群众作为弱势群体，其决策往往带有很大的情绪，因此我们固定 $r_1 = 1$。图4-7为群众乐观、悲观情绪下演化过程。

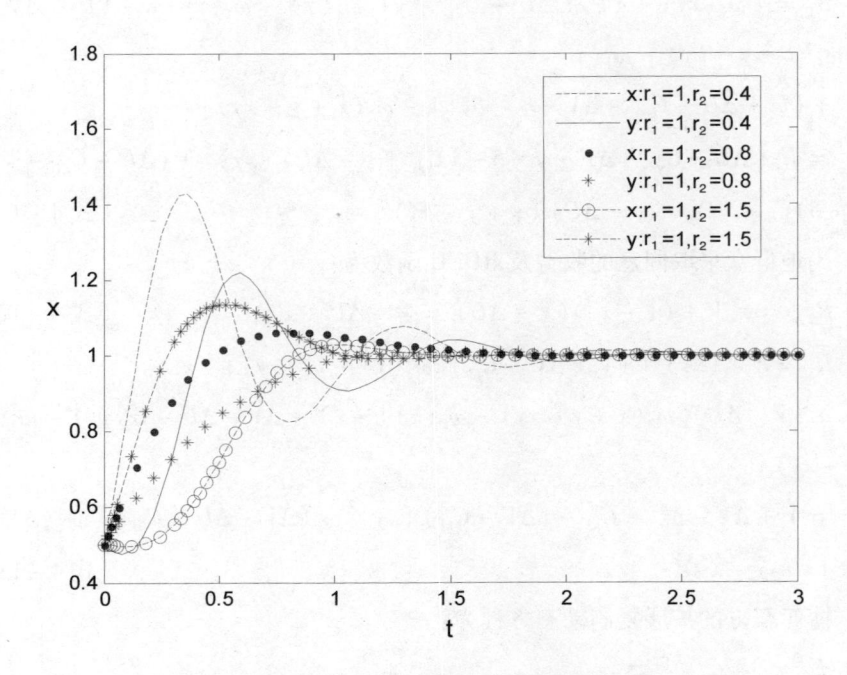

图 4-7　群众乐观、悲观情绪下演化过程

图 4-7 表明当群众的情绪参数 $r_2=1.5$ 且 $r_1=1$ 时，群众演化至协商的速度最快，表明群众的情绪对于策略的演化有一定影响，群众越乐观，演化至协商策略的速度越快，主要的原因是他们相信政府会顾全大局，考虑周全，相信政府会妥善解决问题。而地方政府演化至协商策略的速度会随着群众情绪指数的增大而变慢，即当群众越乐观时，地方政府演化至协商策略的速度也越慢，主要是因为地方政府主观认为乐观的群众会采取同意策略，因此演化至协商策略的速度较慢。

情形 2 $C_{p1}<\Delta V<C_{p2}$，$\Delta U<C_{g1}+\gamma$，即群众抗争时获得的额外补偿小于政府强硬群众抗争的惩罚成本且大于政府协商群众抗争的惩罚成本，政府强硬时获得的额外收益小于抗争成本与信誉损失之和。

收益大小关系如下：

地方政府收益关系如情形 1。

当地群众：（协商，抗争） > （协商，同意） > （强制，同意） > （强制，抗争）

当地群众获得相应收益时的概率分布、秩及决策权重如表4-8。

表4-8 地方政府收益值对应的概率、秩、权重

地方政府收益	概率	秩位	权重
$U + \Delta U - C_{g1} - \gamma$	$y(1-x)$	1	$\omega_1(y - xy)$
U	xy	$1 - y + xy$	$\omega_1(y) - \omega_1(y - xy)$
$U + \Delta U - C_{g2} - \Delta V - \gamma - \delta$	$(1-x)(1-y)$	$1 - y$	$\omega_1(1 - x + xy) - \omega_1(y)$
$U - \Delta V - \delta$	$x(1-y)$	$x - xy$	$1 - \omega_1(1 - x + xy)$

于是，博弈双方的扩展复制动态方程为：

$$\frac{dx}{dt} = x^{r_1}(R_{1,x} - \overline{R}_1)$$

$$= x^{r_1}[C_{g2} + \gamma - \Delta U + y^{r_2}(\Delta V + \delta) - (C_{g1} + \gamma - \Delta U)(xy)^{r_1} - (\Delta U - C_{g1} - \gamma + \Delta V + \delta)y^{r_1} - (C_{g2} + \gamma - \Delta U)(x + y - xy)^{r_1}] \quad (式4-16)$$

$$\frac{dy}{dt} = y^{r_2}(U_{2,y} - \overline{U}_2)$$

$$= y^{r_2}[C_{p2} - \Delta V + \Delta U x^{r_1} - (\Delta V - C_{p1})(x - xy)^{r_2} - \Delta U x^{r_2} + (\Delta V - C_{p2})(x + y - xy)^{r_2}] \quad (式4-17)$$

仿真结果如图4-8所示。

图4-8表明随着群众的情绪指数从 $r_2 = 0.4$ 增大到 $r_2 = 1.5$，地方政府演化至协商的策略会随着群众情绪参数的增大而加快，即群众越乐观，地方政府会认为持乐观态度的群众选择抗争策略的可能性很小，因此会很快倾向于协商策略。而当地群众的演化过程却呈现出极端结果，当群众的情绪指数为 $r_2 = 0.4$，即群众比较悲观时，会很快演化至协商策略，主要是因为处于悲观的群众一方面对政府缺乏信心，认为即使抗争政府也不会增加补偿，另一方面，此时群众抗争获得的额外补偿比较小；当群众的情绪指数较高，为 $r_2 = 1.5$ 时，群众采取同意策略的比例开始时迅速减少，随后又急速增大，最后演化至协商策略，表明处于乐观的群众刚开始认为抗争可能会带来较大

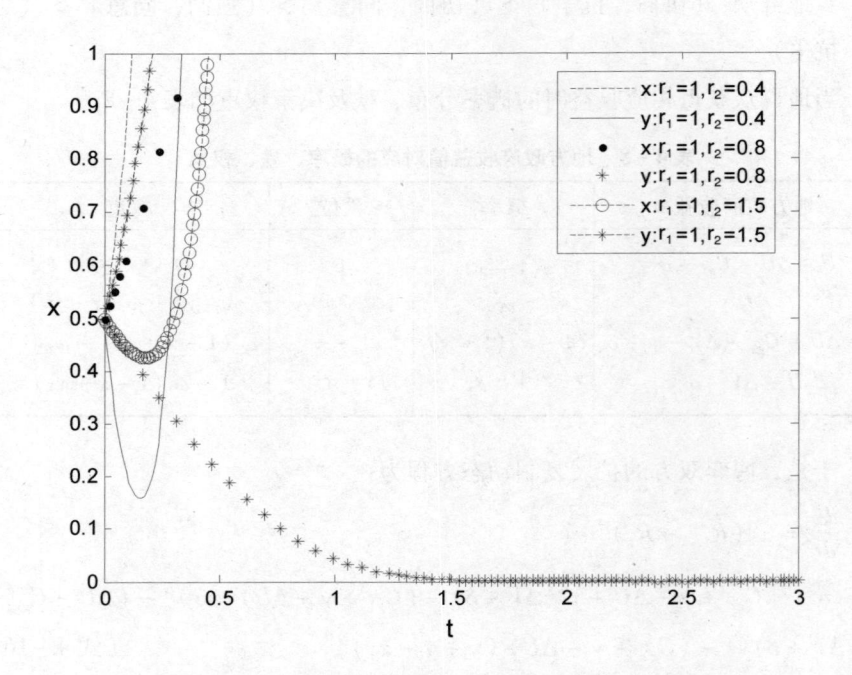

图 4-8　群众乐观、悲观情绪下演化仿真

的额外经济补偿，但随着事件的发展，群众认为抗争不会有较大收益，因而会倾向于同意。当情绪指数处于中等 $r_2=0.8$，即群众较理性时，均衡策略为抗争，此时，理性的群众从以往冲突事件中看出，政府为维护社会稳定，避免激化矛盾，会以大局为重，从而认为"闹事有利"，抗争就会获得补偿，因此倾向于采取抗争策略。

情形 3 $\Delta V > C_{p2}$，$\Delta U > C_{g2} + \gamma$，即双方都强硬时付出的成本都较小。

收益大小关系如下：

地方政府：（强制，同意）>（协商，同意）>（强制，抗争）>（协商，抗争）；

当地群众：（协商，抗争）>（协商，同意）>（强制，抗争）>（强制，同意）。

博弈方获得相应收益时的概率分布、秩及决策权重如表 4-9，4-10。

表4-9 地方政府收益值对应的概率、秩、权重

地方政府收益	概率	秩位	权重
$U + \Delta U - C_{g1} - \gamma$	$y(1-x)$	1	$\omega_1(y - xy)$
U	xy	$1 - y + xy$	$\omega_1(y) - \omega_1(y - xy)$
$U + \Delta U - C_{g2} - \Delta V - \gamma - \delta$	$(1-x)(1-y)$	$1 - y$	$\omega_1(1 - x + xy) - \omega_1(y)$
$U - \Delta V - \delta$	$x(1-y)$	$x - xy$	$1 - \omega_1(1 - x + xy)$

表4-10 当地群众收益值对应的概率、秩、权重

当地群众收益	概率	秩位	权重
$V + \Delta V - C_{p1}$	$x(1-y)$	1	$\omega_2(x - xy)$
V	xy	$1 - x + xy$	$\omega_2(x) - \omega_2(x - xy)$
$V + \Delta V - \Delta U - C_{p2}$	$(1-x)(1-y)$	$1 - x$	$\omega_2(1 - y + xy) - \omega_2(x)$
$V - \Delta U$	$(1-x)y$	$y - xy$	$1 - \omega_2(1 - y + xy)$

于是，博弈双方的扩展复制动态方程为：

$$\frac{dx}{dt} = x^{r_1}(U_{1,x} - \overline{U}_1)$$

$$= x^{r_1}[y^{r_2}(\Delta V + \delta) - (\Delta U - C_{g1} - \gamma)(y - xy)^{r_1} + (\Delta U - C_{g2} - \Delta V - \gamma - \delta)y^{r_1}$$

$$- (\Delta U - C_{g2} - \gamma)(1 - x + xy)^{r_1}] \quad （式4-18）$$

$$\frac{dy}{dt} = y^{r_2}(U_{2,y} - \overline{U}_2)$$

$$= y^{r_2}[x^{r_1}\Delta U - (\Delta V - C_{p1})(x - xy)^{r_2} + (\Delta V - \Delta U - C_{p2})x^{r_2} - (\Delta V - C_{p2})(1 - y + xy)^{r_2}] \quad （式4-19）$$

图4-9表明当群众的情绪指数 $r_2 = 0.4$ 且 $r_1 = 1$ 时，群众演化至抗争的速度最快，随着群众情绪参数的增大（$r_2 = 1.5$），群众演化至抗争策略的速度减慢，表明随着群众悲观情绪的增大，其选择抗争的概率变大，更容易通过暴力抗争这种策略表达其自身的利益诉求，放弃理性合作的策略。而地方

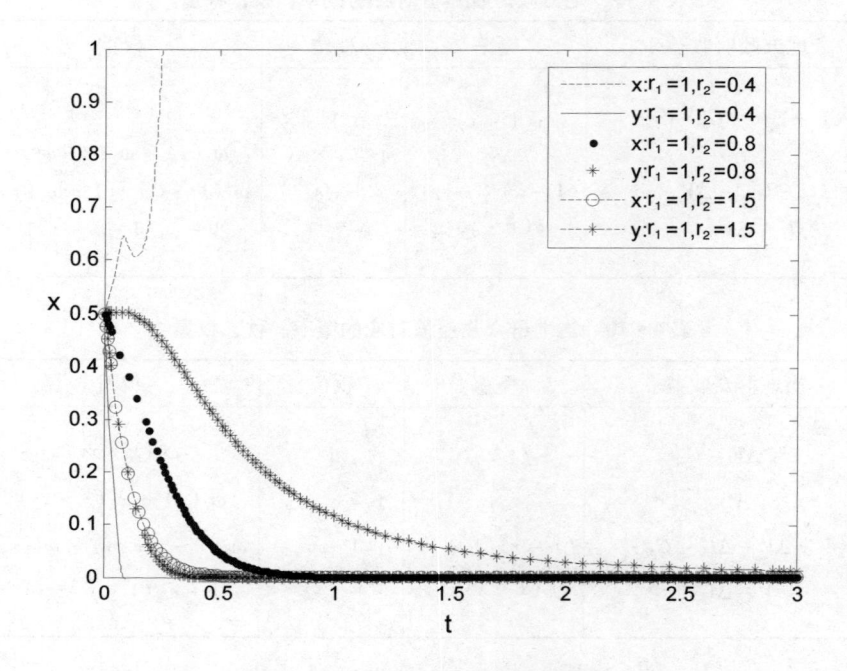

图 4-9 群众乐观、悲观情绪下演化仿真

政府的选择策略会随着群众的情绪指数明显变化,当群众的情绪指数 $r_2 = 0.4$ 时,地方政府由于担心处于悲观的群众采取极端行为,为避免事态激化,会很快妥协;当群众的情绪指数从 0.8 增大到 1.5 时,政府演化至强制的速度增大,此时一方面是由于政府主观认为乐观的群众比较理性,不会轻易抗争,另一方面,政府强硬时能获得较大的额外收益。

五、结论

本节利用演化博弈论方法分析了特大型工程投资项目中政府与当地群众由于经济利益引起的冲突博弈,结果表明在博弈中只要有一方不合作时能够获得的收益大于付出的惩罚成本,博弈方就有很大可能不合作,特别值得注意的是,在冲突博弈中博弈方的情绪会对均衡有很大影响,分析指出当群众处于悲观状态时,容易走极端,很有可能采取抗争策略引发冲突放大,因此管理者在对待冲突事件时，要分清状况，明辨是非，虽然对抗争群众进行严厉处罚可以在一定程度上缓解矛盾激化，但是也要关注群众的情绪，不能一概而论。

第三节 项目法人与当地群众的不完全信息动态博弈分析

特大型工程投资项目的兴建一方面可以为地方经济发展注入活力，但另一方面会对周围群众产生负效应，如环境问题、安全问题等。前面指出群众的自然环境利益诉求也是产生社会稳定风险的关键因素，当承建污染项目时，对于以追求经济效益为主要目标的项目法人来说，很有可能以牺牲当地生态环境和周边群众身心健康为代价，对当地群众隐瞒事实真相，暗箱操作，而当地群众对于工程项目污染情况、预期收益、污染补偿方案等方面的信息一无所知，当有立项信息泄露后，群众通过示威、投诉等方式表达自身的诉求，从而引发冲突。因此本节从不完全信息角度分析双方的博弈行为。

一、不完全信息动态模型

项目法人对项目是否有污染具有完全信息，而当地群众对此具有不完全信息，项目法人是具有信息优势的博弈方，群众是处于信息不对称的劣势方。对项目法人与当地群众的冲突模型做如下假设：

（1）假设项目存在环境无污染和有污染两类，因此项目法人的类型设为 $\theta = \{\theta_1, \theta_2\}$，$\theta_1$ 表示项目有污染，θ_2 表示项目无污染，且项目有污染和无污染的自然概率分别为 $p(\theta_1) = p$，和 $p(\theta_2) = 1-p$。项目法人有两种策略声称项目有污染与声称项目无污染。项目法人的策略空间设为 $M = \{m_1, m_2\}$，m_1 为声称项目有污染，m_2 为声称项目无污染。当项目有污染时，项目法人声称项目无污染是在说"假话"。

（2）群众观测到项目法人的行动 m_i 后，使用贝叶斯法则从先验概率

$p(\theta_i)$ 得到后验概率 $\bar{p}(\theta_i|m_i)$，然后根据对后验概率的判断从可选择的策略集合中选择行动，设群众的策略空间为 $A = \{a_1, a_2\}$，a_1 表示合作，a_2 表示抗议。

（3）假设项目完成后，污染项目带来的收益为 $R1$，无污染项目的收益为 $R2$，假设 $R1 > R2$。如果项目有污染，项目法人声称无污染时，隐瞒成本（或者暗箱操作成本）记为 H，污染项目对周边群众产生负效应为 L 的概率是 λ，当地群众抗议时，群众付出的成本为 C。此时，不仅工程预期收益会受到耽误，损失为 K，而且项目法人为使工程尽快开工，给予群众的补偿为 ΔS；如果项目有污染，项目法人声称有污染时，当地群众抗议时，给予群众的经济补偿为 ΔR。

假设项目法人的支付函数为 $U(\theta, m, a)$，群众的支付函数为 $W(\theta, m, a)$。利用海萨尼转换，引入虚拟参与人 N（N 指自然），自然先选择项目法人的类型，然后项目法人行动，选择 m_1 或 m_2；群众后行动，由于信息不对称，群众不清楚项目有无污染，但可以观测到项目法人的行动，然后使用贝叶斯法则从先验概率推断相应的后验概率 $\bar{p}(\theta_i|m_i)$，进一步从行动空间中选择行动。扩展式博弈模型表示如图 4-10。

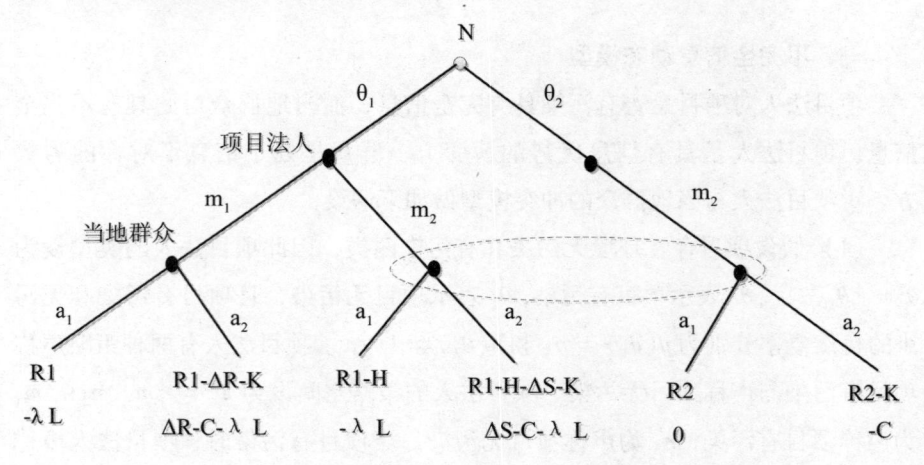

图 4-10 项目法人与当地群众的博弈模型图

二、均衡分析

项目法人与群众的博弈模型可以看作信号传递博弈,它是一种不完全信息动态博弈,均衡称为精炼贝叶斯均衡,是泽尔腾的完全信息动态博弈子博弈精炼纳什均衡和海萨尼的不完全信息静态博弈贝叶斯均衡的结合。信号博弈所有可能的精炼贝叶斯均衡有三种:分离均衡、混同均衡和准分离均衡。我们这里只涉及前两种均衡。定义如下:

分离均衡:不同类型的发送者(此处指项目法人)以概率1选择不同的行动。即如果假设 m_1 是类型 θ_1 的项目法人的最优行动,m_1 就不可能是类型 θ_2 的最优行动,且 m_2 一定是类型 θ_2 的最优行动,即支付函数满足:

$U(\theta_1, m_1, a^*(m)) > U(\theta_1, m_2, a^*(m))$

$U(\theta_2, m_2, a^*(m)) > U(\theta_2, m_1, a^*(m))$

后验概率为 $\tilde{p}(\theta_1|m_1) = 1, \tilde{p}(\theta_1|m_2) = 0$;$\tilde{p}(\theta_2|m_1) = 0, \tilde{p}(\theta_2|m_2) = 1$。其中:

$a^*(m)$ 是后行动者的最优选择,它满足:

$a^*(m) = \underset{a_k}{\mathrm{argmax}} \sum_i \tilde{p}(\theta_i|m_j) W(\theta_i, m_j, a_k)$。

混同均衡:不同类型的发送者选择相同的行动。此时,后行动者无法根据观测到的项目法人的行动修正先验概率(或者说群众的选择没有信息量)。如果假设 mj 是均衡战略,则支付函数满足:

$U(\theta_1, mj, a^*(m)) > U(\theta_1, m, a^*(m))$

$U(\theta_2, mj, a^*(m)) > U(\theta_2, m, a^*(m))$

$\tilde{p}(\theta i|mj) \equiv p(\theta i)$。

下面分析此博弈的精炼贝叶斯均衡。

定理4-1:分离均衡:

(1) 当 $\Delta R > C, \Delta R + K < H$,即项目有污染时群众得到的经济补偿大于群众抗议时付出的成本,同时项目法人的隐瞒成本大于他给予群众的经济补偿与工程延误成本之和时,分离策略 $[(m_1, m_2), (a_2, a_1), \tilde{p}(\theta_1|m_1) = 1, \tilde{p}(\theta_2|m_2) = 1]]$,即 [(声称项目有污染,声称项目无污染),(反抗,合

作），$\tilde{p}(\theta_1|m_1) = 1, \tilde{p}(\theta_2|m_2) = 1$] 为精炼贝叶斯均衡。

(2) 当 $\Delta R > C, \Delta R + K > H$，即项目有污染时群众得到的经济补偿大于群众抗议时付出的成本，同时项目法人的隐瞒成本小于他给予群众的经济补偿与工程延误成本之和时，分离策略 [$(m_1, m_2), (a_2, a_1), \tilde{p}(\theta_1|m_1) = 1, \tilde{p}(\theta_2|m_2) = 1$] 不是精炼贝叶斯均衡。

证明：

(1) 当 $\Delta R > C, \Delta R + K < H$，若项目法人采取分离策略 (m_1, m_2)，此时群众的推断为 $\tilde{p}(\theta_1|m_1) = 1, \tilde{p}(\theta_1|m_2) = 0, \tilde{p}(\theta_2|m_1) = 0, \tilde{p}(\theta_2|m_2) = 1$。

则：

当 $m = m_1$ 时，$a*(m_1) = \underset{a_k}{\mathrm{argmax}} \sum_i \tilde{p}(\theta_i|m_1) W(\theta_i, m_1, a_k)$

$\underset{a_k}{\max}[W(\theta_1, m_1, a_1) \times 1, W(\theta_1, m_1, a_2) \times 1] = \underset{a_k}{\max}(-\lambda L, \Delta R - C - \lambda L) = \Delta R - C - \lambda L, a*(m_1) = a_2$；

当 $m = m_2$ 时，$a*(m_2) = \underset{a_k}{\mathrm{argmax}} \sum_i \tilde{p}(\theta_i|m_2) W(\theta_i, m_2, a_k)$，

$\underset{a_k}{\max}[W(\theta_2, m_2, a_1) \times 1, W(\theta_2, m_2, a_2) \times 1] = \underset{a_k}{\max}(0, -C) = 0$，故 $a*(m_1) = a_1$。

群众的最优行动是 $a*(m) = (a_2, a_1)$。

此时，项目法人的最优行动，

$\theta = \theta_1$ 时，$m*(\theta_1) = \underset{m_j}{\mathrm{argmax}} U(\theta_1, m_j, a*(m_j))$，

$\underset{m_j}{\max}[U(\theta_1, m_1, a_2), U(\theta_1, m_2, a_1)] = \underset{m_j}{\max}[R_1 - \Delta R - K, R_1 - H] = R_1 - \Delta R - K$，从而在满足条件 $m*(\theta_1) = m_1, \theta = \theta_2$ 时，必有 $m*(\theta_2) = m_2$。故 $\{(m_1, m_2), (a_2, a_1), \tilde{p}(\theta_1|m_1) = 1, \tilde{p}(\theta_2|m_2) = 1\}$ 是精炼贝叶斯分离均衡。

(2) 当 $\Delta R > C, \Delta R + K > H$ 时，项目法人的最优行动，

$\theta = \theta_1$ 时，$m*(\theta_1) = \underset{m_j}{\mathrm{argmax}} U(\theta_1, m_j, a*(m_j))$，

$\underset{m_j}{\max}[U(\theta_1, m_1, a_2), U(\theta_1, m_2, a_1)] = \underset{m_j}{\max}[R_1 - \Delta R - K, R_1 - H] = R_1 - H$，从而 $m*(\theta_1) = m_2$；

$\theta = \theta_2$ 时，必有 $m*(\theta_2) = m_2$。$m*(\theta) = (m_2, m_2)$ 偏离了分离均衡，故

<<< 第四章 特大型工程投资项目的利益冲突放大过程研究

$\{(m_1,m_2),(a_2,a_1),\tilde{p}(\theta_1|m_1)=1,\tilde{p}(\theta_2|m_2)=1\}$ 不是精炼贝叶斯分离均衡。

定理4-2：混同均衡：$\Delta R > C, \Delta R > H + \Delta S, \Delta S > \lambda L$，即项目有污染时群众得到的经济补偿不仅大于群众抗议时付出的成本，而且大于项目有污染时隐瞒成本与群众的经济补偿之和，同时项目有污染而项目法人声称无污染时给予群众的补偿成本大于项目的负效应与概率乘积时 [$(m_2,m_2),(a_2,a_2), p \in (0,1)$]，即 [（声称项目无污染，声称项目无污染），（反抗，反抗），$q > \dfrac{C}{(\Delta S - \lambda L)}$] 为精炼贝叶斯均衡。

证明：当项目法人采用混同策略 (m_2, m_2)，即（声称项目无污染，声称项目无污染）。此时群众的推断为 $\tilde{p}(\theta_1|m_1)=1, \tilde{p}(\theta_1|m_2)=q, \tilde{p}(\theta_2|m_2)=1-q$。

当 $m = m_1$ 时，$a*(m_1) = \mathop{\mathrm{argmax}}\limits_{a_k}\sum_i \tilde{p}(\theta_i|m_1)W(\theta_i, m_1, a_k)$，

$\max\limits_{a_k}\sum_i \tilde{p}(\theta_i|m_1)W(\theta_i, m_1, a_k) = \max[-\lambda L, \Delta R - C - \lambda L] = \Delta R - C - \lambda L$，从而 $a*(m_1) = a_2$；

当 $m = m_2$ 时，$a*(m_2) = \mathop{\mathrm{argmax}}\limits_{a_k}\sum_i \tilde{p}(\theta_i|m_2)W(\theta_i, m_2, a_k)$，

$\max\limits_{a_k}\sum_i \tilde{p}(\theta_i|m_2)W(\theta_i, m_2, a_k) = \max\limits_{a_k}[-\lambda L \times q, (\Delta S - C - \lambda L) \times q + (1-q) \times (-C)]$

$= (\Delta S - \lambda L) \times q - C$，$q > \dfrac{C}{(\Delta S - \lambda L)}$

从而 $a*(m_2) = a_2$。故 $a*(m) = (a_2, a_2)$。

项目法人的最优行动为：

$\theta = \theta_1$ 时，$m*(\theta_1) = \mathop{\mathrm{argmax}}\limits_{m_j} U[\theta_1, m_j, a*(m_j)]$，

$\max\limits_{m_j}[U(\theta_1, m_1, a_2), U(\theta_1, m_2, a_2)] = \max\limits_{m_j}[R_1 - \Delta R - K, R_1 - H - \Delta S - K]$

$= R_1 - H - \Delta S - K$，

从而 $m*(\theta_1) = m_2$；$\theta = \theta_2$ 时，必有 $m*(\theta_2) = m_2$。故 $\{(m_2, m_2), (a_2, a_2), q > \dfrac{C}{(\Delta S - \lambda L)}\}$ 是精炼贝叶斯混同均衡。

三、结论

由定理 4-1 可知，当 $\Delta R > C, \Delta R + K < H$ 时，即项目有污染时群众得到的经济补偿大于群众抗议时付出的成本，同时项目法人的隐瞒成本大于他给予群众的经济补偿与工程延误成本之和时，分离策略 [（声称项目有污染，声称项目无污染），（反抗，合作），$\tilde{p}(\theta_1|m_1) = 1, \tilde{p}(\theta_2|m_2) = 1$] 为精炼贝叶斯均衡。当项目有污染时项目法人声称项目污染，群众的最优反应为反抗，项目法人与群众的冲突发生可能导致风险事件。事实上，由定理条件可以看出，当项目法人增加给予群众的补偿使得 $\Delta R + K > H$ 时，分离均衡不成立。但此时当自然选择类型 θ_1（即项目有污染），在群众的最优反应为反抗时，项目法人的最优行动为声称无污染（实际是说假话），这种情况也是与现实相符的。

由定理 4-2 可知，当 $\Delta R > C, \Delta R > H + \Delta S, \Delta S > \lambda L$，即项目有污染时群众得到的经济补偿不仅大于群众抗议时付出的成本，而且大于项目有污染时隐瞒成本与群众的经济补偿之和，同时项目有污染而项目法人声称无污染时给予群众的补偿成本大于项目的负效应与概率乘积时，[（声称项目无污染，声称项目无污染），（反抗，反抗），$q > \dfrac{C}{(\Delta S - \lambda L)}$] 为精炼贝叶斯均衡。当群众对于项目法人的推断 $\tilde{p}(\theta_1|m_2) = q > \dfrac{C}{(\Delta S - \lambda L)}$ 时，无论项目有无污染，项目法人声称项目无污染时，群众的最优策略总是反抗，根本原因应该是群众对项目法人缺乏信心，致使当项目法人声称项目无污染时，群众会较大可能推断项目有污染。

第四节 地方政府与项目法人的风险管理行为博弈

前面指出在项目建设中，项目法人全面承担建设投资运作、建设实施职能和责任，地方政府依法对项目进行监督、协调和管理。因此，他们都承担着风险管理的责任，但由于他们都有追求经济效益的诉求，在管理中容易产生机会主义行为。本节着重分析双方在风险管理过程中的行为博弈。

一、模型与均衡

在特大型工程投资项目生命周期内，项目法人与地方政府任务不同，关注的侧重点不同，对社会风险的感知和态度也会不同，因此，假设地方政府与项目法人的风险管理态度为重视与不重视，如果双方都积极进行风险管理时分别投入的成本为 C_1 与 D_1，当双方都不重视时，风险会发生，损失为 L。地方政府重视风险管理而项目法人不重视时，项目法人的投入成本为 D_2（$D_2 < D_1$），此时项目法人受到地方政府的惩罚 P_1，风险损失为 gL，g 为风险折扣系数。项目法人重视而地方政府不重视时，地方政府的投入成本为 C_2（$C_2 < C_1$），地方政府会受到上级政府的惩罚 P_2，$k_1, k_2, \alpha_1, \alpha_2, \beta_1, \beta_2$ 为风险分担系数，且 $k_1 + k_2 = 1$，$\alpha_1 + \alpha_2 = 1$，$\beta_1 + \beta_2 = 1$。具体的支付矩阵如表4-11所示。

表4-11 地方政府与项目法人博弈矩阵

地方政府	项目法人	
	重视 $1-y$	不重视 y
重视 $1-x$ 不重视 x	$-C_1, -D_1$ $-C_1 - k_1gL + P_1,$ $-D_2 - P_1 - k_2gL$	$-C_2 - P_2 - \alpha_1gL, -D_1 - \alpha_2gL$ $-C_2 - \beta_1L, -D_2 - \beta_2L$

地方政府重视、不重视时的收益及平均收益分别为：

$$R_{1-x} = y(-C_1 + P_1 - k_1gL) + (1-y)(-C_1) \quad \text{(式4-20)}$$

$$R_x = y(-C_2 - \beta_1L) + (1-y)(-C_2 - \alpha_1gL - P_2) \quad \text{(式4-21)}$$

$$\overline{R} = xR_x + (1-x)R_{1-x} \quad \text{(式4-22)}$$

项目法人重视、不重视时的收益及平均收益分别为：

$$W_{1-y} = x(-D_1 - \alpha_2gL) + (1-x)(-D_1) \quad \text{(式4-23)}$$

$$W_y = x(-D_2 - \beta_2L) + (1-x)(-D_2 - P_1 - k_2gL) \quad \text{(式4-24)}$$

$$\overline{W} = yW_y + (1-y)W_{1-y} \quad \text{(式4-25)}$$

博弈模型的复制动态方程为：

$$\begin{cases} \dfrac{dx}{dt} = x(1-x)\{C_1 - C_2 - P_2 - \alpha_1 gL + y[P_2 - P_1 + (\alpha_1 g + k_1 g - \beta_1)L]\} \\ \dfrac{dy}{dt} = y(1-y)\{D_1 - D_2 - P_1 - k_2 gL + x[P_1 + (k_2 g + \alpha_2 g - \beta_2)L]\} \end{cases}$$

平衡点为 $(0,0)$，$(0,1)$，$(1,0)$，$(1,1)$，(x^*, y^*)，其中：

$$x^* = \frac{P_1 + k_2 gL + D_2 - D_1}{P_1 + (k_2 g + \alpha_2 g - \beta_2)L}, \quad y^* = \frac{P_2 + \alpha_1 gL + C_2 - C_1}{P_2 - P_1 + (\alpha_1 g + k_1 g - \beta_1)L}$$ （注：

只有当 $0 < x^* < 1, 0 < y^* < 1$ 时才是平衡点）。

系统的雅克比矩阵如下：

$$J = \begin{bmatrix} (1-2x)\{C_1 - C_2 - P_2 - \alpha_1 gL + y[P_2 - P_1 + (\alpha_1 g + k_1 g - \beta_1)L]\} & x(1-x)[P_2 - P_1 + (\alpha_1 g + k_1 g - \beta_1)L] \\ y(1-y)[P_1 + (k_2 g + \alpha_2 g - \beta_2)L] & (1-2y)\{D_1 - D_2 - P_1 - k_2 gL + x[P_1 + (k_2 g + \alpha_2 g - \beta_2)L]\} \end{bmatrix}$$

矩阵在各平衡点处的行列式与迹如表 4-12 所示。

表 4-12　矩阵 J 在平衡点处的行列式与迹

(x, y)	det$J$	tr$J$
$(0, 0)$	$(C_1 - C_2 - P_2 - \alpha_1 gL)(D_1 - D_2 - P_1 - k_2 gL)$	$(C_1 - C_2 - P_2 - \alpha_1 gL) + (D_1 - D_2 - P_1 - k_2 gL)$
$(0, 1)$	$[C_1 - C_2 - P_1 + (k_1 g - \beta_1)L][-(D_1 - D_2 - P_1 - k_2 gL)]$	$[C_1 - C_2 - P_1 + (k_1 g - \beta_1)L] - (D_1 - D_2 - P_1 - k_2 gL)$
$(1, 0)$	$-(C_1 - C_2 - P_2 - \alpha_1 gL)[D_1 - D_2 + (\alpha_2 g - \beta_2)L]$	$-(C_1 - C_2 - P_2 - \alpha_1 gL) + [D_1 - D_2 + (\alpha_2 g - \beta_2)L]$
$(1, 1)$	$-[C_1 - C_2 - P_1 + (k_1 g - \beta_1)L]\{-[D_1 - D_2 + (\alpha_2 g - \beta_2)L]\}$	$-[C_1 - C_2 - P_1 + (k_1 g - \beta_1)L] - [D_1 - D_2 + (\alpha_2 g - \beta_2)L]$
(x^*, y^*)	$-s \cdot t$	0

$$s = \frac{[D_1 - D_2 - (\beta_2 - \alpha_2 g)L](D_1 - D_2 - P_1 - k_2 gL)}{P_1 + (k_2 g + \alpha_2 g - \beta_2)L}$$

$$t = \frac{\{[C_1 - C_2 - P_1 - (\beta_1 - k_1 g)L]\}\{[C_1 - C_2 - P_2 - \alpha_1 gL]\}}{P_2 - P_1 + (\alpha_1 g + k_1 g - \beta_1)L}$$

由表 4 – 12 可得：当 $C_1 - C_2 < P_1 + (\beta_1 - k_1 g)L$，$C_1 - C_2 < P_2 + \alpha_1 gL$，$D_1 - D_2 < (\beta_2 - \alpha_2 g)L$，$D_1 - D_2 < P_1 + k_2 gL$，平衡点（0，0），即（重视，重视）局部稳定（如表 4 – 13）。由于在特大型工程投资项目中，地方政府与项目法人只要有一方不重视风险管理，社会风险就会发生，因此双方都重视风险就显得尤其重要。平衡点的条件表明，当一方重视风险，而另一方不重视时节约的成本较小（或者惩罚力度较大时），他们就会都重视风险管理。

表 4 – 13　平衡点处的稳定性

(x, y)	det$J$	tr$J$	稳定性
(0, 0)	+	−	稳定
(0, 1)	−	+, −	鞍点
(1, 0)	−	+, −	鞍点
(1, 1)	+	+	不稳
(x^*, y^*)	不是平衡点		

二、随机演化模型及稳定性

前面分析了确定性环境下地方政府与项目法人的风险管理博弈，但实际上，由于特大型工程投资项目的复杂性等特点，在项目全寿命周期过程中会面临一系列的不确定因素，既有系统内部因素，如项目主体的角色、能力、风险意识等，也有外部因素，如宏观政策法规、自然灾害等，因此，确定性的演化博弈模型在某种程度上并不能完全反映决策者所处的真实状态，那么，在随机因素干扰下，平衡点（0，0）稳定的条件如何？为讨论随机干扰因素对稳定性的影响，在上述确定性系统中加入高斯白噪声，用来刻画系统受到的随机干扰。考虑加入高斯白噪声后的随机动力系统：

$$dx = x\{C_1 - C_2 - P_2 - \alpha_1 gL + y[P_2 - P_1 + (\alpha_1 g + k_1 g - \beta_1)L]\}dt + \sigma x d\omega$$

（式 4 – 26）

$$dy = y\{D_1 - D_2 - P_1 - k_2gL + x[P_1 + (k_2g + \alpha_2g - \beta_2)L]\}dt + \sigma y d\omega$$

(式4-27)

其中σ表示随机扰动强度，$\omega(t)$是一维的标准布朗运动，$d\omega(t)$表示高斯白噪声，服从正态分布$N(0,\Delta t)$。

为讨论随机干扰因素对稳定性的影响，先引入随机微分方程零解稳定性概念。

定义[14,15]设$p>0$，若$\forall x_0 \in [0,1]$，其中x_0是随机变量，$x(t,x_0)$是方程(4-26)的解且有负的p阶矩Liyaupnov指数，即：

$$\varlimsup_{t\to\infty} t^{-1}\ln E|x(t,x_0)|^p < 0, \forall x_0 \in [0,1]$$

(式4-28)

则式（4-26）的零解p阶矩指数稳定；若：

$$\varlimsup_{t\to\infty} t^{-1}\ln E|x(t,x_0)|^p > 0, \forall x_0 \in [0,1], x_0 \neq 0$$

(式4-29)

则式（4-26）的零解p阶矩指数不稳定。

引理[7,8]给定一个随机微分方程

$$dx(t) = f[t,x(t)]dt + g[t,x(t)]d\omega(t), x(t_0) = x_0$$

(式4-30)

设存在光滑函数$V(t,x)$与正常数c_1,c_2，使得：

$$c_1|x|^p \leq V(t,x) \leq c_2|x|^p$$

(式4-31)

若存在正常数γ，使得$LV(t,x) \leq -\gamma V(t,x)$，则方程的零解$p$阶矩指数稳定，且成立$E|x(t,x_0)|^p \leq (c_2/c_1)|x_0|^p e^{-\gamma t}$；

若存在正常数γ，使得$LV(t,x) \geq \gamma V(t,x)$，则方程的零解$p$阶矩指数不稳定，且成立$E|x(t,x_0)|^p \geq (c_2/c_1)|x_0|^p e^{-\gamma t}$。

其中$LV(t,x) = V_t(t,x) + V_x(t,x)f(t,x) + \frac{1}{2}g^2(t,x)V_{xx}(t,x)$。

由引理可以得到随机动力系统的零解稳定性充分条件。

命题1：对于随机微分方程式（4-26），存在$c_1 = c_2 = 1, p = 1, \gamma = 1$和Liyapunov函数$V(t,x) = x(t)$，

当① $P_2 - P_1 + (\alpha_1 g + k_1 g - \beta_1)L \leq 0, C_1 - C_2 \leq P_2 + \alpha_1 gL - 1$，

或② $P_2 - P_1 + (\alpha_1 g + k_1 g - \beta_1)L > 0, C_1 - C_2 \leq P_1 + (\beta_1 - k_1 g)L - 1$，

时，方程零解期望矩指数稳定；

当③ $P_2 - P_1 + (\alpha_1 g + k_1 g - \beta_1)L \geq 0, C_1 - C_2 \geq P_2 + \alpha_1 gL + 1$,

或④ $P_2 - P_1 + (\alpha_1 g + k_1 g - \beta_1)L < 0, C_1 - C_2 \geq P_1 + (\beta_1 - k_1 g)L + 1$ 时，方程零解期望矩不稳定。

证明：考虑随机微分方程（4-26）。

取 Liyapunov 函数 $V(t,x) = x(t)$，则存在 $c_1 = c_2 = 1, p = 1$，满足引理 1 中式（4-31），且有 $LV(t,x) = f(t,x) = x\{C_1 - C_2 - P_2 - \alpha_1 gL + y[P_2 - P_1 + (\alpha_1 g + k_1 g - \beta_1)L]\}$，由引理 1 知，若存在 $\gamma = 1$，使得 $LV(t,x) = f(t,x) \leq -x(t)$，则方程零解期望矩指数稳定，故有：

$LV(t,x) = f(t,x) = x\{C_1 - C_2 - P_2 - \alpha_1 gL + y[P_2 - P_1 + (\alpha_1 g + k_1 g - \beta_1)L]\} \leq -x(t)$

可得 $x\{C_1 - C_2 - P_2 - \alpha_1 gL + y[P_2 - P_1 + (\alpha_1 g + k_1 g - \beta_1)L] + 1\} \leq 0$

因为 $x(t) \in [0,1]$，所以只要 $C_1 - C_2 - P_2 - \alpha_1 gL + 1 + y[P_2 - P_1 + (\alpha_1 g + k_1 g - \beta_1)L] \leq 0$

故分三种情形讨论即得结论。

另一方面，由引理 1 知，若存在 $\gamma = 1$，使得 $LV(t,x) = f(t,x) \geq x(t)$，则方程零解期望矩指数不稳定，所以由：

$LV(t,x) = f(t,x) = x\{C_1 - C_2 - P_2 - \alpha_1 gL + y[P_2 - P_1 + (\alpha_1 g + k_1 g - \beta_1)L]\} \geq x(t)$

可得 $x\{C_1 - C_2 - P_2 - \alpha_1 gL - 1 + y[P_2 - P_1 + (\alpha_1 g + k_1 g - \beta_1)L]\} \geq 0$

因为 $x(t) \in [0,1]$，所以只要 $C_1 - C_2 - P_2 - \alpha_1 gL - 1 + y[P_2 - P_1 + (\alpha_1 g + k_1 g - \beta_1)L] \geq 0$

分三种情形讨论即得。类似可得命题 2。

命题 2：对于随机微分方程（4-27），存在 $c_1 = c_2 = 1, p = 1, \gamma = 1$ 和 Liyapunov 函数 $V(t,y) = y(t)$，

当① $P_1 + (k_2 g + \alpha_2 g - \beta_2)L \leq 0, D_1 - D_2 \leq P_1 + k_2 gL - 1$，

或② $P_1 + (k_2 g + \alpha_2 g - \beta_2)L > 0, D_1 - D_2 \leq (\beta_2 - \alpha_2 g)L - 1$ 时，方程零解期望矩指数稳定；

当③ $P_1 + (k_2 g + \alpha_2 g - \beta_2)L \geq 0, D_1 - D_2 \geq P_1 + k_2 g L - 1$，

或④ $P_1 + (k_2 g + \alpha_2 g - \beta_2)L < 0, D_1 - D_2 \geq (\beta_2 - \alpha_2 g)L - 1$ 时，方程零解期望矩指数不稳定。

由命题1、2知，只要参数满足命题1，2中零解稳定条件①②中一个时，由式（4-26）、式（4-27）构成的随机动力系统均衡点（0，0）期望矩指数稳定，也就是在随机干扰下（0，0）是演化稳定策略。同样如果参数满足命题中③④中任意一个条件时，该系统均衡点（0，0）期望矩指数不稳定。

三、数值分析

为了直观描述上述微分方程的演化过程，针对参数取不同数值情形下，模拟动态演化过程。假设地方政府与项目法人都重视风险管理时付出的成本分别为 $C_1 = D_1 = 25, C_2 = D_2 = 15, P_1 = P_2$，风险折扣系数 $g = 0.6$，风险分担系数 $k_1 = k_2 = \alpha_1 = \alpha_2 = \beta_1 = \beta_2 = 0.5$，分别考虑参数变化和随机扰动强度对演化结果的影响。

（1）参数 P_1, P_2 变动对演化的影响（图4-11）。此处参数 $L = 20, C_2 = D_2 = 15$。由图4-11可知，在其他参数不变的情况下，随着地方政府和项目法人的惩罚值的增加，地方政府和项目法人的风险态度会变化。当 $P_1 = P_2 \geq 6$ 时，博弈双方不重视风险管理的概率 x 和 y 收敛于0；当 $P_1 = P_2 \leq 5$ 时，博弈双方不重视风险管理的概率 x 和 y 逐渐增加。结果表明，随着惩罚的增大，博弈双方重视风险管理的主观意识迅速加强。

（2）参数 C_2, D_2 的变动对演化的影响（图4-12）。此处参数 $L = 20, P_1 = P_2 = 10$。由图4-12可知，在其他参数不变的情况下，随着地方政府和项目法人不重视风险管理成本的增加，地方政府和项目法人的风险态度会有所变化。当 $C_2 = D_2 \geq 12$ 时，博弈双方不重视风险管理的概率 x 和 y 收敛于0；当 $C_2 = D_2 \leq 11$ 时，博弈双方不重视风险管理的概率 x 和 y 收敛于1。结果表明，当博弈一方不重视风险时付出的成本增加，此时博弈方投机行为获利减少，因此转向重视风险管理。

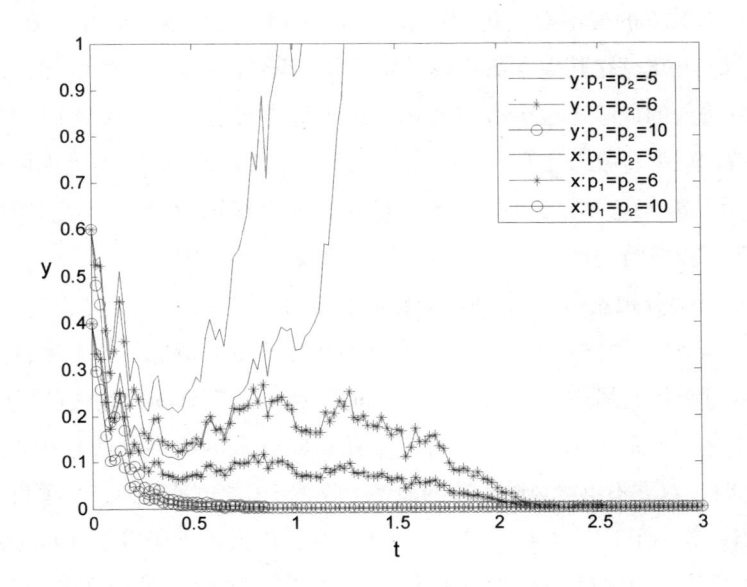

图 4-11 参数 P_1, P_2 对演化的影响

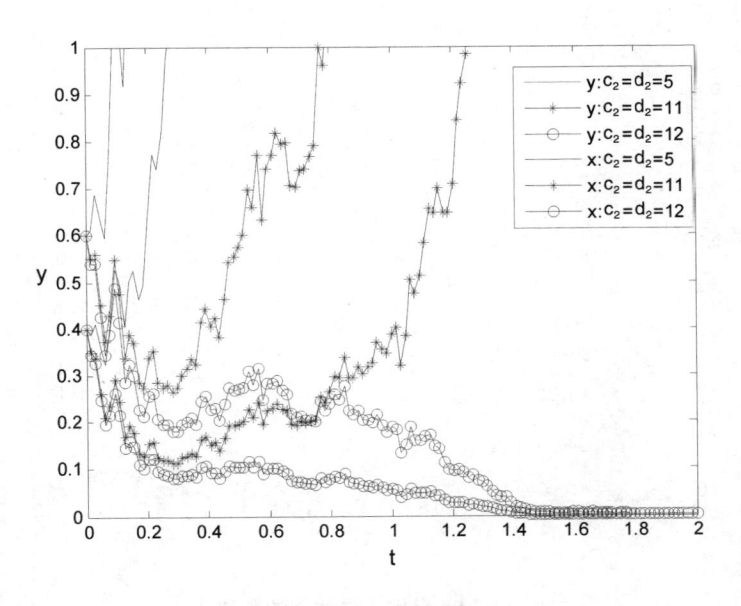

图 4-12 参数 C_2, D_2 对演化的影响

(3) 参数 L 的变动对演化的影响（图 4-13）。此处参数 $P_1 = P_2 = 10$。由图 4-13 可知，在其他参数不变的情况下，随着风险损失的增加，地方政府和项目法人的风险态度会有所变化。对于地方政府，当 $L \geq 4$ 时，不重视风险管理的概率 x 收敛于 0；而对于项目法人，当 $L \geq 7$ 时，不重视风险管理的概率 y 收敛于 0。结果表明，当博弈一方不重视风险时付出成本的增加，此时博弈方投机行为获利减少，因此转向重视风险管理。

(4) 风险分担系数 k_2 变动对演化的影响（图 4-14）。此处设惩罚 $P_1 = P_2 = 6$，$L = 20$。由图 4-14 可知，在其他参数不变的情况下，当项目法人不重视风险时承担的风险分担系数 k_2 增加时，地方政府和项目法人的风险态度会随之变化。当 $k_2 \leq 0.4$ 时，双方不重视风险管理的概率都收敛于 1；而当 $k_2 \geq 0.5$ 时，双方不重视风险管理的概率 x 收敛于 0。也就是说，当项目法人的风险分担系数小于等于 0.4，而地方政府风险分担系数大于等于 0.6 时，双方都不重视风险。当项目法人的风险分担系数大于等于 0.5，就会重视风险。

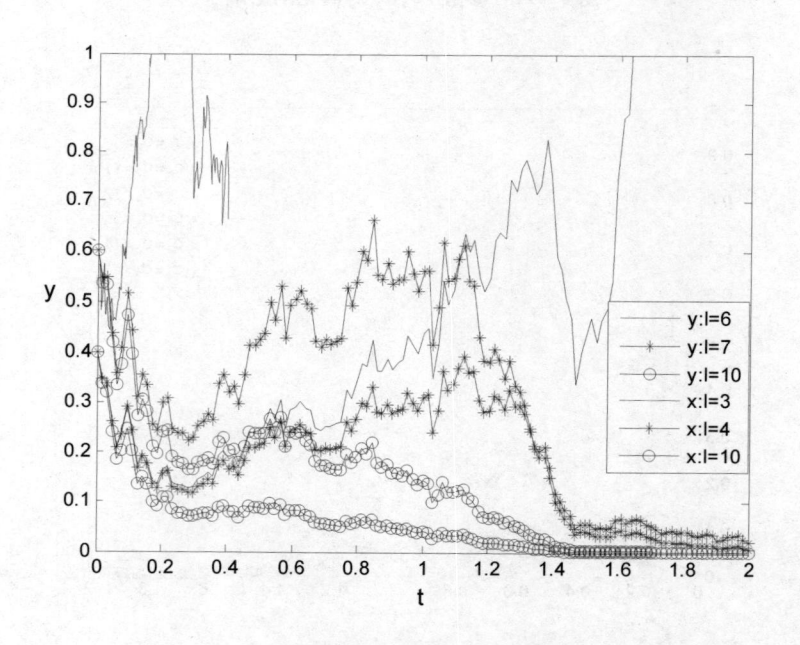

图 4-13 参数 L 对演化的影响

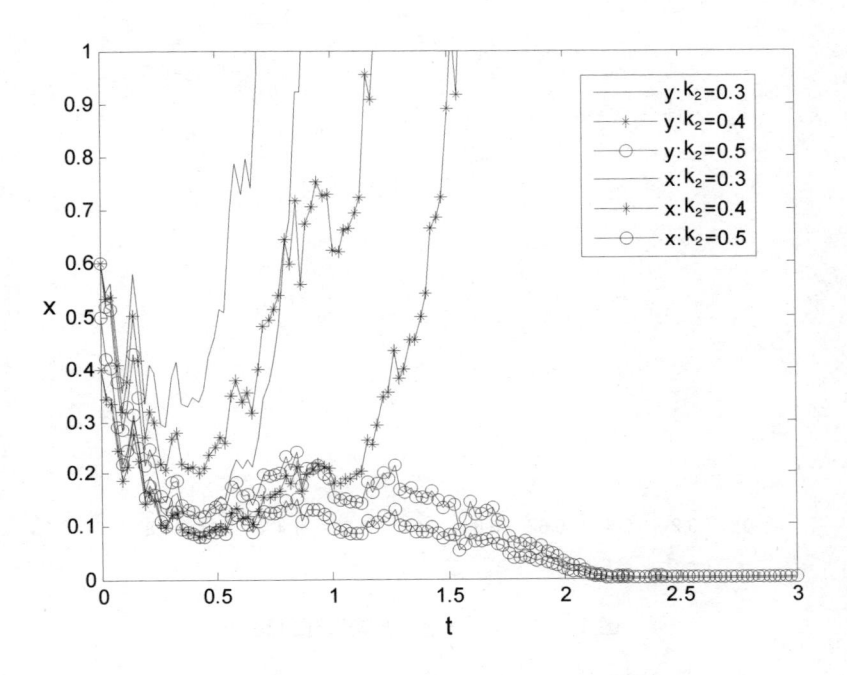

图 4-14　风险分担系数 k_2 对演化的影响

（5）随机干扰强度变动对演化的影响（图 4-15）。此处参数 $P_1 = P_2 = 10$，$L = 10$，参数满足命题 1，2 的零解稳定性条件，随机动力系统存在唯一演化稳定策略（0，0）即（重视风险管理，重视风险管理）。图 4-12 表明，在随机干扰下，项目法人与地方政府的行为策略会上下波动，主要是由于博弈双方的角色、认知、风险态度等方面存在差异，当系统内外部环境不确定时，会出现判断不一致，从而行动不统一，行为策略呈现出一定的波动性。经过一段时间波动后会稳定于重视管理。另外，从图的演化过程可以看出，随机干扰强度越大，决策者的行为策略波动相对越大，演化初期，随机干扰强度越大时，博弈方不重视风险管理的概率急速下降，逐渐缓慢趋于 0，主要是由于随机扰动较大时，决策者不能够预测环境的变化，担心意外情况发生，因此能够重视风险。

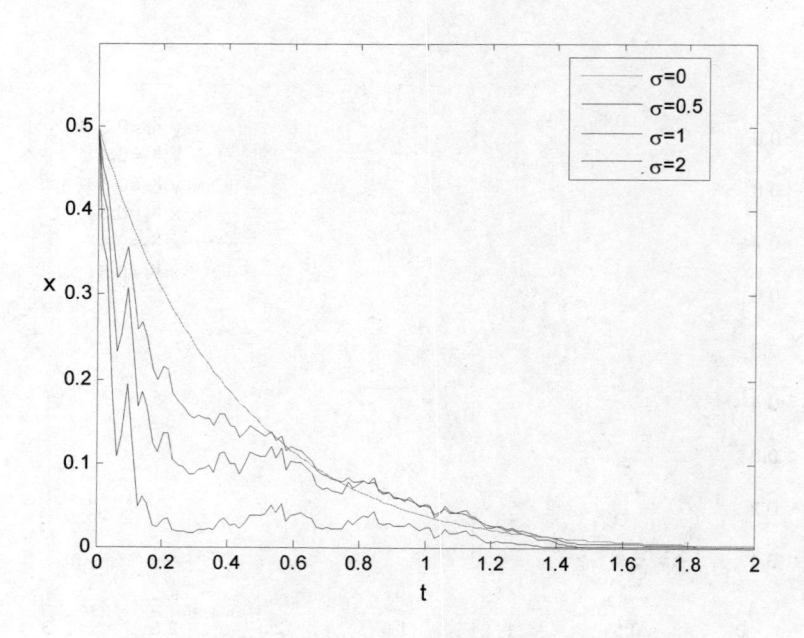

图 4 –15（a） 地方政府演化过程

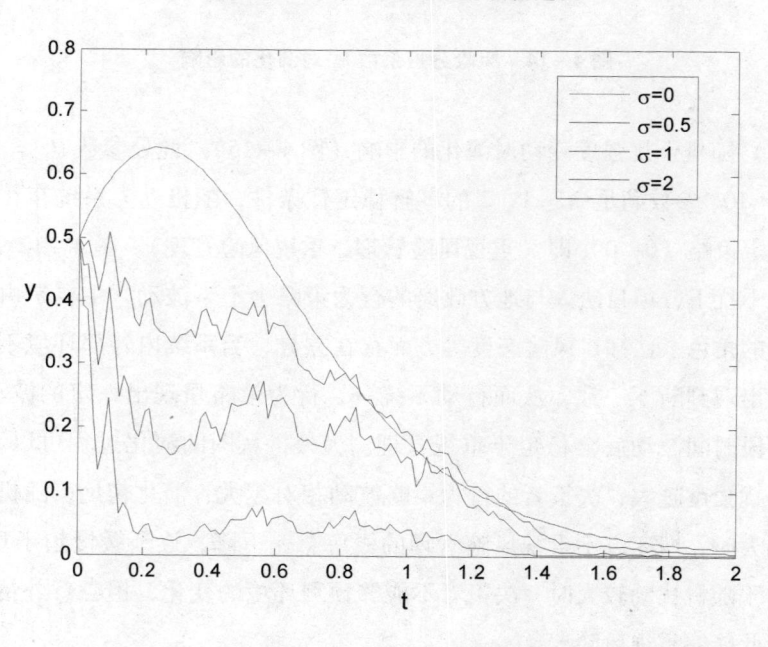

图 4 –15（b） 项目法人演化过程

四、结论

本节以演化博弈论为基础，引入高斯白噪声来反映主体行为过程中受到的随机干扰因素，建立了随机干扰下地方政府与项目法人的风险管理行为演化策略过程，分析了影响主体行为的主要因素。研究表明：增大惩罚额，博弈双方重视风险管理的主观意识会增强；博弈方不重视风险付出成本增加时，投机行为获利减少，博弈双方会重视风险管理；合理的风险分担系数，也会促使博弈方重视风险管理。另外，随机干扰因素也会对博弈演化过程有影响，在随机干扰下，风险管理策略会随着时间上下波动，一段时间后会趋于稳定。此结果提醒决策者，可以从惩罚额、风险管理成本、风险分担系数等方面激励博弈方重视风险管理。

小　结

本章首先分析了特大型工程投资项目中关键利益主体地方政府、项目法人、当地群众三者之间的关系。其次，构建相应的博弈模型：地方政府与当地群众的经济利益冲突演化博弈模型、项目法人与当地群众的关于生态环境的不完全信息动态博弈、地方政府与项目法人的风险管理博弈模型。地方政府与群众的冲突模型表明只要有一方不合作时能够获得的收益大于付出的惩罚成本，博弈方就有很大可能不合作而发生冲突，特别指出群众的情绪会对博弈均衡结果产生很大影响，这就要求决策者在决策时不能片面行事。在项目法人与当地群众的不完全信息博弈中，给出了分离均衡与混同均衡条件，指出了信息不对称会使群众对决策者缺乏信任，放大项目风险，产生抵触情绪。最后，在地方政府与项目法人的风险管理博弈模型中分析了参数变化对均衡的影响。上述博弈模型的分析，表明了特大型工程投资项目的社会风险的主要来源是关键利益主体间的经济利益冲突、自然生态环境诉求冲突等。

第五章

利益冲突放大下特大型工程投资项目社会稳定风险的多元主体合作治理框架

从特大型工程投资项目关键利益主体冲突放大研究了多元利益冲突放大下特大型工程投资项目社会稳定风险形成过程，揭示了社会稳定风险形成机理。面向特大型工程投资项目的关键利益主体冲突放大及其产生社会稳定风险信息扩散，如何构建特大型工程投资项目社会稳定风险治理框架是本章研究的重要内容。因此，本章基于特大型工程投资项目多元利益冲突的社会稳定风险治理困境，借鉴国际经验，研究提出特大型工程投资项目社会稳定风险的多元主体合作治理框架。

第一节 特大型工程投资项目利益冲突的社会稳定风险治理困境

一、利益诉求多元的挑战

特大型工程投资项目社会稳定风险的根源是利益冲突，是利益分配的不公正、不合理。[①] 在特大型工程投资项目中，多元利益之间严重交织、相互影响，各方利益难以得到充分满足，这一现状使得社会稳定风险治理更加

---

① 张玉堂. 利益论：关于利益冲突与协调问题的研究 [M]. 武汉：武汉大学出版社，2001：1.

困难。

（一）经济利益诉求的挑战

政府肩负着促进经济社会高质量发展的责任，具有提高经济水平的利益诉求。政府批准上马特大型工程投资项目，可以提高地区就业水平、拉动地区相关产业发展，实现经济水平的提高。公众与政府在这方面存在一致的经济利益诉求。公众与政府一样，追求经济水平提高、生活质量提升。特大型工程投资项目为公众提供就业机会、提供必要的拆迁或环境补偿、带动地区发展，一定程度上实现了公众生活质量提升的利益诉求，存在公众支持建设运营项目的可能性。而特大型工程投资项目的开发商大多为具有一定经济实力的集团企业，他们通过投资项目获得利润，降低成本提高收益以实现自己的经济利益诉求。在这个过程中，开发商追求的经济利益诉求与政府和民众的不一致，不同主体的经济利益诉求间存在冲突与矛盾，加大治理社会稳定风险的难度。

（二）环境利益诉求的挑战

社会公众具有环境利益诉求。社会公众追求自身的安全与健康。特大型工程投资项目可能存在排放物泄露等安全隐患，建设过程中破坏生态等环境问题以及噪音、辐射、垃圾堆积等潜在风险。面对特大型工程投资项目建设和投入使用过程中夹带的安全隐患、环境问题以及潜在风险，公众考虑到自身安全健康问题，容易产生恐惧、担忧、焦虑、愤怒等情绪。如若这些问题在项目建设前没有合理解决或者存在欺瞒社会公众的现象，那么极易引发更大程度上的社会稳定风险，还易造成信任危机，为下一步的风险治理造成不利影响。

（三）利益补偿诉求的挑战

社会公众对于项目带来的各类危害有利益补偿诉求。由于特大型工程投资项目具有发展前景好、经济利润高、地方政府支持等优势，公众的利益追求处于相对弱势地位。因此，对于当地公众补偿不合理、未到位、不公平，对拆迁公众安置不妥当的现象时常发生。此时，若特大型工程投资项目建设出现经济效益实现缓慢、与预期标准相差甚远等情况，公众利益和开发商、地方政府经济利益之间的失衡就会严重，项目负外部性效应带来的不满情绪强烈，更易引发社会稳定风险。

可见，多元利益的复杂交织与对立加大了风险治理的难度。由于不同主体之间利益诉求众多，多元利益复杂交织融合，特大型工程投资项目社会稳定风险治理面临严峻挑战。

二、主体冲突放大的挑战

大多数情况下，特大型工程投资项目作为地区发展的必须，其所涉及的利益群体呈多元化趋势，尤其在互联网影响如此广泛的今天，一些旁观者也会涉及其中，导致原本简单的社会冲突复杂化，牵扯进更多的利益主体。项目中存在多个主体，每个主体分别有多种利益诉求，主体间的利益得不到充分满足，就为风险信号的社会放大提供了必要的传播条件。根据卡斯帕森（Kasperson）提出的风险的社会放大框架（SARF），政府、项目法人、公众、媒体、专家都有可能成为特大型工程投资项目社会稳定风险沟通中的"风险放大站"。主体间的冲突在风险的社会放大框架下被放大与扩散，造成社会稳定风险治理困难。

（一）政府部门

政府部门是特大型工程投资项目风险社会放大框架下重大的"风险放大站"。从信息的量角度去看，政府部门是项目信息的权威发布者，是最重要的信息源。政府部门既追求项目带来的经济利益，又应承担维护社会稳定的责任。因此，作为官方权威机构，一旦社会稳定风险爆发，政府需要第一时间发布风险相关信息，披露项目立项审批文件，进行持续追踪报道。但是，部分政府面对特大型工程投资项目时，选择不作为、封闭信息、包庇施工方与开发商的策略。此时，由于正确信息的来源受限，公众不了解项目情况，不确定是否存在隐瞒信息，不知道是否采取风险化解措施。这将引发公众恐慌情绪，造成社会稳定风险。政府作为"风险放大站"的重要组成部分，如果不能及时提供相对准确的项目信息，保障社会公众的知情权，那么将对社

<<< 第五章 利益冲突放大下特大型工程投资项目社会稳定风险的多元主体合作治理框架

会稳定风险治理造成一定的困难。

(二) 社会公众

社会公众关注自身利益，观望事件发展动向，同属于风险的社会放大框架中的"放大站"。一旦出现项目信息披露不完全、实际安全隐患和与预期效应不一致、环境破坏和经济补偿不对等的现象，社会公众将作为信息源，传播问责类或恐慌类信息。媒介化社会下，借助多样化媒体传播信息的介入门槛变低。这种情况下，一旦发现利益受损或即将受损，社会公众可能就会立刻在微博、朋友圈、论坛等社交网络传播有关项目危害的信息，以博得关注，维护自己的权益。公众的转发更加放大了信息的量。除此之外社会公众容易夸大事实真相、发布虚假信息，从信息的戏剧化程度方面，影响社会稳定风险的传播放大。公众通过影响信息源和信息受争议程度，放大特大型工程投资项目社会稳定风险，影响风险治理的有效性。

(三) 媒体

媒体具有扩大自身影响力的利益诉求。媒体抓住特大型工程投资项目较高的新闻价值，通过夸大报道项目的不实信息博人眼球，增加报道的阅读量、转发量以及平台的关注量，借此实现自身影响力提高的利益诉求。但是这一行为增加了信息的量，加剧信息的戏剧化程度，提高了信息的受争议程度。已有研究表明，媒体是大众获取信息和达成社会运动目标的重要渠道。[1]各类主体对特大型工程投资项目的关注将促使他们通过大众媒体来获得更多的信息，媒体的过分渲染和夸大报道加快了风险信息的传播扩散。由于参与主体间的多元利益冲突，特大型工程投资项目成为媒体关注的热点，而媒体制造的海量信息又作为风险"放大站"继续作用于项目风险传播，这让特大型工程投资项目的社会稳定风险进一步恶化，为治理带来一定的困难。

---

[1] MORRIS A D. The origins of the civil rights movement: Black communities organizing for change/Aldon D [M]. New York: The Free Press, 1984, 42–43.

三、风险治理机制的挑战

我国国家治理体系的重要特征之一即为"政府在国家治理中起主导作用"[①]。目前,我国社会稳定风险治理机制中,政府对公众承担无限责任,特大型工程投资项目的建立实施需要经过政府审批,政府对项目社会稳定风险治理起主要作用。内部机制问题和外部环境改变对项目风险治理提出了挑战。

（一）内部机制问题

以政府为首的单一风险治理机制存在的问题表现在以下几个方面。第一,政府遵循"反应性"的社会治理理念,治理过程未考虑事前预防。在特大型工程投资项目建设初期,政府作为官方消息的发布者,对信息传达力度不够,对项目普及效果不佳,对公众接收项目的心理建设不足。公众作为信息的接收方接收到的信息不完全、不透明。这导致公众对项目认知片面,接受度低。第二,政府作为风险治理者,利益协调能力不足。由于政府单向度的管理,对于风险的治理措施大多以内部讨论决议为主,与其他主体的沟通不足或沟通效率低下。并且,政府对不同利益主体的标准不同,对不同情绪的公众安抚手段相同,因此治理效果欠佳。第三,社会稳定风险爆发后信息监管能力弱。一方面,政府不能第一时间对来自微博、论坛、微信朋友圈的关于项目的舆论信息、不实传言进行识别,无法及时对这些言论进行管控;另一方面,政府通常只利用单一信息传播手段,如召开新闻发布会公布停建或缓建特大型工程投资项目的消息,以期平息社会稳定风险。

（二）外部环境问题

目前我国处于风险多发期、经济转型期和社会矛盾凸显期,应当做好化解风险的应对措施。习近平总书记发表"提高防控能力着力防范化解重大风险,保持经济持续健康发展和社会大局稳定"的重要讲话,提出化解各领域

---

① 王立峰,韩建力. 构建网络综合治理体系:应对网络舆情治理风险的有效路径[J]. 理论月刊, 2018 (8): 182-188.

重大风险的要求。① 此外，媒介化社会对特大型工程投资项目社会稳定风险治理提出更加严峻的挑战。在传统媒体环境下，政府通过报纸、电视等平台发声，报道事件进展，社会稳定风险信息只能在小范围内以"口口相传"的方式传播，政府化解舆情危机的难度较低。新媒体对于事件本身具有强烈的发酵作用，随着新媒体不断普及，社会稳定风险信息的传播范围增大至全网络，普通网民、项目法人、社会组织、专家等都可能成为社会稳定风险信息的制造者，带来的社会稳定影响也大大增加。

可见，我国风险治理的环境不同以前，传统的风险治理机制已经不能很好地处理好项目各利益主体之间的关系，也不能及时高效化解社会稳定风险。新的外部环境对项目社会稳定风险治理机制提出了更高的要求。

综上，政府对特大型工程投资项目社会稳定风险的治理主要采取事中响应、事后处理的模式，面对深层次结构性社会稳定风险的化解和预防，仍缺乏有效应对思路和对策。② 这样传统的风险治理机制已经不满足现代社会发展的要求，急需得到改进完善。

第二节　特大型工程投资项目社会稳定风险治理模式的比较与借鉴

一、社会稳定风险治理的主要模式

（一）政府主导的治理模式

政府主导型也可称行政导向型，指的是在行政导向下通过强化基层政府的功能，运用政府及其所控制的资源进行自上而下的社会整合，形成"行政

---

① 习近平. 提高防控能力着力防范化解重大风险保持经济持续健康发展社会大局稳定[EB/OL]. 新华网，2019 – 01 – 21.
② 葛天任，薛澜. 社会风险与基层社区治理：问题、理念与对策[J]. 社会治理，2015(4)：37 – 43.

化"的管理体制。在国外方面，以新加坡为代表，政府直接干预社会风险相关事务，设立派出机构，有明显的行政、官方色彩；在国内方面，以上海提出的"两级政府、三级网络、四级管理"体制为代表①。以新加坡为例，政府主导模式的特点如下：

1. 以选区为社区的基本管理单位。在全国范围内不设市政府和区政府，而是以选区作为社区活动的基本单位。有两个机构在社区中扮演重要的角色：公民咨询委员会居民联络所管理委员会。公民咨询委员会的主要职责是上传下达，将民之所需和社区中的重要问题反映给政府，将政府所制定的政策纲领以及各种信息传达给居民，在社区组织内的地位最高。居民联络所管理委员会则是执行具体的社区事务，举行科教文卫以及社区之间交流的活动。

2. 实行统一指导和民主自治结合的原则。国家对社区进行统一的规划和管理，政府制定关于社区发展的路径规划以及评估标准，对社区的事务进行统一的指导；公民咨询委员会和民众联络所接受政府的宏观指导，自主活动，及时反馈民意。政府部门和社区基层组织之间权责分明，指导和自治相结合，形成了合理、科学、有效的社区治理模式。

3. 社区基层组织的政治中立性。社区自治组织是一种完全意义上的民间自治组织，没有任何政治倾向和对于政府的依附性。新加坡的政党体制让社区组织和团体成为政治触及的最前沿，社区组织的负责人由选区内的国会议员委任或者推荐产生。因此，新加坡的社区治理仍然是一种政府行为，是一种完全意义上的政府主导模式。②

（二）社区自治主导的治理模式

社区自治模式指的是政府依靠各种法律法规、预决算审核等方式对社区发展实施间接调控，提供制度保障，社区公共事务则由居民自主自治。社区自治模式是自治导向下通过完善社区自治组织，强化基层社区功能，动员社

---

① 王腾. 基于社会风险治理的社区管理模式创新研究 [D]. 长沙：中南大学，2013.
② 吕小辉. 当代中国城市社区治理模式优化研究 [D]. 西安：陕西师范大学，2013.

会广泛参与进行社区整合，形成"自治化"的社区管理体制。从"行政化"向"自治化"转变是现代社区管理模式改革与创新的总体方向。

崇尚民主和自由价值观的美国是社区自治模式的典型代表。美国的市是州政府的分治区，市政体制采用的是"议行合一"或"议行分设"的地方自治制度。城市社区中不会存在政府的组织，是一种高度化的自治，社区自治机构对社区实行完全管理。本书以美国为例，总结社区自治主导的治理模式特征如下：

1. 城市社区委员会的性质是半官方的。社区委员没有固定的津贴，区长进行委员人选的甄选。社区委员会对社区内的财政、资金、福利、人员聘用以及其他日常事务负主要的责任。社区的卫生和公共环境则是由社区委员会聘任的专业社区管理公司专门负责。美国还在社区内设立服务顾问团，承担协商、调查民意、制定解决方案并组织实施的职责。社区中机构的半官方性质保证了其政治中立性和服务性。

2. 非政府以及非营利性组织负责社区事务的具体实施。非营利性组织负责具体的社区内的服务项目的开展，美国政府也给予社区服务组织在资金和税收方面的保障和优惠。完善的社区服务体系给社区中的居民带来了方便和保障。

3. 政府采取间接方式对社区公共事务进行管理。在社区自治模式下，政府和社区是相对分离的，有各自的活动空间。政府对于社区事务主要以间接的方式进行干预，表现为制定各种法律法规，用以规范社区内的各个组织以及家庭和个人的日常行为，协调各个行为主体之间的利益，提供制度保障等。

（三）混合治理模式

混合模式是一种过渡模式，是在政府主导模式过渡至社区自治模式的过程中出现的。此种模式中，政府对于社区的干预是相对宽松的，政府所要承担的主要职责就是规划、指导和必要的经费财政支持。政府主导的官方色彩和自治的民间特点相互交织。日本是这种治理模式的典型代表，以日本为例，总结混合治理模式的特征如下：

1. 政府起指导监督作用。日本的城市社区管理过程中，政府职能部门与社区的工作部门是相互分开的，但并不代表政府就置身事外，政府除了对社区的建设指导监督外，还提供必要的资金支持。日本政府在一定的区域内设置有一个称之为地域中心的行政管辖机构，地域中心隶属于区政府地域中心部，在社区的管理工作中发挥着比较核心的作用，负责收集和反馈社区中居民对于社区管理的意见和建议、宏观指导和提供财政支持以便于社区工作的开展、给社区中的特殊人群提供必要的服务等。地域中心的工作基本涉及社区工作的任何层面，虽然带有一定的行政性色彩，但是政府对于社区的这种干预还是相对宽松的。

2. 居民自治组织扮演着重要的角色。在日本，社区治理的组织称作自治会或者町内会。其主要任务是将同一社区中的家庭和企业组织在一起，共同对社区中的事务进行协商和处理。町内会的职责包括以下几个方面：第一，向政府表达居民意见和诉求、代表居民进行社区事务的管理，起的是一种上传下达的作用；第二，扮演政府协作者的角色，和政府一起管理卫生治安等工作；第三，在社区内组织和开展各种活动，使社区居民之间的关系得以加强和密切。

3. 社区内的服务组织数量众多，服务面涵盖甚广。日本社区内的组织除了政府所建立的社会福利事务所之外，还有很多的 NGO 组织（Nan-Govemmental Organizations，即非政府组织），诸如社区福利议协会、社区基金会等。社区服务的事务涉及的对象和范围十分广泛，老弱病残、单亲家庭都是其服务的对象，给困难人群提供必要的生活帮助、建立必要的政策咨询、健康检查、临时住所等都属于社区服务的范围。

二、社会稳定风险治理模式的国际经验

（一）美国的社会风险治理模式

1. 分级的应急治理机构

美国的政府危机治理机制以提升整体治理能力为目的，遵循法治化的运行规则，涵盖详尽的事前危机应对预案、强有力的指挥决策机构、科学的应

对运转体系和成熟的社会应对能力等诸多因素,形成以总统等政府首脑为核心,以大协调、大联动为主要特征,统一领导、分级负责的危机治理模式。在联邦政府层面,危机治理以美国总统为领导,听命于总统的国家安全委员会负责决策指挥,危机特别小组负责行动安排,中央情报局等跨部委独立机构负责协调,还有联邦调查局、国防部等有关政府部门按照各自的职责分工负责,并严格接受国会的监督。美国的危机应急治理机制遵循统一领导、分级负责、属地管理、规范操作的原则。美国已经形成了从联邦到社区的共五级应急治理机构。在联邦政府层面,应急处置由国防部、联邦调查局等相关机构负责,在各州层面,各州都有自己的危机治理部门,其他的地方政府一般也都有危机治理中心。①

2. 健全的信息管理机制

美国政府一直以来就通过各种手段引导新闻、网络、自媒体等多种媒体参与到公共危机治理过程中来。美国的信息管理机制非常健全,信息传播及时而广泛,危机出现时,政府网站向社会发布权威报道,其他媒体也会积极响应,深入一线向社会实时传递危机治理进展的有关情况。

在危机管理的公共沟通建设上,美国遵循一些基本原则:诸如要掌握舆论导向作用,争取舆论主动权;确立信息沟通的可信度与权威性;明确一个发言人及规则的信息发表渠道;危机发言人与最高决策层有直接沟通,有权参与决策等;在和媒体的交流中,危机媒体管理要力争做媒体的盟友和合作者;遵循时间第一和均衡的原则,做到言行一致,等等。②

3. 完善的法律法规制度

美国政府注重通过健全和完善法律法规制度来保障危机治理,不管是联邦政府还是地方政府,以及 NGO、企业、普通民众都要严格遵循已经指定的详尽的法律法规的规定,来履行各自的义务和职责,正是因为"有法可依""有法必依",才能够最大程度地调动政府以及其他的危机治理主体的积极性

---

① 付新惠. 风险社会视阈下基层政府的公共危机治理研究 [D]. 济南:山东师范大学,2018.
② 陈远章. 转型期中国突发事件社会风险管理研究 [D]. 长沙:中南大学,2009.

和各方面的资源进行危机治理。

(二) 日本的社会风险治理模式

日本政府在处理社会风险时，对于社区的干预是相对宽松的，政府所要承担的主要职责就是规划、指导和必要的经费财政支持。政府主导的官方色彩和自治的民间特点相互交织。总体来看，日本政府建立了以法律制度功能为依托、"强内阁、大安全"的公共危机治理机制，有着比较完善的危机应对组织系统。日本的危机治理组织机构也是从上到下分级设立，包括中央、都道府县、市町村三级，各级政府根据各自的权限制定本辖区的事前应急处置计划，在危机发生后成立应急处置本部。当发生跨区域的较大范围的危机事件时，一个地方政府往往难以应对，通常都由多个政府联合起来，一同处置。组织设立上，内阁首相负责危机治理的最高决策和指挥，治理过程中的协调、联系等工作由作为首相的辅助机构的内阁官房负责，通过召开不同类型的防灾会议、安全保障会议、金融危机对策会议等形式，制定危机应对对策，具体实施上由警察厅、防卫厅、气象厅、消防厅等职责部门根据具体情况分工负责。地方政府的危机治理组织体系，主要是市町村层面的基础自治体和都道府县层面的广域自治体，这些机构密切配合、上下联动，一起发挥着公共危机治理的强大合力。

(三) 德国的社会风险治理模式

1. 分级设立治理组织

德国的危机治理组织体系也是遵循分级治理的原则，分为中央和地方两个层次，其中联邦政府主要承担在非和平状态下对民众的保护任务，州及地方政府承担在和平状态下的应急治理和灾害救援。在联邦政府层面，联邦政府内部的联邦民事保护与灾难救助局、联邦技术救援局是主要的危机治理机构。联邦民事保护与灾难救助局主要负责危机发生时的决策指挥以及与各方面的信息沟通交流，而联邦技术救援局主要负责危机一线的救援技术方面。除了这两者之外，联邦和州的警察局、刑侦局和消防队等相关职责机构，也从事着危机治理救援。德国的应急治理体制尽管也是分级治理，但与美国明显不同，主要的治理责任在各州政府。联邦政府支持各州开展灾难救助工作，各州政府是发生危机事件后的主要领导，州政府的最高行政长官作为领导小组的核心，相关政府的职能部门作为实施主体，同时引入应急领域方面的专门人才，一起出谋划策，应对危机。

虽然在联邦政府层面没有一部专门的国家紧急状态法，但联邦议会出台了一系列的单行法律法规用以应对各类危机事件，如《联邦保障法》《灾难救助法》《食品预防法》《交通保障法》等，这些法律法规主要在非和平时期使用，但是在和平时期，联邦政府对各州的灾难救援提供间接支持。

2. 高度的社会和解

一方面，德国社会有着高度的核心价值认同。一种社会的基本制度总是与其核心价值相联系的。从资本主义的发展过程来看，有两个基本的价值是无法回避、挥之不去的。一个是自由，另一个价值是与"社会"相联系的公正。德国社会市场经济理论的主要创立者阿尔弗雷德·米勒—阿尔马克提出了社会和解价值。他认为，社会和解，不仅仅是指各种社会力量之间的和解、和平共处，而首先是各种社会价值之间的和平共处。米勒—阿尔马克对不同的意识形态采取了既现实又十分积极的态度。在各种不同的意识形态中，所能找到的共同点主要体现在对个人自由和社会公正这两个基本价值的肯定上。这两项价值构成了社会市场经济的基石。米勒—阿尔马克对这种包容性的社会核心价值的构建，实际上也是对不同社会利益群体的处理方式：承认包括阶级在内的不同利益集团的存在，但寻求它们之间的共同利益，按照和解、和平共处与合作的方向加以引导。这种看似折中、调和的立场，其实是为无法避免的社会分化和意识形态的分歧与对立提供了一个包容的立场和框架，从而能使"社会"这个共同体凌驾于不同的利益群体之上，成为一个大家都接受和维护的共同体。

另一方面，德国社会有着完善的社会福利制度。联邦德国在形成"社会和解"价值共识的同时，通过取缔和吸纳消除政治上的反对力量。联邦德国的《基本法》规定了各派政治势力自由竞争的限度，不能因民主的手段而毁掉民主制。《基本法》赋予联邦宪法法院权力，以禁止那些打算损害或毁掉国家现存制度的政党。20世纪50年代,联邦德国政府通过对极右翼政党和左翼政党的取缔,消除了当时政治体制的对立面。同时,经过抗争与折冲,把绿党等政治力量吸纳到体制中来。正是在这样一种政治体制下,德国的社会价值、利益群体虽然不断在发生变化,但合作主义的政治体制始终没有改变。政治体制的张力与弹性使政治生活与社会的构建与发展能够相适应,成为社会震荡的减震器和社会融合的保护器。

德国的经验表明,只要明确地坚持国家的社会责任和个人的社会义务,个人自由、市场经济、私有财产、不同的阶级和阶层的存在,并不一定会导致不可调和的社会冲突,甚至在追求效率和社会公正之间可以寻求一种包容、兼顾、互补的平衡,使市场经济的发展能服从于共同富裕与社会和谐的目标。这种制度所包含的积极因素值得我国合理借鉴。

(四)瑞典的社会风险治理模式

1. 畅通的表达渠道

瑞典长久的民主传统对其政治现实具有深远的影响。瑞典历史上,从封建主义向资本主义过渡没有经历革命起义和阶级冲突,而是以妥协和让步的方式实现的。1809年欧洲第一部成文宪法废除贵族特权,确立议会民主制,瑞典在这一时期完成从封建君主制向资本主义民主制的平和过渡。因此,社会阶级合作、各政党以斗争达到妥协是瑞典独特历史的平稳延续,各种平和的改革也是在各利益集团合理合法的利益表达中形成的。

作为典型的北欧民主国家,瑞典具有鼓励公民和利益团体表达自身利益的政治传统,从而形成了倡导利益表达的政治文化。瑞典的利益表达传统是在高层提倡下,在近一个世纪的政治实践中逐步形成的。政治高层的允许和提倡,使得广大的民众和利益集团具备了利益表达的意识,让被压抑的利益表达意识获得了正当的宣泄渠道;而处于这样一种政治文化传统之中的公民和利益团体,也逐渐地将利益表达视为维护和保障自己利益和权利的重要途径。同时,政治上的变革与实践为利益表达提供了一种合作、协商和妥协的制度环境。公民和团体的利益表达与宽容的制度相互促进,使瑞典社会的利益表达沿着良性的方向发展。

可以说，瑞典鼓励利益表达的文化传统、多元化的利益表达主体以及政府协调角色的扮演，构成了瑞典的相对完善的利益表达机制。在这种利益表达机制之下，瑞典社会中各个阶层和团体的利益和权利都可以通过合理的渠道进行表达，调和了各个阶层和团体的矛盾，实现了阶层之间利益和权利的合理分配。各个行业内部、各个行业之间的利益通过协商而达成妥办或者一致；政府的协调、社会的责任感、文化的熏陶等使得弱势群体通过合理的利益表达变得不再弱势，社会一体化的格局逐步形成。可以说，瑞典的利益表达解决了或者部分解决了身份差距、阶层差距和区域差距等问题，社会和谐的局面得以形成。

2. 绿色能源与节能技术并举

目前，绿色治理尚属新兴事物，各国学者、政府也都在探索之中。纵观全球，瑞典可谓是经济发展与生态保护互惠双赢的典范，其绿色治理所呈现出的体系性、制度性等有益探索，对全球绿色治理产生了深远影响。特大型工程投资项目社会稳定风险的产生和环境保护有着密切的联系，特大型工程投资项目能否运行安全可靠、环境友好，都是与项目利益相关者紧密相关的因素。在瑞典，绿色治理的兴起以及绿色能源与节能技术的发展，保证了社会公众对特大型工程投资项目的信赖，从源头上有效地控制了风险的发生。

在瑞典，石油和煤等化石能源在能源体系中占比逐步减少，生物燃料、水力和核能等能源的占比逐步提高，并在交通领域外实现了非化石能源体系。为了摆脱石油依赖，从20世纪70年代起，瑞典政府便着力发展绿色能源产业。从国家的能源安全出发，瑞典政府制定了能源发展目标，其目的在于瑞典的电力和其他能源供应要有保障，价格在国际上要有竞争力，要高能效、低成本和可持续发展，最大程度地降低能源对人类健康、环境以及气候的不利影响，促进生态平衡和社会的可持续发展。瑞典有着丰富的林业资源，在实行生物能源代替石油之后，先前一无是处的垃圾，如锯末厂锯末、造纸厂余渣等，现在都成了宝贵的燃料，可谓一举多得，不仅变废为宝，减少了污染，增加了工厂主的收益，而且也促进了能源结构的转变。2011年，瑞典总能源利用中可再生能源的比重达到48.9%，在欧盟国家中居首位。瑞典政府采取调整能源价格并给予一定补贴的政策，使新能源逐步被接纳和推广，这些都促使节能减排和环保产业迅速发展。从特大型工程投资项目社会稳定风险治理的角度来说，新能源的推广和使用降低了传统能源对公众的多方面负面影响，减少负外部性，从而对社会稳定风险的控制和治理起到了至关重要的作用。[1]

（五）英国的社会风险治理模式

1. 分级的应急治理机构

伦敦应急管理机制有许多的独特性，集中表现在设立了许多由不同部门组成的涉及中央层面、地区层面和地方层面的应急管理机制。这种应急管理机制也包括应对社会稳定风险。

从国家层面讲，作为中央政府所在地，英国内阁专门设立了伦敦应急事务大臣，监督伦敦重大危机事项的准备工作和应对工作（担任伦敦应急论坛主席）。

从地区层面讲，伦敦地区的应急管理组织网络主要包括伦敦应急小组、伦敦应急论坛、市长办公室和大伦敦会议以及伦敦政府办公室等不同性质的组织机构，构成了一个分工协作、上下沟通、系统完善的应急管理组织体系。

从地方层面讲，伦敦应急管理组织主要包括伦敦应急服务联合会和伦敦消防应急规划署及地方卫生署。[2]

2. 改良的保障制度

英国是老牌的福利国家，早在1572年伊丽莎白女王就决定在全国征收济贫税，1601年颁布了在人类史上具有历史意义的《济贫法》，对贫困群体和收入低于最低工资标准的工人予以津贴补助。一直以来，英国通过建立新型的社会保障制度，从消极地、事后地对弱势群体进行救济转而开始采取积极的、综合的、全面的应对措施，防止社会风险的产生和加剧，保持了社会的稳

---

[1] 冯娜. 瑞典绿色治理模式及其经验研究 [D]. 长沙：湖南师范大学，2018.
[2] 杨方能. 行政法视野下特大城市社会风险监管机制研究 [D]. 武汉：中南财经政法大学，2018.

定和经济的发展,这一套制度也成为现代社会保障制度和福利国家的发端。

1997年,以布莱尔为首的英国工党取代保守党上台执政,在保守党改革的基础上,布莱尔政府结合国内外政治、经济发展形势,推行了一系列社会保障制度的改革措施,并取得了一定的成效。布莱尔提出了"第二代福利"的思想和主张,区别于传统福利国家"从摇篮到坟墓"的福利思想和政策,实行观念更新、制度更新、政策更新的社会保障观念和措施,包括转变社会保障观念、减少政府在社会保障方面的过多干预等。布莱尔强调为民众提供健全的、合理的社会保障体系。进一步改革、完善基本养老金制度、最低工资制度、国民保健制度,建立健全解决失业问题的各项制度,包括为失业者提供教育、就业服务,为失业家庭提供福利、提供充分的保障就业资金等。布莱尔成功创造出一个有英国工党特色的新的社会保障制度。

3. 完善的城市社会风险监测与处置机制

英国伦敦是世界四大世界级城市,目前伦敦已经建立了一套以全面风险登记为特点的城市风险管理体系,具有完善的城市社会风险监测机制。该机制具体包括社会风险监测关口前移,体现在以下几个方面:对城市风险事件从注重事后应对到注重事前预防的转变;强化社会风险监测法制,《民事紧急状态法》《国内紧急状态法案执行规章草案》都对各地开展风险监测工作提出了明确的法律要求;统一规范社会风险监测行为,统一的法律法规为政府提供了实施风险简称基本流程与方法;注重社会风险监测的公开透明,除持续更新风险态势以外,在风险监测结果的公开方面,伦敦遵循"公开是原则、不公开是例外"的原则。

进入21世纪以来,特别是《国内紧急状态法(2004)》颁布实施以来,英国应急管理实现了巨大转变,以"resilience"(系统抗灾力)代替大多数国家使用的"emergency management"(突发事件管理),作为应急管理核心理念。其通过强调应急管理全过程的抗灾能力建设和资源整合协同,注重从应急管理的准备以及应急管理的应对和恢复两个方面,包括预期、评估、防止、准备、应对和恢复六个环节,实现全方位的资源整合和组织间的协同配合,全面提升抗灾能力。

三、社会稳定风险治理模式的启示与借鉴

（一）社会稳定风险治理模式的启示

1. 分级应急治理机制

从以上美国、日本、德国、瑞典、英国五个国家总结的社会稳定风险治理模式可以发现，大多国家都具有分级的社会稳定风险治理机制。美国采用统一领导、分级负责的危机治理模式，已经形成了从联邦到社区的共五级应急治理机构；日本的危机治理组织机构也是从上到下分级设立，包括中央、都道府县、市町村三级；德国的危机治理组织体系也是遵循分级治理的原则，分为中央和地方两个层次，针对非和平状态与和平状态分工明确；英国则从国家到地区再到地方，有着一套系统完善的应急管理组织体系。

分级治理的特点是综合了整体治理和分散治理的优点，其指令与规定由上往下越来越详细，反馈信息由下往上传达得越来越精练，各层次的监控机构有隶属关系，它们职责分明，分工明确。针对我国特大型工程投资项目所引起的社会稳定风险来说，在社会稳定风险的预防、监测、发生各个阶段，如果各级政府能够各司其职，则有助于信息传递和指令下达；此外，项目的利益相关者也同时包含了项目所在地政府与上一级政府部门，让各级政府的利益与治理职责一致，是我国特大型工程投资项目社会稳定风险治理的关键。

2. 法律法规制度完善

有法可依，有法必依，无论是美国、德国、英国，都针对社会风险有着完善整套的法律法规体系。一方面，依法治理风险可以最大程度地调动政府以及其他的风险治理主体的积极性和各方面的资源；另一方面，从美国、德国、英国的国际经验中可以总结出，分级治理机制与法律法规的设置一脉相承，每一级政府相关部门按照制定的法律法规各司其职，责任明确。

针对特大型工程投资项目社会稳定风险的治理，完善的法律法规最重要的是保证了风险从预防、监测、产生到治理都有相应的执行规定和流程，保证了在社会稳定风险发生之前、之中和之后都有对应的规章措施应对，对症下药。此外，鉴于我国特大型工程投资项目的特点和社会稳定风险的特殊

性，如何制定出一套符合治理我国社会稳定风险的法律法规制度并分级执行，是急需探索的道路。

3. 掌握舆论导向作用

从美国与德国的社会风险治理模式中可以总结出，拓宽公众发声渠道，充分了解民意，并在此基础上引导新闻、网络、自媒体等多种媒体参与社会稳定风险治理至关重要。美国拥有健全的信息管理机制，当社会稳定风险发生时，政府网站向社会发布权威报道，其他媒体也会积极响应。瑞典拥有畅通的表达渠道，鼓励了公众的利益表达，是政府加强传播能力建设，从而掌握舆论导向、正面宣传的基础。

当下，无处不在的信息传播媒体已经成为特大型工程投资项目社会稳定风险形成的重要社会背景，新媒体已经成为公众认知风险、掌握信息的主要渠道，特别是社交论坛、微博、微信自媒体的风险传播扩散已经成为工程建设冲突的重要一环。针对我国特大型工程投资项目，当公众自身生活环境与身体健康受到威胁，项目所在地居民产生焦虑、恐慌、愤怒的情绪，人们直接或间接地通过各类渠道传播扩散信息，这些会使社会影响的范围扩大，使舆论陷入恶性发展的漩涡。

4. 政府社区治理结合

在美国社会风险分级治理模式中，社区治理是最后一环节，是执行和实施层面的重要保障；日本政府主导的官方色彩和自治的民间特点相互交织，政府起指导监督作用，而居民自治组织扮演着重要的角色。其中，社区是社区服务组织以及各种 NGO 组织发挥作用的平台，是政府相关部门和社区中的各种组织，在法律和共同形成的规章制度的约束下治理社区事务的基础。

对于我国特大型工程投资项目的社会稳定治理来说，项目实施过程中所造成的环境影响更多的利益直接相关者往往是一个区域内的公众，其外部性作用于一部分特定群体。因此，一方面，社区治理更有利于政府了解当地环境和确认特定相关公众的利益诉求，从而制定出相应的保障措施；另一方面，社区治理也为公众打通了畅通表达的渠道，有利于信息的传播沟通。从政府的角度出发，也一定程度上可以避免公众关于工程项目的信息不对称，弱化特大型工程投资项目污名化的现象。

(二) 社会稳定风险治理模式的借鉴

通过对利益诉求多元、主体冲突放大、风险治理机制挑战等治理困境的分析，以及国际经验的总结，提出以下三点可以借鉴的思路。

1. 建立多元主体利益约束机制

针对特大型工程投资项目利益诉求多元的挑战，破解思路是建立多元主体利益约束机制。特大型工程投资项目的不同利益主体间，有多重利益诉求。这些利益诉求中，有些交织在一起，也有一些相互背离。由于经济人的利己效应，各个主体之间还会存在不恰当、不合理的利益诉求。信息不对称性以及各个利益主体在项目中的话语权和地位参差不齐，容易引发少量主体通过各种手段谋求非正当利益的行为。一方面，部分主体的正当利益没有得到满足，另一方面，少数主体建立在侵犯他人权利的基础上实现不正当利益，利益诉求的多元性激化项目社会稳定风险，给风险治理造成困难。例如，项目开发商追求低成本、高利润而忽视对项目所在地环境的保护，对当地居民的生活环境与健康安全的利益诉求造成影响。因此有必要建立特大型工程投资项目多元主体间利益约束机制，针对不同主体可能存在的利益冲突行为进行约束。

特大型工程投资项目多元主体利益约束机制应当包括两个方面：一方面需要完善内部利益保障机制和外部利益平衡机制，保障当地群众、社会公众等相对弱势群体的正当利益不受损害，充分调动这些主体参与特大型工程投资项目多元主体利益协调机制；另一方面，通过法律法规手段及舆情监测手段，防止当地群众、社会公众、新闻媒体等主体为了自身利益而故意放大多元主体间的利益冲突，对特大型工程投资项目的稳定发展造成不利影响。

2. 完善多元主体利益协商机制

针对特大型工程投资项目主体冲突放大的挑战，破解思路是完善多元主体利益协商机制。特大型工程投资项目多元主体之间的利益协商是多元主体利益协调机制的前提，利益协商能够促使各主体最大程度达成利益共识。然而，目前我国特大型工程投资项目社会稳定风险治理多元主体之间的利益协调处于非正常化的低水平状态，主体间的利益协商存在着临时性、不平等、不规范等特点。而特大型工程投资项目中包含着多元主体，这些主体均能充当风险的社会放大框架（SARF）中的"放大站"，在社会稳定风险冲突放大阶段，多元主体的协商不足将给社会稳定风险治理造成困难，因此应当完善多元主体利益协商机制。

首先，实现信息共享是完善多元主体利益协商机制的前提。信息共享可以减少多元主体之间的信息不对称性，是多元利益主体统一思想的桥梁和纽带。充分的信息共享使得决策更为理性，多元利益主体间的合作更易实现[①]，优化特大型工程投资项目社会稳定风险治理的效果。其次，制度化是完善多元主体利益协商机制的根本。应当建立特大型工程投资项目多元主体利益协商制度，规范利益协商行为。将利益分享机制与利益补偿机制写入条例，平衡多元主体之间的成本和收益，根据制度规定相对公平地协调各主体间权利与义务关系，达到各方满意的效果。最后，加强监督是完善多元主体利益协商机制的保障。监督可以对多元利益协商效果进行监控与评价，有效防范各主体出尔反尔、不按照协商成果开展活动的现象，保障多元主体利益协商机制的效果。

3. 构建多元利益主体协同治理机制

针对特大型工程投资项目风险治理机制的挑战，破解思路是构建多元利益主体协同治理机制。传统的社会稳定风险治理机制是以政府为主导的自上而下的"单中心"治理模式，治理主体单一性导致治理效果不佳。俞可平认为，治理指的是国家在一个地理范围内运用政治权威来维持秩序，满足公众的需求，实现国家意志和目标。[②] 治理活动是"面临一个集体问题时，多个行为主体互动和政策制定的过程"[③]。因此应该使政府、社会公众、建设企

---

① GEORGE P, WILLIAMSON O E. The Economic Institutions of Capitalism: Firms, Markets, Relational Contracting [J]. The Canadian Journal of Economics, 1987, 20 (2): 442.

② 俞可平. 治理和善治：一种新的政治分析框架 [J]. 南京社会科学, 2001 (9): 40-44.

③ HUFTY M. Investigating Policy Processes: The Governance Analytical Framework (GAF) [J]. Social Science Electronic Publishing, 2011: 403-424.

业等多方参与，构建利益共享、风险共担的多元利益主体协同治理机制，从根本上改善政府为主导的治理机制的局限性，有效解决特大型工程投资项目社会稳定风险治理的困境。

一方面，要加强协同主体之间的信息沟通与交流。信息沟通是社会稳定风险多元利益主体协同治理的基础。各利益主体之间若存在信息不对称性，容易引发各主体之间的信任危机，各利益主体难以积极主动配合进行利益协商，则不利于形成对项目的一致认同，也无法有效治理项目社会稳定风险。信息使用的同时性、多重使用的无磨损性以及合成性使协同治理成为可能。①。政府应该发挥牵头作用，通过建立正式沟通渠道及非正式沟通渠道，定期召集各利益主体代表进行协商调解，借助媒体影响力，报道事件真实信息，传达建设真实意愿，引导社会公众对项目的正确认知。另一方面，在新的风险治理机制下，政府要转变固有观念，明确其角色定位，发挥主导作用，加强利益协调能力建设。政府应与其他利益主体一道，弥补特大型工程投资项目社会稳定风险预警机制的缺失，从源头预防社会稳定风险发生，从而实现对特大型工程投资项目社会稳定风险的全过程管控。同时，社会稳定风险爆发后，政府应及时组织利益主体协商解决方法，正面回应公布解决措施，提升利益协调综合能力，实现多元主体协同治理。

第三节　特大型工程投资项目社会稳定风险的多元主体合作治理模式

一、多元主体合作治理模式的构建原则与思路

（一）构建原则

明晰多元利益冲突的特点，是因地制宜构建社会稳定风险治理模式的首

---

① ［英］安德鲁·坎贝尔，［英］凯瑟琳·萨姆斯·卢克斯. 战略协同［M］. 任通海，译. 北京：机械工业出版社，2000：68.

<<< 第五章 利益冲突放大下特大型工程投资项目社会稳定风险的多元主体合作治理框架

要关键。在这里进一步概括多元利益冲突放大下特大型工程投资项目社会稳定风险的特点,主要包括以下几个方面:

第一,利益分配问题是多元利益冲突中最突出的问题,往往由于利益分配在一定程度上的不对称,或者各方主体对自身利益的过度关注而忽视集体的公共利益,导致了多元利益冲突愈演愈烈。

第二,由于绝大多数特大型工程投资项目由政府出资建设,因此在行为模式上往往遵循政府中心主义结构的民众参与,而在治理过程中被领导、命令服从、分级排位等因素增强了民众对抗心理,激化了多元利益冲突。

第三,特大型工程投资项目合作治理中需要不同利益主体间的信息交换,而信息沟通问题通常是引起冲突的原因,由于利益相关者之间存在信息的非对称性,民众往往处于不利地位,因而加剧了利益冲突。

针对多元利益冲突放大下特大型工程投资项目社会稳定风险的特征,构建特大型工程投资项目社会稳定风险多元主体合作治理模式需要遵循以下基本原则:

1. 利益共担原则

各参与主体分属于不同类型的组织,除了共同利益外还有各自的利益诉求,多元主体合作治理的前提是找准利益的均衡点,在整体利益实现的同时各自的利益得到最大化的实现。

2. 平等协商原则

在特大型工程投资项目多元主体合作治理过程中,各合作方公开、平等、自由地发表意见、讨论问题,通过反复的信息沟通、偏好修正,在多元利益主体的利益交集基础上形成共同利益,确定合作目标和制度规范。这种利益主体间自愿、平等的协商行为才能最大限度地保证协商结果的公平性,提高执行效率。

3. 信息透明原则

在信息公开渠道和载体方面,通过政府网站、发布会和听证会、纸质媒体、投资项目在线审批监管平台等多媒介渠道发布消息,从而使政府和工程建设主体能根据实际情况更好地将信息传达。同时,确定信息公布范围,制定信息发布规范,有效做到多元主体信息共享。

(二) 基本思路

特大型工程投资项目社会稳定风险多元主体合作治理模式的构建由主体分析、动力来源、结构设计三个模块组成,如图5-1所示。

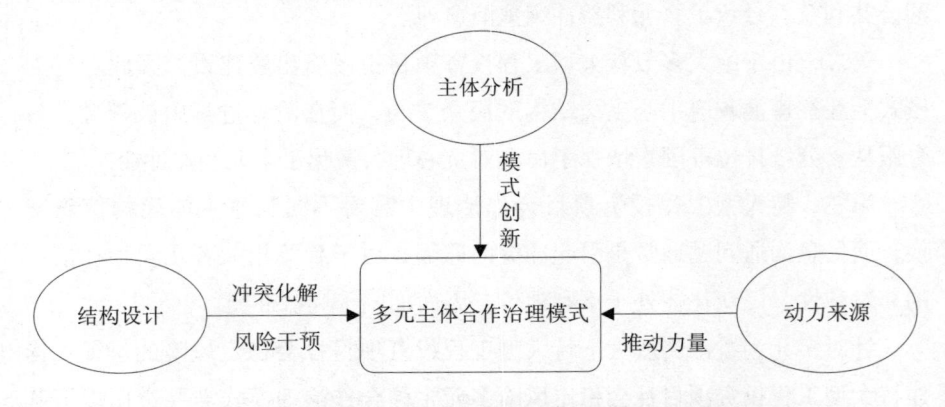

图5-1 参与特大型工程投资项目的社会公众群体

1. 多元主体合作治理模式的主体分析

多元主体合作治理模式既是一种体制,也是一种机制。作为体制,多元主体合作治理超越了行政监管部门分割体制的制度安排;作为机制,多元主体合作治理是相对于政府为主导的治理机制的一种合作治理模式。多元主体合作治理是通过参与主体间的合作形成一个交流平台与权威性强制力,在此基础上,通过各主体之间的合力来确保和引导多层次利益主体共同参与合作的治理方式。

2. 多元主体合作治理模式的动力来源

多元主体合作治理的动力来源于多元利益主体的协调合作,对于主体众多、因素复杂的特大型工程投资项目而言,对其进行多元主体合作治理必须要找准各利益相关者的共同利益,同时设计激励与约束机制,保障利益沟通与协商合作,最终达到多元主体的非零和博弈。

3. 多元主体合作治理模式的结构设计

在主体设计方面,需要区别先以政府为主导的治理模式,在特大型工程

<<< 第五章　利益冲突放大下特大型工程投资项目社会稳定风险的多元主体合作治理框架

投资项目多元主体合作治理结构设计方面，应当表现为以政府为引导，当地民众、承包商、新闻媒体、社会组织的多元主体合作共治。为适应多元主体合作治理的主体设计，必须创新结构设计，以权力互动网络设计代替权力单向运行模式，以多维治理设计代替一维监管机制，实现特大型工程投资项目多元主体合作治理模式的创新。

二、多元主体合作治理模式的主体分析

特大型工程投资项目是一个多主体、多项目的复杂大系统，具有投资规模大、建设周期长、利益相关者众多、面临问题复杂等特性，其治理决策环境面临着项目时空分散性、利益主体多元性、信息传播复杂性等诸多挑战。传统的单一政府治理效率降低，为了提高治理绩效，有效的途径就是采用多元主体合作治理模式。多元主体合作治理模式首先要求在政府、项目法人、社会公众等不同参与主体之间，构建一个信息互联互通、相互监督管理、定期利益协商、机智灵活可变的共同合作平台。通过共同合作平台，实现跨主体、跨区域的合作共治，改善政府单一治理时信息不对称、利益补偿不合理导致冲突矛盾升级的局面。多元主体合作治理提供了一种结构，使其成员的参与合作获得现有制度结构中不可能获得的额外收益，或者降低"交易成本"。[①] 这种组织之所以能够提高特大型工程投资项目社会稳定风险治理的效果，很大原因在于组织本身在政府、项目法人、社会公众等各利益主体之间占据主导地位。在同一个相对公平、公正公开的合作平台上，各利益主体均有权参与社会治理，就项目相关问题进行协商，最终形成一个多主体信息共享、共同参与、统一决策的协调机制。

在多元主体合作治理模式下，政府起到了统筹和领导作用，引导多元主体科学参与、共同协商。同时，项目法人的积极参与构成其重要内容。项目法人是"经济人"，"经济人"追求利益最大化，在这个过程中可能会与政府提倡的绿色发展、可持续发展和社会公众期盼的美好生活环境产生冲突矛

---

① 安树伟. 行政区边缘经济论［M］. 北京：中国经济出版社，2004.

盾，因此项目法人的参与可以督促其自身履行社会责任，找到平衡各方利益的最优办法。社会公众参与更是多元主体合作治理模式中不可或缺的一部分。目前来看，由于社会公众话语权相对较弱，对于治理结果多以被动接受为主，没有一个方便的途径表达自己的利益诉求。公众参与不足也容易引发由于信息不对称造成的矛盾冲突。对于社会公众而言，参与是建立在其对共同协商价值和规则承诺的基础上的，也是由于公民对公共权力、政治团体的忠诚所采取的行动。[1] 在我国，公众参与决策和监督不足，仍是影响公众主动接受与贯彻管理政策、公众权益易受损的重要原因。[2] 提高公众参与，培育各类社会组织，也是创新特大型工程投资项目多元主体合作治理模式必不可少的部分。总体而言，通过上述对多元主体合作治理结构的分析，本书将多元主体合作治理模式的主体归纳为三个维度的内容：

第一，多元主体合作共治要坚持政府主导地位。政府要在引导多元主体参与、协调多元主体协商、实现利益补偿分配方面起到牵头和领导作用。政府的行动是为了实现包括社会公众、项目法人等主体的共同利益，也是构建多元主体合作治理模式的权威保障。政府的主导地位能够保障多元主体合作治理的形成、运行和发展。要建立政府部门与各权力机构之间的协调合作。多元主体合作共治要求环保部门、工商部门、监管部门等与特大型工程投资项目有关的各政府职能部门通力合作，减少部门之间的职能冲突，发挥政府的权威性优势。政府是特大型工程投资项目社会稳定风险治理的责任主体，需要其合理地引导其他利益主体共同参与，维持谈判的秩序，维护协商的结果，达成多元主体共同行动的目标。

第二，多元主体合作共治要实现项目法人责任提升。项目法人应该积极与政府在治理领域进行协商合作，项目法人的参与是对单一政府治理的有效补充，项目法人有责任和义务对项目进展予以公示，对项目产品危害性予以科普。项目法人参与多元主体合作共治有利于解决信息不对称性，同时可以

---

[1] 李静. 我国食品安全"多元协同"治理模式研究 [D]. 南京：南京大学, 2013.
[2] 胡若隐. 从地方分治到参与共治：中国流域水污染治理研究 [M]. 北京：北京大学出版社, 2012.

<<< 第五章　利益冲突放大下特大型工程投资项目社会稳定风险的多元主体合作治理框架

监督项目施工情况，帮助企业树立有责任的担当形象，消除自身市场行为带来的负外部性，缓解社会稳定风险。

第三，多元主体合作共治要加强社会公众参与互动。社会公众是包含当地群众在内的，受到特大型工程投资项目影响或者持续关注特大型工程投资项目的人。在以往来看，社会公众处于话语权较弱的弱势地位，信息不对称、利益补偿不合理都导致社会公众的负面情绪，激化了社会公众与其他利益主体之间的冲突矛盾，造成社会稳定风险的传播和扩散。因此，应当培养公众参与意识，引导和鼓励公众科学地、积极地参与多元主体合作治理中，使利益协商、利益补偿等各环节更加透明，这也是多元主体合作治理模式主体设计的重要内容。

这三个主体维度革新了社会稳定风险治理结构，弥补了原来的政府单一主体治理局限，有助于各利益主体在协商合作的基础上，充分进行利益表达，实现对特大型工程投资项目社会稳定风险的合作共治。

三、多元主体合作治理模式的动力来源

由多元主体合作治理的主体分析可知，多元主体合作治理由原来的政府单一主体转变为各种社会力量协同参与的多元主体结构。这种参与合作的实现，首先需要建立一个能够促使各利益主体进行合作的平台。特大型工程投资项目多元主体合作治理是在不同利益主体之间由多方参与解决利益冲突，其制度安排是一个利益协调与利益整合的过程，反映了社会利益关系的发展变化和调整。① 因此，多元主体合作治理的动力来源是追求共同利益目标的多元主体力量的联合。

多方参与的非零和博弈是解决特大型工程投资项目社会稳定风险的有效途径。政府、项目法人、社会公众等项目相关主体在承担各自的责任义务后实现合作，才能为利益相关各方带来实际利益，缓解社会稳定风险。多元主

---

① 胡若隐. 从地方分治到参与共治：中国流域水污染治理研究 [M]. 北京：北京大学出版社，2012.

体协商达成的共同利益是实现治理合作的利益驱动力。项目各相关主体在共同利益目标的驱动下，通过积极参与、利益协商、补偿调解等途径，寻求其合理利益诉求的实现。政府、项目法人、社会公众、社会组织作为多元主体合作治理的参与主体，代表的利益既有不同也有交集，通过多元参与进行合作协商，治理作用的对象和产生的效果均扩大，制度的有效性也由于多元主体的合作治理得到了保障和提升。多元主体合作治理不仅能够平衡各利益主体自身的利益诉求，也有助于实现多元主体的共同利益。各主体之间利益的碰撞、商议、协调，各主体之间行为的监督、激励均有助于特大型工程投资项目社会稳定风险的化解。特大型工程投资项目多元主体合作治理的动力来源示意图如图 5-2 所示。

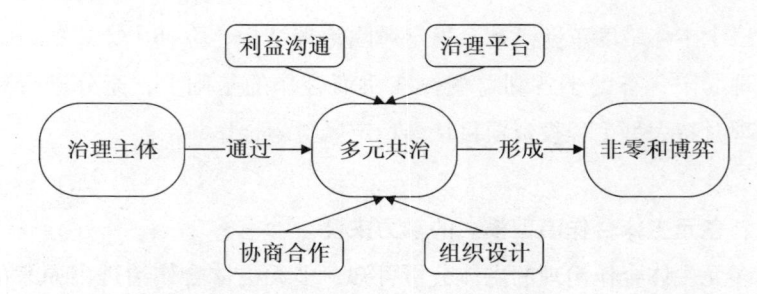

图 5-2 特大型工程投资项目多元主体合作治理的动力来源

在特大型工程投资项目社会稳定风险治理中，共同利益目标有不同层次和不同含义的内容表现。在不同利益关系中，既可以表现为相关规则的完善实施，也可以表现为互动主体的多元利益实现，还可以表现为基于减少损失目的的集体一致性等。[①] 对于涉及面广、影响因素众多的特大型工程投资项目而言，容易出现多层次的共同利益，这使得不同利益主体较难高效地实现合作共治。但是如果能够构建一个超越不同层次的特殊平台、激励机制或者既相互制约又相互促进的制度设计，仍可以实现多元主体共同协商谈判，使

---

① 胡若隐. 从地方分治到参与共治：中国流域水污染治理研究［M］. 北京：北京大学出版社，2012.

得各主体都接受治理结果，提高治理效率。关于这一组织架构，将在下一节详细论述。

四、多元主体合作治理模式的结构设计

通过对于多元共治的组织结构、动力来源的分析，在多元主体合作治理模式的结构设计中，参与共治涉及多个主体、多方面不同性质的关系和多重不同性质的参与，其中包括政府的行政协调、社会公众的民主参与、项目法人的参与共治。彼此间需要进行信息交流、利益博弈、协商补偿，进而谋求利益诉求的均衡，达成具体改造协议，而这一系列协商谈判行为得以推进的前提是要有一个治理平台的支撑。多元主体合作治理模式的结构设计如图5-3所示。

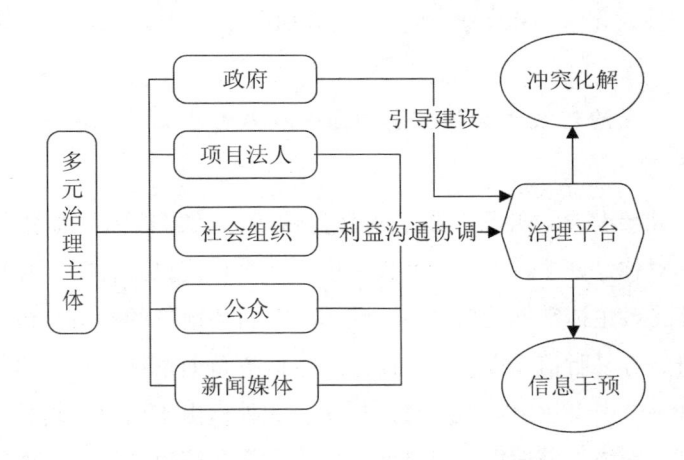

图5-3 特大型工程投资项目多元主体合作治理利益共同体模式结构图

（一）政府引导、多元主体参与治理，化解多元利益主体冲突

特大型工程投资项目区别于传统的工程治理，具有利益主体多元，利益诉求放大、利益冲突加剧的特点，难以充分协调沟通，不利于工程治理的协同，容易产生治理过度或治理失位的问题。因此需要政府引导下的各利益主体之间形成治理平台，统筹各利益主体参与合作治理。在多元主体合作治理

中，政府首先要扮演公共利益的守护者角色，政府要牵头引导多元主体追求统一的利益目标，组织合作协商，保障协商效果。政府要区别于传统的主导治理模式，在多元主体合作治理模式中，政府与其他主体的关系应当是引导与被引导的关系。政府的作用更多在于利用其权威性牵头构建信息传播共享平台，实现多级联动机制，保障协商沟通合作的顺利进行。在多元主体合作治理平台上，政府可以领导各治理主体建立分工合作体系，在分工体系中，强化各主体之间的信息共同，掌握特大型工程投资项目的实际情况，深入了解各利益主体的利益诉求，使各主体明确分工，各尽其责。综合来看，政府是多元主体合作治理模式有效运作的支撑力量。政府、项目法人、社会公众实质上是特大型工程投资项目社会稳定风险治理的铁三角。任何一个环节的缺失都会导致多元主体合作治理模式的失灵。因此项目法人、社会公众应当合理参与治理，化解既有矛盾冲突，在政府的引导下，三者合力提高治理效率。

（二）多元治理主体加强信息沟通、利益协调，干预社会稳定风险信息扩散

政府、社会公众、社会组织、项目法人等多元主体需要加强信息的沟通。信息不对称是许多特大型工程投资项目社会稳定风险传播的原因。由于信息不透明，各主体掌握的信息不一致，处在弱势地位的相关群体由于没有充分的信息，容易听信谣言，产生愤怒、恐慌等负面情绪，激化多元主体之间的矛盾冲突，引发超出项目本身的风险。此外，由于信息不对称，社会公众倾向于利用网络引擎搜索类似事件的危害程度和解决办法，事件的污名化将为日后多元主体的协商沟通造成困难。因此在项目仍在准备期时，政府就应牵头构建多元主体合作治理平台，进行信息发布。在这个过程中，政府在治理中起到的是监督作用，政府主要监督项目法人及时、准确地公布项目相关信息。项目法人在治理中的作用是按照规定在合作平台上发布消息，从源头解决信息不对称，减少由于负面情绪带来的矛盾冲突。社会公众在治理中的作用是对信息进行反馈，告知政府、项目法人自身为了维护权益想要了解的信息。同时政府和项目法人在治理中要承担信息科普的职责，对特大型工

<<< 第五章 利益冲突放大下特大型工程投资项目社会稳定风险的多元主体合作治理框架

程投资项目污染物相关知识进行宣传，让社会公众理性认识特大型工程投资项目建设可能存在的潜在风险。政府要有效引导多元主体在平台上进行利益表达，并彼此倾听，在全面把握彼此利益诉求的基础上，进行利益诉求的自身修正与优化，经过彼此间不断的信息沟通与利益谈判，最终形成利益共识和改造方案。①

综上所述，在特大型工程投资项目多元主体合作治理模式的结构设计中，政府应当发挥引导作用，项目法人、社会公众积极参与合作治理，三者强化信息交流沟通，提高多元主体治理的效率。

小　结

本章是特大型工程投资项目社会稳定风险的多元主体合作治理框架研究。首先，从利益诉求多元、主体冲突放大、风险治理机制三个方面总结了特大型工程投资项目多元利益冲突的社会稳定风险治理困境。其次，梳理了当前主要国家的社会风险治理模式，总结经验教训，为构建我国特大型工程投资项目社会稳定风险治理模式提供借鉴。最后，分别从多元主体合作治理模式的主体、动力与结构三方面要素给出了特大型工程投资项目社会稳定风险的多元主体合作治理模式。

---

① 胡若隐. 从地方分治到参与共治：中国流域水污染治理研究 [M]. 北京：北京大学出版社，2012.

第六章

多元主体合作治理模式下特大型工程投资项目的多元利益主体冲突化解机制

第四章对特大型工程投资项目中利益冲突放大过程分析研究表明地方政府与当地群众之间关于利益补偿的冲突，项目法人与群众关于自然环境利益诉求的冲突是导致社会风险的主要根源。其中地方政府与当地群众的冲突博弈分析表明当双方在利益补偿博弈中通过强硬和抗争能获得比较大的额外收益时，他们会互相对立，从而发生冲突；项目法人与当地群众的不完全信息博弈模型表明对于具有严重外部负效应的污染项目，由于信息不对称、公众参与不足等原因，容易引起公众的疑虑、猜测，从而产生抗议行为。上述结果表明，冲突的根本原因是关键主体利益矛盾的综合结果，因此为保证项目顺利进行，预防冲突发生，需要建立多元利益主体冲突化解机制。

第一节　多元主体冲突化解的公众参与机制

一、指导思想与基本原则

（一）指导思想

特大型工程投资项目建设和实施过程中信息不对称和公众参与不足的现状激发社会公众猜疑、焦虑和愤怒的情绪，容易引发社会稳定风险。以公众参与方式解决冲突，促进信任成为达成社会认同、化解社会稳定风险的有效途径。特大型工程投资项目多元主体冲突化解的公众参与机制应遵循如下指导思想：以民主法治和社会公平正义为基础，以坚持人民的利益为前提，保障公众的知情权与监督权，充分考虑参与公众的差异性，创新公众参与的形式和方法，提高公众参与的水平和效率，构建符合项目自身特点的公众参与机制。同时，多元主体冲突化解的公众参与机制要在完备的法律法规约束和保障下进行构建，进而推动特大型工程投资项目多元主体冲突的有效化解。

（二）基本原则

不同于规模较小的一般工程，特大型工程投资项目多具有自身独一的特点，从而决定了特大型工程投资项目多元主体冲突化解的公众参与机制也拥有一定程度上的独特性。因此明晰公众参与的特点，是因地制宜构建特大型工程投资项目多元主体冲突化解的公众参与机制首要关键。在这里进一步概括特大型工程投资项目多元主体冲突化解的公众参与特点，主要包括以下几个方面：

第一，切实表达公众利益诉求与实际需要。特大型工程投资项目多为投入大、周期长、内外环境复杂的基础设施建设项目，对改善民生和推动社会经济发展有着十分重要的作用。不同于其他经济类项目，作为不以盈利为目的，具有明显公益性质的工程类项目，其建设初衷即是为了更好地服务人民群众。因此构建特大型工程投资项目多元主体冲突化解的公众参与机制的目的是为了更为有效地反映公众需求，让项目更好地服务人民。

第二，公众利益诉求的多样化与差异性。特大型工程投资项目涉及的地区广泛，波及的公众范围也较大。例如，从征地类型角度，特大型工程投资项目的征地类型具有多样性，包括永久征地、附着物、临时用地等，涉及房产建筑、耕地农田、交通道路等。项目征地类型繁多，不同征地类型对应着不同的补偿标准，这决定了公众的利益表达呈现出显著的差异性。因此构建特大型工程投资项目多元主体冲突化解的公众参与机制应在充分考虑公众利益差异性的基础上，寻找有利于各方表达利益诉求的方式。

第三，公众的参与水平存在高低差别。特大型工程投资项目所涉及的地区跨度大，往往涉及不同省市县和乡镇。由于各地区经济发展程度不同，相关制度的完善程度不尽相同。群众的受教育水平不同，导致各地群众的民主参与意识也不相同，这直接导致了同一项目不同地区公众参与水平的显著差异。因此，传统上以政府为主导的公众参与模式由于忽视了公众参与能力的差别，使公众参与机制往往流于形式，不能真正做到反映公众利益诉求，化解项目建设中出现的矛盾与冲突。

针对特大型工程投资项目多元主体冲突化解的公众参与机制的特征，提出如下机制设计的基本原则：

第一，尊重公众意志原则，即以科学性和民主性为准绳，在兼顾公众参与机制运行效率的基础上，坚持以公众的需求作为工作的出发点和落脚点，保证在公众参与机制中充分体现公众意志。

第二，强化公众参与主体地位原则，即在特大型工程投资项目多元主体冲突化解中由过去的政府主导转变为公众主导，使得公众作为主要力量，确保实现有效、实质性的公众参与。

第三，保障公众合法权益原则，即在考虑不同利益主体诉求的基础上，充分保障公众参与权，在各个环节切实保障公众的参与权、知情权、决策权和监督权，不断提升公众的参与能力。

第四，坚持广泛性和可操作性原则相结合，根据当地相关制度的实际情况与参与公众的实际特点，既要以现状为基础，又要考虑公众参与能力和需求的差异性；既要创新民众参与的方式，又要兼顾可操作性，既要尽可能最大限度地扩大公众参与范围，又要能充分体现最大多数公众的集体利益。

二、公众参与化解路径

（一）特大型工程投资项目建设中的社会冲突困境与突破路径

基于发展中国家的政治实践，亨廷顿（Huntington）提出了关于公众政治参与困境的裂缝假说。本书在其研究基础上，通过剖析公众参与者、特大型工程投资项目与社会和谐稳定之间的关系来阐述特大型工程投资项目中的社会冲突困境与突破路径：

$$\frac{公众维权意识(aw)}{特大型工程项目正向社会影响(im)} = 社会冲突(con) \qquad （式6-1）$$

$$\frac{社会冲突(con)}{搬迁机会(op)} = 公众参与水平(w) \qquad (式6-2)$$

$$\frac{公众参与水平(w)}{公众参与制度(in)} = 社会不和谐度(s) \qquad (式6-3)$$

根据裂缝假说，式（6-1）、式（6-2）和式（6-3）是一个恶性循环。社会不和谐程度的提高是导致特大型工程投资项目利益冲突日益激烈的主要原因。而在规避一定冲突成本的情况下，提高公众参与的难度将越来越大。如果没有完备合理的公众参与制度去缓和公众强烈的参与需求，则会激化特大型工程投资项目带来的社会矛盾，提高社会的不和谐程度，形成恶性循环。这一恶性循环既不利于特大型工程投资项目的建设实施，又不利于社会的稳定和谐。因此期望通过提升特大型工程投资项目建设的正向社会影响、增加当地群众的迁徙机会、完善公众参与制度三种手段打破恶性循环。结合现状对三种手段进行比较可以发现，通过提升特大型工程投资项目正向社会影响和增加当地群众的迁徙机会去打破恶性循环存在困难。其难点在于，特大型工程投资项目的社会影响是客观存在、无法避免的，想从源头根本上规避其对社会公众的不利影响不太现实。除此之外，项目所在地群众的迁徙成本和迁徙意愿一定程度上也限制了迁徙的可能性。因此，由于这些难以克服的难点所在，前两种途径无法从根本上有效打破裂缝假说的恶性循环。综上，通过建立与公众参与水平相匹配的公众参与制度是打破特大型工程冲突困境的最佳路径。

（二）与公众参与水平特征相匹配的模式选择

特大型工程投资项目参与的公众通常分为四种类型：受工程影响或者潜在受到工程影响的当地群众、专家学者、社会组织和新闻媒体。（如图6-1）当地群众是指项目带来的负外部性效应所能波及的群体；专家学者主要涉及工程、环境、社会经济等领域；社会组织是指关注特大型工程投资项目的专业性组织或可以代表当地群众的社会团队和民间机构；新闻媒体包括传统媒体和新媒体。

在四类公众群体中，社会公众的个人素质参差不齐，对特大型工程投资

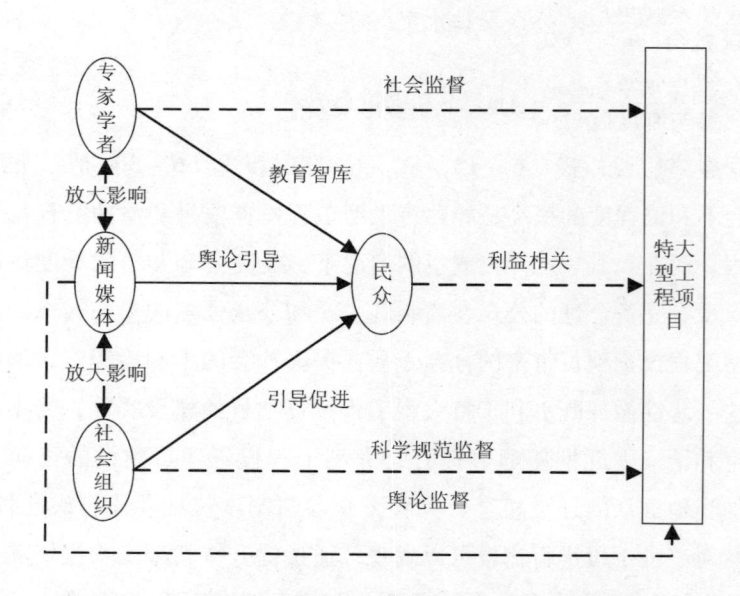

图 6-1 参与特大型工程投资项目的社会公众群体

项目的认识和理解存在差异，导致社会公众的参与水平存在显著的多样性和空间异质性。与其他三类群体相比，受工程影响或者潜在受到工程影响的社会公众是直接利益相关者。然而，社会公众参与特大型工程投资项目社会矛盾的治理应当是有限度的。[①] 通过梳理前人研究，虽然多数学者得到深度参与有利于风险沟通的结论，但是一味地进行深度沟通效果不佳。如果不将社会公众参与者的实际特征考虑在内，赋予社会公众同样的高度参与权，反而可能造成无序、低效的局面，甚至可能由于无法控制局面而引发新的社会矛盾。所以依据社会公众的参与水平特征制定不同的公众参与方式显得尤为重要。考虑公众特征的不同参与方式有利于深入公众参与化解路径的研究，从实质上提高稳评工作的质量。

[①] 薛澜，董秀海. 基于委托代理模型的环境治理公众参与研究 [J]. 中国人口资源与环境，2010，20 (10)：48-54.

1. 公众参与水平划分工具

公众的参与者特征关乎公众参与模式的选择，直接决定了公众参与的深度与广度，对社会矛盾化解工作的效率、科学性及决策执行的顺利程度有着重要意义。公众参与成熟度是公众参与者的重要特征，包括了参与能力和参与意愿两个要素，其中前者主要是指参与者的知识技能，即公众对项目信息的理解、掌握程度以及清晰表达自我观点的能力；后者指参与者的参与意愿和道德境界。两类要素的随机性组合使得公众参与特征呈现很大差异，映射出公众不同的参与水平。

因此，特大型工程投资项目的公众参与成熟度测度指标体系及评价见表6-1。其中公众参与能力成熟度包括：参与者对公众参与的认知能力，对公众参与的理解等；参与者个体素质，包括公众具备的专业知识、技术能力及参与经验。公众参与意愿性成熟度主要受公众的道德境界以及所受利益与风险决定，前者包括公众的参与目的和参与的兴趣；后者即客观实在的利益—风险非均衡性，非均衡性越大，其参与特大型工程投资项目决策的意愿性越强，主要表现为对移民安置的满意度、对收入差距的可容忍度等。

表6-1　特大型工程投资项目的公众参与成熟度测度指标体系

特大型工程投资项目公众参与能力成熟度			
成熟度等级	高	中	低
工程项目知识	知识丰富	具有一定相关知识	不懂
对公众参与的认知能力	完全理解	比较理解	不理解
对公众参与权责的理解	完全理解	比较理解	不理解
对公众参与方式的了解程度	完全理解	比较理解	不理解
对社会稳定的理解	完全理解	比较理解	不理解
对社会评估的掌握能力	完全掌握	一定掌握	没有掌握
是否有参与经验	有	有一些	没有

续表

特大型工程投资项目公众参与意愿性成熟度			
成熟度等级	高	中	低
公众参与目的	维护公共利益	追求个人正当利益	自私自利
对公众参与的兴趣	强烈	一般	没有兴趣
对移民安置的满意度	满意	较为满意	不满意
对移民补偿的满意度	满意	较为满意	不满意
对收入差距的可容忍度	容忍度高	容忍度一般	容忍度低

2. 公众参与水平模式匹配

公众参与模式没有绝对的好与坏的区分，只有与公众参与水平相匹配的参与模式才是最有效的。本书从公众参与特征视角出发，给出高、中、低三种公众参与成熟度情境，具体如图6-2所示：

"公众参与成熟度低"对应的是"通告"模式，该情境的公众参与者不具备参与特大型工程投资项目建设的能力，且其参与意愿性相对较低，以被动接受信息为主；"公众参与成熟度中等"对应的是"咨询""介入""协商"模式，对于这类具备一定参与能力和参与意愿的公众，主要表现为公众对项目决策与建设提出建议或质疑，但是决策权不在公众手中，其中自组织类社会组织的公众成员就处于该成熟度水平；"公众参与成熟度高"对应的是"赋权"模式，该情境的公众参与者完全具备参与能力，且其参与意愿十分强烈，以公众与政府互动为主，公众在最终决策中拥有一定的话语权。

（三）社会稳定风险化解中公众参与的应用思路

在公众参与成熟度的基础上按照公众参与水平对公众群体进行细分。对于符合"公众参与成熟度高"的利益群体代表，可以作为具有投票话语权的主体参与到项目决策过程中。对于符合"公众参与成熟度中等"的利益群体代表，可以依据其参与能力和参与意愿性，安排咨询、介入和协商模式，其

第六章 多元主体合作治理模式下特大型工程投资项目的多元利益主体冲突化解机制

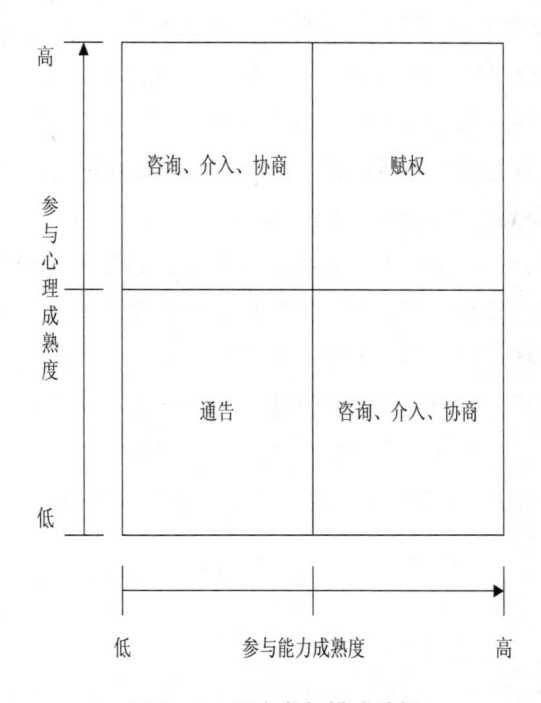

```
高
↑
参
与
心
理
成
熟       咨询、介入、协商        赋权
度
         通告              咨询、介入、协商
低
└─────────────────────────────→
 低      参与能力成熟度       高
```

图 6-2 公众参与模式选择

中介入模式是邀请利益群体代表参与社会稳定风险评估全过程，而协商主要是对公众关注的点进行讨论，推动形成"政府—公众"协商一致的办法，但项目建设仍属于政府集中决策。对于符合"公众参与成熟度低"的公众，主要采取信息公告方式，公众可通过建议和监督来影响政府决策。

下面以广东某水利枢纽工程为例，找到社会稳定风险化解中公众参与的应用思路。广东某水利枢纽工程是韩江干流的潮州供水枢纽上游一座大型水利枢纽，主要涉及 D 县的 5 个镇，其中 G 镇、D 镇受到影响最大，Y 镇、S 镇次之，C 镇只涉及少量林地和空闲地，影响最小。相关资料显示：广东某水利枢纽工程库区淹没面积 28308.81 亩，其中陆地面积为 11587.29 亩（耕地 4148.73 亩、住宅用地 494.71 亩、交通运输用地 364.00 亩），搬迁人口为

3559 人（其中农业人口 2996 人，非农人口 563 人）、拆迁房屋共 124582m^2 等。① 在其社会稳定风险评估中引入公众参与的主要方式是民意调查、座谈会和听证会等形式。基于参与模式与公众参与水平相匹配的原则，本书对广东某水利枢纽工程社会稳定风险评估的公众参与模式进行改进。

1. 基于公众参与成熟度开展民意调查

一般情况下，民意调查由公共决策者发起，通常采取问卷、电话、访谈等调查方式，深入公众内部，全面了解公众的态度和想法。民意调查范围包括征地拆迁者、社会民生关注者等。基于特大型工程投资项目的公众参与成熟度测度指标体系，对湖南某高速公路工程社会稳定风险评估的民众参与水平进行划分，区分出民众参与成熟度高、中等、低三类参与者。

2. 参与代表的广东某水利枢纽工程社会稳定风险评估参与方式

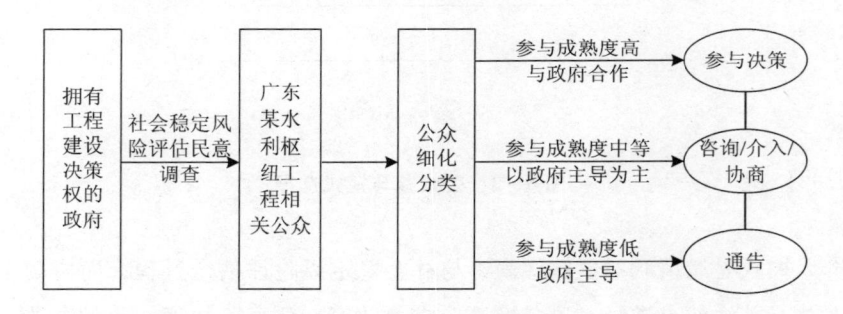

图 6-3 对社会稳定风险评估公众参与模式的优化路径

以公众参与成熟度为基础，根据公众参与水平将公众群体分为"参与成熟度低""参与成熟度中等""参与成熟度高"三类。对于"参与成熟度低"的公众，信息公告是主要的参与方式。公众通过提出建议和监督反馈等手段参与或影响政府的决策行为。这一阶段政府的主要工作是增进双方交流，积极听取公众意见。对于"参与成熟度中等"的公众，咨询、介入和协商参与是主要的参与方式。与"参与成熟度低"的公众采用的通知型参与方式不

---

① 数据来源：广东水利厅、梅州水务局、大埔县水利局等单位的相关公开报告和信息披露整理

同,"参与成熟度中等"的公众可以任务为导向,在政府的引导下进行参与,其中咨询是指公众可以向项目施工方、项目法人、政府等咨询了解项目实情,介入是指邀请利益群体代表参与特大型工程投资项目社会稳定风险评估全过程,而协商主要是对公众关注的点进行讨论,推动形成"政府—公众"协商一致的办法。对于"参与成熟度高"的公众,可以赋予一定的投票话语权,积极与政府合作,作为有决策权的主体参与到项目的建设中来。

三、公众参与方式选择

在特大型工程投资项目公众参与方式选择中,虽然政府主体的作用相较于单一利益主体治理机制有所减弱,但由于政府具有权威性、强制性、整合性、渗透性强等优点,其仍然是多元主体合作共治的关键,公众要在政府的引导或者指导下来参与多元主体合作共治。依据当地群众等其他主体参与多元主体合作共治的成熟度,可以将公众参与方式分为三类:政府主导—公众参与、政府引导—社会组织参与、政府与社会组织共同指导—公众参与,如图6-4所示。

(一) 政府主导—公众参与

在当地群众等主体参与多元主体合作共治成熟度较低的阶段,公众的组织化程度较低,基本上以个人身份参与。在此情境下,公众是否积极参与化解特大型工程投资项目多元主体冲突主要是由其自身利益损失风险大小来决定,同时政府比较容易忽视单个公众参与的重要性。从以往的特大型工程投资项目多元主体冲突发生案例来看,缺乏公众参与渠道、对公众的风险感知关注较少、信息不对称、利益补偿不合理等是易引发多元主体冲突放大的主要因素。公众作为独立个体,鲜有渠道参与多元利益协商,难以表达自己的利益诉求,其个体正当利益容易被忽视,处于弱势地位。而处在强势地位的主体,如项目施工方等,对公众的风险感知关注较少,政府出于治理的强硬成本考虑,也多采用强硬控制策略,缺乏对公众情绪的安抚,容易激化公众悲观、恐慌、愤怒等负面情绪,降低风险治理的效果。上海交通大学舆情研究室发现:近五分之一项目风险引起的群体性事件信息在传播过程中夹杂谣

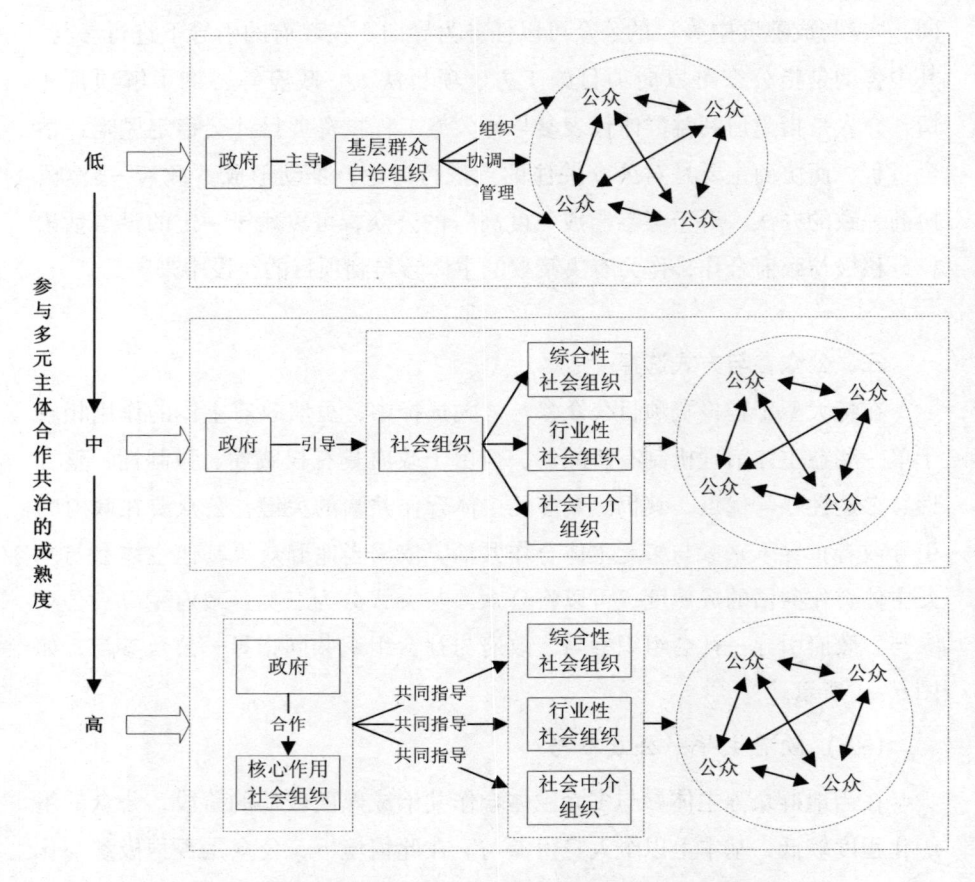

图6-4 政府为主、多方参与的多元主体合作共治机制

言。目前，政府公示内容仅包含项目简介、建设方、反映意见的方式等，对公众关注的项目具体选址、风险评估报告等则未作公开，容易造成民众与政府间的信息不对称。[①] 信息交流不畅带来信息不对称，也容易造成多元主体冲突的放大。此外，由于利益协商效果不佳，在特大型工程投资项目引发的征地拆迁补偿中多以政府或施工方宣布，公众被动接受为主，补偿的合理性

---

① 王耀东. 公众参与工程公共风险治理的效度与限度 [J]. 自然辩证法通讯, 2018 (6): 4-99.

<<< 第六章 多元主体合作治理模式下特大型工程投资项目的多元利益主体冲突化解机制

和公平性存在问题,容易引发公众与其他利益主体的冲突放大。

低成熟度公众参与者一般为底层群众,数量众多,对特大型工程投资项目风险认知薄弱,容易成为社会风险的"放大站"①。针对此类参与者,政府应将其作为该层次治理的核心主体,利用社会关系网络改变公众集体风险感知,引入社区自治组织如居委会,以弥补政府在风险预警、社会冲突化解等方面的局限,力图规避风险事实的社会放大,形成政府主导—公众参与的合作共治机制,实现由政府主导、社会公众以非组织化的形式来参与多元主体合作共治的模式。

一方面,政府作为核心的信息发布者,应把握信息更新频率,将有关特大型工程投资项目建设的相关信息发布通告,提高政务媒体的接受程度,掌握信息传播导向主动权,结合传统媒体与新兴电子政务工具,进行主动、双向的信息传播,尽量使社会公众中的每个个体详细了解特大型工程投资项目建设的目的、内容、运行规划和风险评估等,加强公众与其他各利益主体的信息沟通。有效的信息沟通既可以解决现存的信息不对称问题,使特大型工程投资项目建设工程更加透明,又可以让协商中处于相对强势地位的主体了解个体的风险感知、利益诉求,更有针对性地安抚个体负面情绪,科学引导多元主体冲突化解。

另一方面,对于特大型工程投资项目建设的多元主体冲突,政府要公开听取社会公众的意见。在政府主导—公众参与的形式中,公众除了以个人身份参与外,主要借助基层群众自治组织进行参与。从目前全国特大型工程投资项目建设所涉及的区域来看,绝大部存在着以村民(居民)委员会为单位的群众基层自治组织,社区居民委员会是承担基层社会服务职能的自治组织,吸纳律师等专业人士及志愿者统筹推进治理工作。这种基层治理的特点有助于构建政府主导—公众参与的多元主体合作共治机制。

因此,要发挥特大型工程投资项目所在村委会或居委会的作用,降低成

---

① Kasperson R E. The social amplification of risk and low-level radiation[J]. Bulletin of the Atomic Scientists, 2012, 68(3): 59-66.

熟度低的公众参与者放大风险感知的可能性。针对工程移民以及工程周边公众中的低成熟度参与者，村委会或居委会要起到政府与公众沟通桥梁的作用，帮助政府进行宣传，开展风险知识培训，帮助公众正确认识特大型工程投资项目建设的目的、立项信息和规划方案等，了解特大型工程投资项目对周边环境和经济社会的真实影响，分析特大型工程投资项目建设的利弊，提高公众对特大型工程投资项目的接受度。同时，村委会或居委会通过召开村委会议或居委会议、设立意见箱、走访等方式，了解公众对特大型工程投资项目的风险感知，判断与把握建设地居民的忧虑、政府和项目法人预期目标的差异等，分析可能引发社会稳定风险的矛盾点，做到上传下达，将基层真实风险感知与对征地拆迁等问题的利益补偿诉求提供给政府相关部门，协助政府进行特大型工程投资项目冲突化解。

在政府主导—公众参与机制中，政府居于主导地位，基层群众自治组织依据属地原则，组织、协调、管理公众有序参与特大型工程投资项目的多元主体合作共治。这种形式是在当地群众等其他主体参与成熟度较低的情况下最有效率的方式，也是目前国内大部分特大型工程投资项目多元主体冲突化解中所采用的形式。（如图6-5）

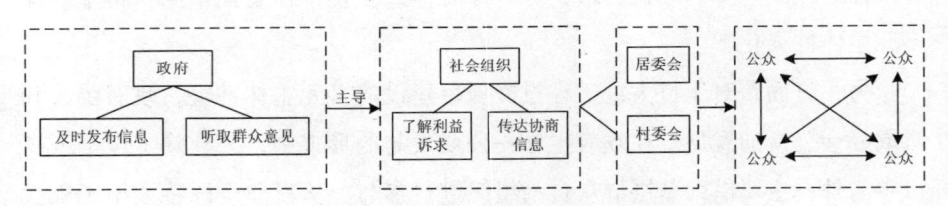

图6-5 政府主导—公众参与机制

（二）政府引导—社会组织参与

在当地群众等主体参与多元主体合作共治成熟度处于中等的阶段，中等成熟度公众参与者不满足以政府发布消息为主的项目信息的单向流动，期望通过交流互动制度参与到特大型工程投资项目协商共治中，因此政府应当引导社会组织参与进来。在此情境下，当地群众等其他主体的参与意愿、能力以及经验都得到了一定程度的提升，社会公众的公民意识慢慢强烈起来，更加关注公共事务，并且具备一定的法律知识，能在法律框架内充分动员社会组织内的成员，合理合法地进行利益表达。政府引导—社会组织参与的特点在于由政府引导社会组织全面参与特大型工程投资项目多元主体冲突的多元主体合作共治过程，通过与社会组织合作，听取社会公众的意见，而社会公众委托社会组织代表其参与多元主体合作共治，并对社会组织进行监督，实现参与的权利。因此，在政府引导—社会组织参与机制中，政府应该作为治理的一般主体，主要采用协商合作等柔性治理策略，联合社会组织对利益进行整合、协商和沟通，构建社会组织介入的特大型工程投资项目社会矛盾化解机制，为参与者提供表达利益诉求的渠道。

一方面，社会组织参与可以有效弥补社会公众参与多元主体合作共治不足的缺陷，社会组织也不仅仅局限于村民（居民）委员会等基层自治组织，还有很多与特大型工程投资项目及项目所在地社会系统相关的综合性社会组织、行业性协会、社会中介组织等社会自发性群众团体，社会公众拥有了更为专业的合作共治组织平台。另一方面，社会组织处于自身特殊利益，可能出现对政府和社会公众反馈不完全的问题，这就需要政府加强有效引导。目前在其他领域，政府为促进社会组织的有序发展，已经出台了《关于改革社会组织管理制度促进社会组织健康有序发展的意见》等法律法规，加强对相关社会组织的引导。（如图 6-6）具体而言：

第一，建立特大型工程投资项目公众参与信息公开制度，使利益相关者，特别是项目所在地的拆迁者能便利地获取决策进展、会议内容及利益补偿对策。为有效解决信息不对称、补偿不合理、公众情绪得不到安抚等问题，各级政府可以采取非听证会和听证会两种手段，调动公众参与积极性，了解项目所在地居民对拆迁补偿的看法和对环境污染的认识，把握拆迁者的利益关注点和利益补偿意愿，正面回应公众对工程项目建设提出的问题，缩小政府公开信息与公众真实信息需求之间的差距。与此同时，要求政府发布信息后对接受主体的反映进行再反馈，回应社会关切，改变以往一步到位的方式，形成信息沟通循环圈，推动形成"参与—反馈—再参与"的循环机制,这有利于政府圆满解决问题,总结经验与不足,为以后针对性实施治理行为积累实践经验,提升多元主体合作沟通效果。

第二,成立项目所在地社会组织代表委员会,起到连接政府和项目所在地居民的纽带作用。项目所在地居民众多,无法让每个公民都直接面对其他利益相关者进行利益诉求表达和利益协商合作。因此需要建立项目所在地社会组织代表委员会,委员会代表负责搜集项目所在地居民对建设项目的观点和看法,代表居民行使对项目批评、建议等权利,参与政府的信息公开机制,与政府进行合作互动,提升信息沟通和利益协商的效率,避免冲突进一步放大。

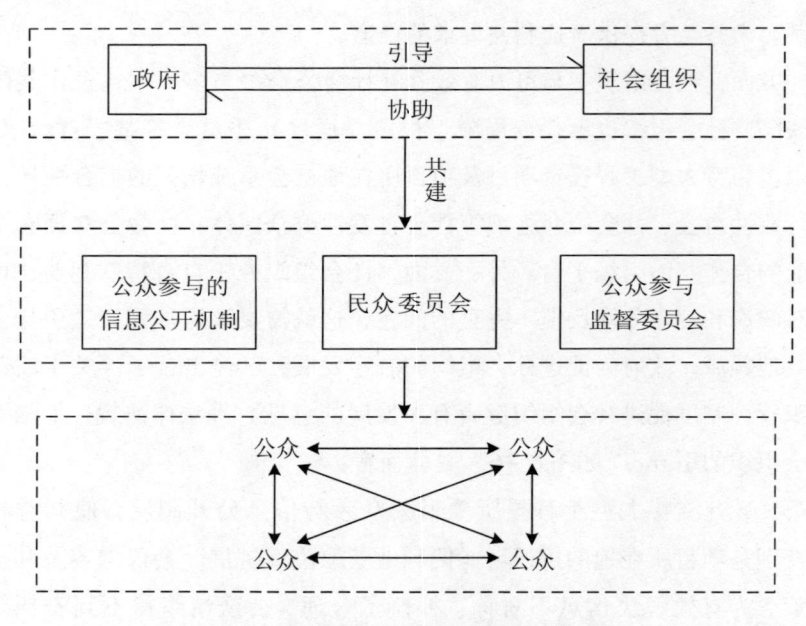

图 6-6　政府引导—社会组织参与机制

第三,建立"政府—社会组织"共治的公众参与监督委员会对多元主体合作共治过程进行监督。其中,委员会中的政府委员代表,需由政府部门主管审批通过特大型工程投资项目的相关负责人担任,社会组织委员代表需由项目所在地公众居民推举产生的居民代表。委员只能代表政府或社会组织中的一方参与监督体系，各委员的主要职责是代表利益主体监督社会组织是否真实、有效、科学参与工程项目社会稳定风险利益协商中，监督各方的合法权益是否得到公平的保护。

总而言之，采用政府引导—社会组织参与的多元主体合作共治可以有效区分社会公众利益与社会组织自身特殊利益，从而可以最大限度地保证特大型工程投资项目多元主体冲突的多元主体合作共治机制的效果。

（三）政府与社会组织共同指导—公众参与

随着社会公众、社会组织参与多元主体共治成熟度的提高，作为社会公众的代表，相关社会组织的功能与结构日趋完善，社会组织已经不满足于单纯从政府处获取信息，而希望参与到政府、社会公众等多元主体互动中，通过积极参与交流来实现社会公众利益诉求表达。同时，政府等管理部门也已经认识到社会组织及社会公众参与多元主体合作共治的重要性。在该层次的特大型工程投资项目多元合作共治中，政府可以授予高成熟度公众参与者一定权利，使其能实质性介入并影响项目决策结果，以维护公众自身利益。采用政府与社会组织共同指导—公众参与的模式，政府逐渐将部分掌控权下放给社会公众，形成"政府—社会组织—公众"相互依赖的网络结构，在这个网络中各主体交换利益诉求，表达协商意见，共同决策。

由于社会公众、社会组织参与多元主体合作共治的成熟度提高，不能单一从参与者自身利益考虑项目决策，因此政府与社会组织共同指导—公众参与机制的特点在于政府与成熟度较高、专业水平较强的社会组织在此过程中共同起指导作用，考虑决策的全局性，吸引公众参与到特大型工程投资项目多元主体冲突多元主体合作共治中。政府主体通过与社会组织合作，建立起以社会组织主导的社会公众协同参与机制，授权专业性较强的社会组织代表社会公众参与到多元主体合作共治中，赋予社会组织一定的权利，形成"合作伙伴关系"，二者共享信息、互赖资源，经过沟通协商实现社会共治。（如图6-7）

这些与政府共同指导社会公众参与的社会组织是具有枢纽作用的。一方面，社会组织通过吸纳各类专家和高成熟度的公众参与者，通过整合资源及

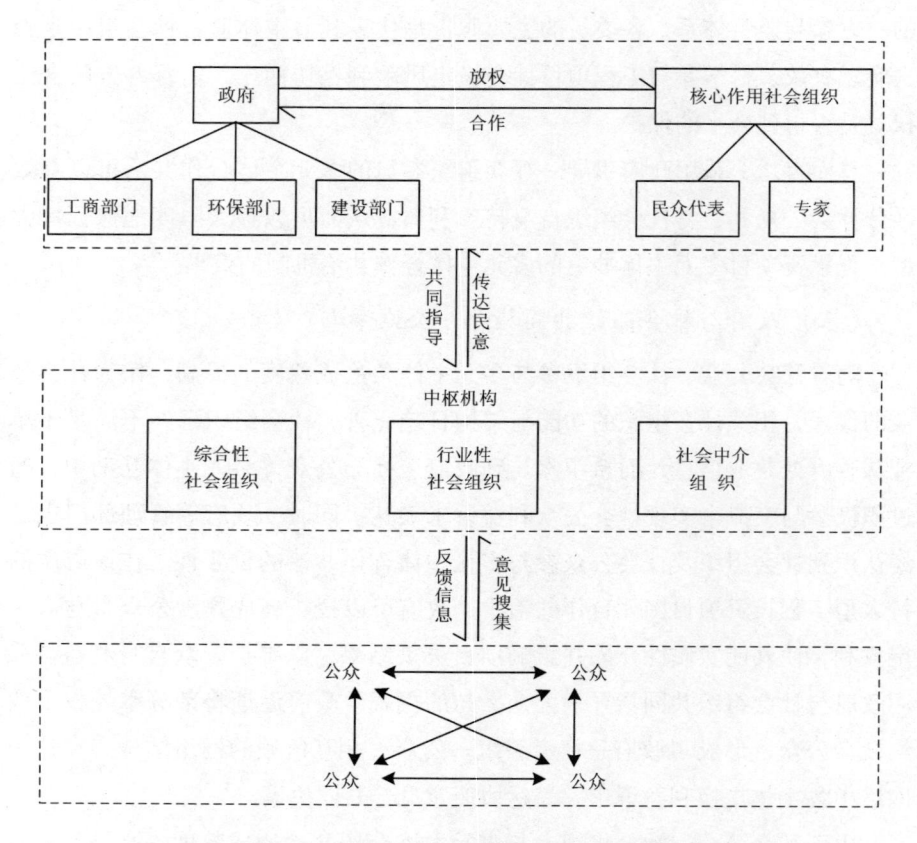

图 6-7 政府与社会组织共同指导—公众参与机制

时将公众信息反馈给政府部门，将项目所在地居民的问题与诉求整理成意见征询书递交给政府以便进行合作协商。同时，作为利益主体与利益相关者对特大型工程投资项目的合理性、合法性、潜在风险的可控性、利益补偿的公平性等问题进行探讨，充当政府与当地群众在多元主体合作共治中的"中介"。另一方面，由于社会组织是具有统一价值共识的合作机制，发挥价值指导功能，提前疏导社会公众使其形成统一的利益诉求，发挥自身作用防范和化解特大型工程投资项目中的利益冲突。

第二节　多元主体利益协调机制

一、多元主体利益协商机制

特大型工程投资项目多元主体之间的利益协商是多元主体利益协调机制的前提，利益协商能够促使各主体达成最大程度的利益共识。增进协同治理主体之间的利益协商有助于深化利益协调。当前，我国特大型工程投资项目社会稳定风险治理中，以单一利益主体治理机制居多，政府对特大型工程投资项目社会稳定风险治理起主要作用。多元主体利益协商程度较低，主体间的利益协商存在着临时性、不平等、不规范等特点。由于多元主体之间的利益协调处于非正常化的低水平状态，因此社会稳定风险在冲突形成阶段存在利益协调不畅、信息公开不足、科教普及缺乏的问题，在社会稳定风险冲突放大阶段存在信息监测力度不强、协商手段单一、沟通效率低下的问题，特大型工程投资项目社会稳定风险治理中往往以政府妥协为结局，停建或缓建相关项目。为了解决这些问题，有必要促进多元主体之间的利益协商来完善利益协调机制。

多元主体间利益协商机制强调政府、项目法人、当地群众、社会组织等多元主体在特大型工程投资项目利益协商中相互作用，将公共争议和利益冲突置于一个公开协商的行动过程中，形成一种转化冲突寻求合作的治理机制。各主体均有平等权利表达利益诉求、协调利益分歧，使得权利多向性运行，实现各主体间良性互动。（见图6-8）

首先，应当建立特大型工程投资项目多元主体利益协商的规章制度和指导原则，它是多元主体利益协商机制的基础。多元主体利益协商是利益冲突解决方案制定与执行的过程，因此该过程的规范性显得尤为重要。要想发挥多元主体利益协调机制的作用，就需要激发各主体参与利益协商的积极性，提高各主体参与利益协商的意愿，提升各主体参与利益协商的热情。从实际情况来看，各主体对自身合法利益的诉求是参与利益协商的源动力，当利益目标一致时，各主体会形成合力推动利益协商的实现，反之则会阻碍利益协商的进程。为了有效减少利益冲突，形成符合各社会主体的利益目标，就需要建立统一的利益协商规章制度和指导原则。从规章制度的角度看，应该明确利益协商的条件、规范利益协商的流程、制定协商议事规则、预备利益救济方案。从指导原则角度看，需要树立"公平正义、互惠互利"的协商原则来保证利益协商的方向。与此同时，规章制度和指导原则也能保证多元主体协商的公开透明，让多元利益协商治理成为规则之治和程序之治。

其次，对利益协商的对象进行规范化。即多元利益主体及其协商权利的行使要围绕确定的客体来设定。通过预期性、操作性及救济性等特点，将协商对象划分成两类，即确实需要多元主体共同参与的事项及其他事项。对于确实需要多元主体共同参与的事项，按照规章制度和指导原则中规定的流程进行利益协商；对于其他事项，不需要进行多元主体利益协商，通过表决、投票等方式迅速形成统一意见。对利益协商对象进行规范化，有助于降低利益协商的时间和精力成本，提高利益协商的效率。对利益协商的对象进行规范化也便于对多元主体权责的确定。根据不同的协商对象，召集不同的多元主体进行协商，保障协商主体与协商事项相一致，避免主体的缺失或资源的浪费，同时也有效保障权利和责任相一致，以防协商主体权利滥用或责任事实上的无力承担等问题发生。

最后，特大型工程投资项目多元主体之间的利益协商应当重视政府协调各主体的核心地位。在多元主体利益协商机制中，政府不再是唯一的权力中心，但强调政府应负担的责任。在统一的指导原则下，要充分发挥政府主体的权威作用和协调作用，牵头进行各利益主体的资源整合，引导多元主体按照既定的规章制度和指导原则，参与利益协商，进行分工协作，并将互惠和信任作为特大型工程投资项目协同治理的指导原则。为确保特大型工程投资项目各主体之间能够建立起利益协调机制，需要充分发挥政府主体的协调作用，使得多元利益协商既是一个中央、地方政府之间上下互动的过程，也是地方政府间、职能部门间的内外互动过程，更是政府与项目法人、社会公众间的平等互动过程。政府作为公共权力机关，要对特大型工程投资项目的利益协调问题予以回应，发挥其在多元利益协商中的权威作用。

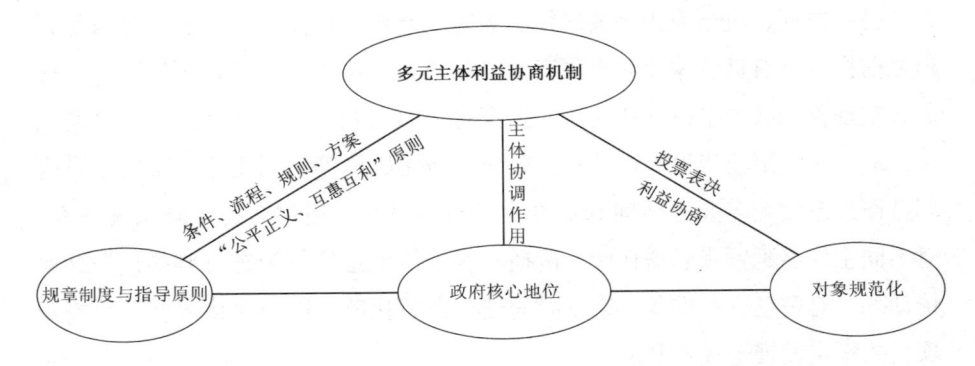

<<< 第六章 多元主体合作治理模式下特大型工程投资项目的多元利益主体冲突化解机制

图6-8 多元主体利益协商机制

二、多元主体利益约束机制

在特大型工程项目社会稳定风险的多元主体利益诉求不一致，关键利益相关者的信息交流缺乏，主体之间存在信息不对称的问题，同时不同主体的权利地位不平等，有些处于强势地位，有些话语权相对弱势，容易引发少量主体通过各种手段谋求有利于自身的非正当利益，进一步造成利益冲突，扰乱社会秩序，引起社会失稳。特大型工程投资项目多元利益主体中，无论是政府、项目法人、当地群众、社会公众等，都可能存在着不合理、不正当的利益诉求。目前我国利益协调机制不完善，更使得各种利益冲突现象频繁发生，因此有必要完善特大型工程投资项目多元主体间利益约束机制，针对不同主体可能存在的潜在利益冲突行为进行约束，以此改善特大型工程投资项目利益协调中存在的问题。

特大型工程投资项目多元主体利益约束机制应当包括两个方面。

一方面，应当完善内部利益保障机制和外部利益平衡机制。对于项目周边的当地群众、社会公众等处于相对弱势的利益相关者予以保护，平衡项目所在地居民与其他相对强势地位主体的利益，保障他们的正当利益不受损害，安抚他们的恐慌、愤怒等消极情绪，调动处于弱势地位主体的积极情绪，使他们充分参与到特大型工程投资项目多元主体利益协商之中，提高协商的效率，保障协商的效果。

159

另一方面，应当完善相关法律法规、建立舆情监测预警体系。良法是善治之前提。只有良法才能最大限度地得到众多利益相关者的认可和遵守，因此，实现善治必须坚持立法先行，发挥立法的引领和推动作用。通过法律法规，从源头上阻止当地群众、社会公众、新闻媒体等不同主体为了实现自身利益而故意放大多元主体间利益冲突的行为发生。通过舆情监测预警体系，对不同主体蔓延紧张恐慌情绪、散播不实虚假消息的行为进行监测，把握舆情动态，对舆论有所准备，第一时间进行舆情化解，以防对特大型工程投资项目的稳定发展造成不利影响。

作为特大型工程投资项目多元主体利益协调的关键主体，政府具有权威性和话语权，政府牵头进行多元主体利益约束机制构建，可以有效发挥作用。从政府角度来说，首先应当加强对各相关主体逐利行为的政策约束。政府通过立法、发布政策等行为进行更高强度的约束，对于非法谋求个人利益而损害特大型工程投资项目共同利益的行为进行行政处罚。从法律与政策高度，指导各相关主体的逐利行为，对其逐利欲望进行一定的控制与约束。其次，政府应当强化对各相关主体逐利行为的制度约束。目前，拥有强势地位的主体运用制度赋予的力量压制处于弱势地位的对手，置弱势方于环境污染等困境中于不顾，由于缺乏制度上的抗衡力量，弱势方只能采取非理性甚至不合法的抗争行动，极易处于规模较大、危害较强的风险状态。所以对相关主体逐利行为进行制度约束很有必要，完善逐利约束制度，公平、公开、透明地完成各利益主体间的利益转移，使弱势主体在内心形成一种对政府部门、工作人员以及与此相关的社会制度的信任感，确保各相关主体理性参与利益协商，追求共同利益目标。最后，政府应当注重外部利益相关者对各相关主体逐利行为的监督约束。有了好的法律约束、政策指导、制度规范，还要有监督体系对法律、政策、制度的实施效果进行监督约束。借助外部利益相关者力量，加强对约束行为的监督考核，对多元利益主体协同治理实施情况进行检查，能够保障多元主体利益约束的效果。比如，自组织可以通过互联网、手机等新媒体，收集对特大型工程投资项目利益协商的意见与诉求，关注特大型工程投资项目利益冲突处理的进展情况，对各主体利益协商行为

起到约束作用。(见图6-9)

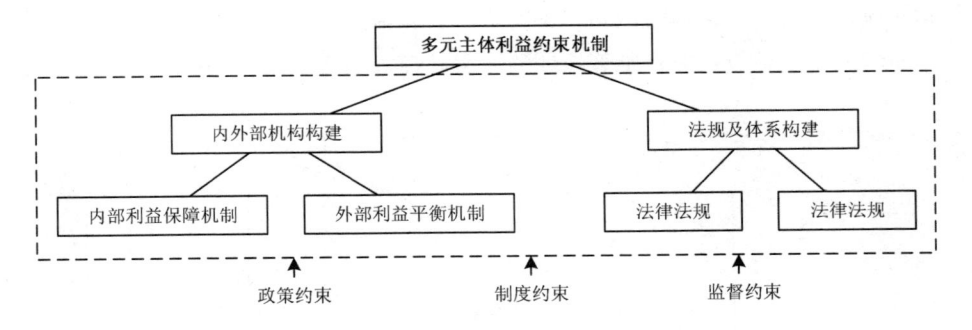

图6-9 多元主体利益约束机制

三、多元主体冲突处理机制

特大型工程投资项目主体多元,政府、社会组织以及公众之间的互动关系以合作为基础,但利益冲突也不可避免越来越多。当前全国各地普遍使用的项目社会稳定风险分析和评估框架是在采取风险防范和化解措施后,以"整体风险等级"为导向,以"综合风险指数法"为核心方法的稳评分析框架。这一通行方法将确定风险等级作为项目稳评的核心任务,而缺乏合理的风险防范和化解措施,将可能使得最终稳评结果无法达到预期效果,因而冲突处理在风险防范阶段尤为关键,有必要设置合理的冲突处理机制。

公众参与稳评本身是一个暴露利益冲突、表达利益诉求、寻求共识的过程。在解决冲突的过程中,涵盖的主体不应只包括特大型工程投资项目的制定部门和承办单位,可采用多元化的纠纷解决机制,引入相对独立的第三方,尤其是强化基层群众自治组织、专家学者、非政府组织等第三方独立公众在冲突处理中发挥的作用,保障公众的实质性参与。党的十九大报告指出:"提高保障和改善民生水平,加强和创新社会治理。"完善人民调解、行政调解、司法调解联动的工作体系,建立调处化解矛盾纠纷的综合平台。目前在冲突爆发后的利益博弈中公众往往处于弱势地位,为了强化民众的主体地位,变政府主导为民众主导,目前构建的冲突处理机制主要以公众为主体进行分析。机制的运行自上而下层层递进，依据不同的阶段不同的情况选择相对应的解决路径，最终做到冲突的解决，相应的社会风险得以降低。公众参与特大型工程投资项目决策稳评的冲突处理机制详见图6-10。

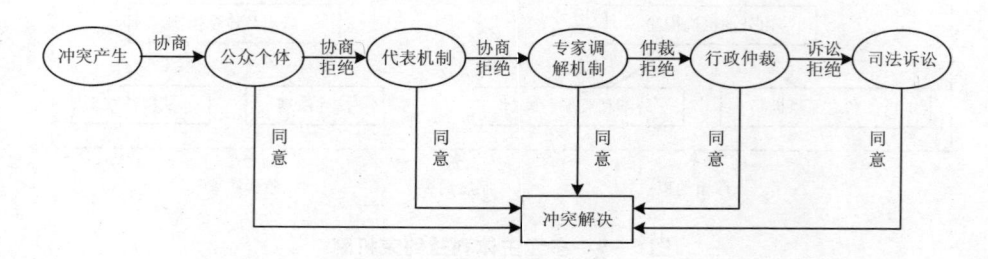

图6-10 公众参与特大型工程投资项目决策稳评的冲突处理机制

（一）公众个体与其他利益主体积极沟通协商，维护自身合法权益

由于特大型工程投资项目自身的复杂性以及参与主体的多元化，不可避免地会存在公众与政府、项目法人等其他利益主体之间的利益冲突。例如，一刀切的征地拆迁补偿规定无法满足差异化的公众需求，此时公众个体与利益冲突方的直接沟通协商是解决冲突的首要方式，可以通过向项目负责人表达诉求、向监管部门反映问题、在政府网站留言等方式，使得其他参与主体能够识别因个别公众利益诉求无法得到满足可能引起的风险点。

（二）公众代表机制发挥组织优势，作为公众的代表来保障公众利益

相对于其他利益主体，公众个体在协商过程中往往处于弱势地位，个体的合法利益诉求得不到重视，而同样的利益诉求可能广泛存在于其中某一群体当中，因此可以考虑引入公众代表机制。一方面可以由公众个体自发推选具有相当能力的公众代表与利益冲突方协调，或者聘请律师、学者、第三方独立机构等构成非正式组织代表公众利益与其他利益主体进行协调；另一方面可以寻求社区、居委会等基层群众自治组织或者其他正式组织的介入，与其他利益主体进行协调，维护人民群众利益。

（三）专家团队提供专业意见，合理调解冲突防范社会风险

若是公众代表与公众利益冲突方仍未能调节好利益冲突，则此时需要引

<<< 第六章 多元主体合作治理模式下特大型工程投资项目的多元利益主体冲突化解机制

入专家团队调解机制。专家团队通常拥有丰富的专业知识和过硬的技术技能，在风险调查、风险识别、风险防范等各阶段都发挥着举足轻重的作用。作为独立的第三方，专家团队可以做到公正合理地对冲突双方进行调解，并且冲突双方负担的成本较为合理。

（四）诉诸法律，公正高效化解利益冲突

当以上机制都无法有效解决利益冲突问题时，可以利用具有法律效应的行政仲裁和司法诉讼两种手段。因为这两种手段由国家强制力来保证，所以可以更快更高效地解决利益冲突问题。但同时公众需要付出的成本以及行政主体承担的行政成本也较高，所以最好能在进入法律程序前化解利益冲突。

第三节　多元主体利益补偿机制

本节构建符合特大型工程投资项目利益相关者特征的补偿机制，机制框架如图6-11所示。

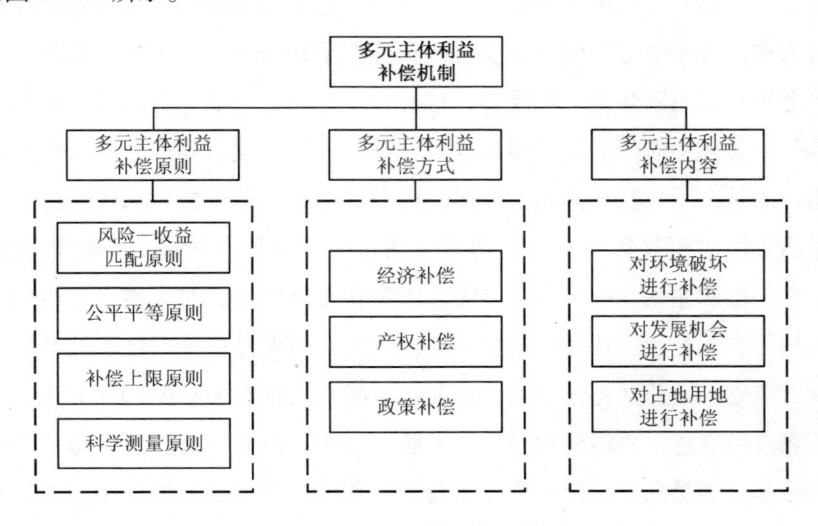

图6-11　多元主体利益补偿机制

一、多元主体利益补偿原则

根据特大型工程投资项目的实际情况和自身特点，将补偿原则分为以下四条：

（一）风险——收益匹配原则

合理的利益补偿机制应该做到利益补偿的数量大小与各主体实际承担的风险大小合理匹配，对收益外溢给予补偿。这就要求相关部门综合考虑各主体在特大型工程投资项目中承担的风险程度以及为了化解或转移风险需要付出的成本，将各主体所面临的风险与未来可能获得的收益进行匹配，之后再进行利益的补偿。在特大型工程投资项目社会稳定风险管理的过程中，应当将风险适度分担给具有风险管控能力的一方。例如，面对法规风险、环境风险时，公共部门往往更具风险承担能力，因此在制定补偿政策时，考虑由公共部门全部或者主要进行补偿。在面对项目运行风险时，以项目法人为代表的私人部门更具备管理的优势，可以考虑私人部门主导补偿。

（二）公平平等原则

公平平等原则有助于加强各主体合作，达成利益补偿，是利益补偿的重要着力点。公平平等原则从补偿主体和补偿受众两方面体现。从补偿主体角度，公平平等原则强调"谁受益，谁补偿"的思想。要通过综合可靠的测量标准，对多元主体的受益和损失进行分析。例如，项目建成后，虽然项目运行给法人带来了收益，但是在运作过程中产生的污染可能对周边居民的生活环境质量产生直接影响，对周边未来房价走势有间接影响，因此根据谁受益、谁补偿的原则，应当由项目法人作为主要补偿方，对由项目运行造成的损失进行合理补偿。从补偿受众角度，应该明确项目负外部性所波及的当地公众，建立区域公共补偿基金，实现界定区域内社会公众的均衡分配，以此来消除被剥夺感，协调利益冲突、矛盾和摩擦。简而言之，不论是从补偿主体看还是补偿受众看，公平平等原则均为其核心要义和价值标准。遵守利益补偿的公平平等原则，可以帮助多元主体信服协商结果，促进多元主体利益补偿的顺利进行。因此，利益补偿机制的建构过程中，要遵循公平平等原则。

（三）补偿上限原则

特大型工程投资项目由于其投资规模大、建设周期长、利益相关者众多、面临问题复杂等特性，建设过程中有时可能会导致不可预见的社会稳定风险，但此类风险发生时会导致超出预期的损失，针对此类不可预见的或低估程度的风险进行无限大的风险补偿是不科学的。无限补偿会导致项目法人、施工方的运行成本上升、综合利润下降，影响特大型工程投资项目的施工建设，影响投资方投资的积极性，同时也导致地方政府部门财政压力过大，央地政府差序格局现象突出等问题。因此，补偿需要设置合理的上限平衡多元主体的利益。

（四）科学测量原则

需要建立一套科学可靠的测量标准，对特大型工程投资项目中多元主体的利益损失进行测量，对各类风险所辐射的范围进行精细化的估算，在估算时要将对当地群众健康损失和不愉悦心理的补偿考虑在内，同时也应当科学计量对房产等固定资产增值的影响，将其纳入补偿体系中。在项目实施前，要充分考虑潜在风险，将补偿资金纳入成本核算，为进行利益补偿留存充足资本。同时根据测量的结果、协商利益补偿范围，对于应该受到补偿的主体一个不漏，对于没有受到影响的主体不做多余补偿，缓解由于补偿措施不当而可能引发的邻避风险。

二、多元主体利益补偿方式

多元主体利益补偿方式是指对受到特大型工程投资项目建设负面影响的主体或积极减弱特大型工程投资项目负面影响的主体进行补偿的方式，主要分为实行经济补偿、产权调换、政策补偿等。

（一）经济补偿

第四章博弈模型表明，由征地拆迁和环境污染引起的经济利益冲突是社会风险的重要因素。因此，为了保障多元主体合作共治，政府应建立公平合理的经济补偿机制。经济补偿是以转移支付等形式对利益弱势方进行补偿的方式，是一种现实的、确定性较强的补偿方式。首先，政府部门应制定相应的法规标准，确立补偿机制责任机构，并且清晰界定补偿的标准和操作流程，使得补偿机制规范化、透明化。其次，主管部门应切实了解群众的需求，上级主管部门可以委托下级深入民间，倾听民意。对于低收入弱势群体，应给予适当的政策倾斜，切实保障他们的生活质量。对于失业群众，尽量调动社会力量解决他们的就业问题。另外有调查表明，对于征地等的货币补偿，以土地为计生的群众更希望实物补贴，因此政府应采取多种补偿方式，将征地拆迁的阻力和难度降到最低。最后，对于污染类邻避问题，由于其环境风险的长期性，除了征地等造成相关民众的财产损失外，还可能对民众的人身健康造成潜在的、长期的影响，因此除了经济补偿外，还可以增加医疗方面福利，比如定期体检、诊疗等补偿方式。总之，只要政府能够从民意出发，给予合理的利益补偿，就可以有效消除民众的担忧，降低冲突发生的概率，实现多赢。[①]

（二）产权补偿

产权，也就是所有权，包括使用资产的权力——使用权，获得资产收益的权利——用益权，改变资产形态和实质的权利——处分权，以双方一致同意的价格把所有权或部分使用权、用益权和处分权转让给他人的权利——转让权，[②] 割裂了使用权、用益权、处分权和转让权组成了完整的产权。产权置换是一种创新补偿方法，当一种权利可能受到损害时，可以通过置换其他一种或者多种权利进行利益补偿。例如，因为特大型工程投资项目如重大水利工程的建设一般会淹没大量土地，所以淹没范围内的当地群众需要进行移民，而这些群众的生存、安全与发展需求得不到保障是引发特大型工程投资

[①] 吴卫东，李德刚. 邻避焦虑心理驱动下的城市邻避冲突及治理 [J]. 理论探讨, 2019 (1), 167–171.

[②] [南斯拉夫] 斯韦托扎尔·平桥维奇. 产权经济学 [M]. 蒋琳琦，译. 北京：经济科学出版社，1999.

项目社会稳定风险的重要原因。因而，对他们进行安置处理是降低特大型工程投资项目决策社会稳定风险的重要基础。在这个过程中，当地群众的土地使用权受到了损害，因此可以通过产权置换，将当地群众的土地使用权转换为别的权利，比如，当地群众可以选择将土地使用权置换为重大水利工程建成后的水力发电享受权或水库养殖权等。

（三）政策补偿

特大型工程投资项目存在的冲突，其中一部分是环境保护与经济增长冲突的微观体现。如果在项目实施过程中，项目法人自觉主动考虑采用绿色能源、减少项目建设负外部性、利益技术转型减少生产污染物，那么地方政府应当对这种做法予以支持和鼓励。项目法人的这些做法一定程度上减少了项目对当地群众身心健康的不良影响，但可能会导致项目承担额外成本，减少其经济利润。项目法人是追求利益最大化的经济人，如果其愿意主动增加额外成本、承担风险治理的社会责任，那么政府可以适当对企业这种行为进行补偿。地方政府可以通过政策倾斜，对主动承担环境问题的企业提供税收减免、补贴和优惠政策或将部分财政支出作为支持特大型工程投资项目绿色生产的研发资金。政府的适当补偿更有利于企业榜样的树立，榜样效应及声誉口碑的文化建设，会让其他特大型工程投资项目法人纷纷效仿，达到良性循环，实现减缓社会稳定风险的目的。

三、多元主体利益补偿内容

多元主体利益补偿内容是指对受到特大型工程投资项目建设负面影响的主体或积极减弱特大型工程投资项目负面影响的主体进行补偿的具体内容，主要分为对环境破坏进行补偿、对发展机会进行补偿、对占地用地进行补偿。

（一）对环境破坏进行补偿

特大型工程投资项目施工过程及实施运行后所产生的污染不可避免地会对生活环境造成一定的负面影响。按照社会公平原则中"谁受益，谁补偿"

的理念，特大型工程投资项目的开发商有义务对当地受损的生态环境进行修复，除此之外还应该对因生活环境损害而受影响的社会公众给予补偿。现行环境补偿政策，如《生态环境损害赔偿制度改革方案》（2017年）中规定监督环境质量、获得环境补偿权的主体为政府部门，则政府部门应代社会公众行使环境补偿权，要求特大型工程投资项目的开发商缴纳一部分费用用于对社会公众利益受损的补偿。

（二）对发展机会进行补偿

尽管特大型工程投资项目的开发商等会对当地公众予以生活环境补偿，但是以经济补偿为主的补偿方式，在短时间内会使社会公众的生活得以改善。不过，由于个人理财能力有限等，单靠经济补偿费用不利于可持续发展，同时也不利于特大型工程投资项目开发商与社会公众互利共赢关系的建立。因此，在补偿内容上，最有效的方式应该是重视社会公众的发展权益，在一定的经济补偿之外，考虑对社会公众发展机会的补偿，将社会公众的利益与项目发展结合起来，提升项目所在地居民的就业机会，降低项目所在地居民购买工程项目生产产品的价格，鼓励项目所在地居民入股分红，这些均对于社会稳定与可持续发展具有一定意义。

（三）对占地用地进行补偿

特大型工程投资项目的建设有可能存在长期征用土地或者临时占地的问题。这必然会对占地居民的产权造成损害。因此相关利益主体应该按照《土地管理法》中的规定，对占用土地的社会公众给予土地补偿费、安置补助费等。与其他损害相比，产权损害是可见可度量的，因此要根据法规的标准，将土地纳入补偿范围，公平和科学地测量，做到依法、及时、足额补偿到位，对社会公众的占地用地进行合理补偿。

小　结

本章基于政府、项目法人、当地群众三大关键利益主体的博弈结果，从

<<< 第六章 多元主体合作治理模式下特大型工程投资项目的多元利益主体冲突化解机制

关键主体利益矛盾冲突化解角度，建立合作治理机制。具体而言，多元主体合作治理模式下特大型工程投资项目的多元主体冲突化解机制包含公众参与机制、利益协调机制、利益补偿机制三部分。公众参与机制是政府引导不同成熟度公众的合作治理模式；利益协调机制包含利益协商、利益约束和冲突处理三类具体内容；利益补偿机制是建立在四大基本原则的基础上对不同利益主体进行科学公平合理补偿的模式。多元主体合作治理模式下特大型工程投资项目的多元利益主体冲突化解机制为前文第四章经济利益矛盾、自然生态环境冲突提供解决方法。

第七章

多元主体合作治理模式下特大型工程投资项目的社会稳定风险信息干预机制

信息是风险产生和传播的载体，社会稳定风险的形成过程本质上是社会稳定风险信息的传播扩散，对社会稳定风险信息干预是治理社会稳定风险的重要手段之一，也是多元主体合作治理模式结构设计的关键路径之一。因此，本章针对多元利益冲突放大的特大型工程投资项目社会稳定风险信息扩散，从信息扩散全过程构建了包括源头干预、过程干预、处置应对的社会稳定风险信息干预机制。

第一节 社会稳定风险信息的干预机制总体思路

一、社会稳定风险信息干预的内涵

干预是介入并人为中断某事件发生、发展的自然过程。社会稳定风险信息干预的过程中，政府是干预的主体，社会稳定风险信息则是干预的客体。社会稳定风险信息干预分为三个阶段，分别是信息的源头干预、信息的过程干预和信息的处置应对，分别对应社会稳定风险信息的产生、信息的传播和风险发生后针对风险信息的处理。

（一）信息的源头干预

特大型工程投资项目的社会稳定风险产生的一个重要原因是信息不公开所导致的政府与公众之间的信息不对称，信息的源头干预指的是在社会稳定风险发生前通过减少信息不对称现象从而从根本上抑制其风险信息的发生。一方面，针对特大型工程投资项目的上马、建设、审批、环评等环节，政府应避免推迟公开、选择性公开甚至隐瞒信息等行为，否则会严重侵害公众的知情权；另一方面，政府应致力于去除特大型工程投资项目在群众心中刻有的"污名化"头衔，通过听取并公开专家学者的客观评价，减少项目危害的过度渲染，使得公众了解到项目建设的真实意图和政府的衡量考虑。

（二）信息的过程干预

信息的过程干预即为对信息传播过程的干预，从信息传播过程的各个环节出发，介入和中断信息传播，及时纠偏。信息传播就是一种对信息从发布者到接受者的渠道的总体概括，涵盖了信息传播的形式、方法及流程等各个环节，是包括传播者、传播途径、传播媒介以及接收者等所有构成的统一体。政府作为信息干预的主体，在信息的过程干预部分更多的是履行信息监测的责任，监测对象则包括信息的传播者、传播途径、传播媒介和传播的接收者。

（三）信息的处置应对

当风险信息发生后，如何针对风险信息产生的一系列后果进行处置应对是社会稳定风险信息干预的最后一个阶段。各地方政府应致力于更加准确地了解公众所思所想，针对公众的反应来采取针对性措施，要求通过适当形式进行信息反馈和舆论引导。相比于信息的源头干预和过程干预，信息的处置应对更强调的是政府对风险信息处理的主动性，以及与公众之间的直接沟通，通过增强互动性来提升信息处置应对工作的前瞻性和效率。

二、社会稳定风险信息干预的目标

社会稳定风险信息干预旨在通过干预手段来降低社会稳定风险，让政府对公众有更强的同理心，从而对舆情信息有更好的把控。信息干预的目标可以分解为如下三个部分：

（一）最大程度信息公开

政府信息公开是指国家行政机关和法律、法规以及规章授权和委托的组织，在行使国家行政管理职权的过程中，通过法定形式和程序，主动将政府信息向社会公众或依申请而向特定的个人或组织公开的制度。社会稳定风险信息干预旨在影响社会稳定风险信息的传播扩散，政府的信息公开则对社会稳定风险信息的传播有着根源上的抑制作用。目前，中国政府信息公开具有参与交互、多元融合的特点，全媒体已然降低了政治参与的准入门槛，微政治时代的信息生产、传播和接收的低成本也给政府信息公开带来一定的挑战。在全媒体时代下，如何做到社会稳定风险信息公开最大化是社会稳定风险在源头干预阶段的重要目标。

（二）最优信息监测效能

政府能够对信息进行高效处置的基础是科学完善的信息监测工作。精准获取社会稳定风险信息，是危机管理体系效能得以充分发挥的根本保障。当下，互联网的迅猛发展与普及应用，极大地拓展了网络舆论空间。网络舆情信息监测管理体系主要包括网络舆情信息提取（数据采集、数据预处理、信息萃取）、网络舆情信息数据挖掘分析、网络舆情决策管理和网络舆情信息监测环境。[①] 政府应利用信息监测技术预测舆情发展方向，筛选有价值的舆情信息从而做出科学的判断和分析。除了要利用信息监测技术，还包括信息监测的环境的优化，更好地服务于网络舆情信息的分析处理、决策方针的制定、对舆情的监控和管理，从而实现最优信息监测效能。

（三）最高效率处置应对

当社会稳定风险发生，信息传播扩散之后，最重要的就是政府针对舆情发酵情况和相关公众的情绪反应做出最高效率的处置应对。依旧从信息角度出发，通过建立信息传达的渠道和反馈机制来加强与公众的沟通是处置应对的关键。其中，第一，包含上下级政府之间协同处理的机制，如何整合政府资源，去除低效流程和重复工作是处理社会稳定风险信息的关键任务；第二，包括处置应对的对象，即相关群众的社保补偿和心理疏导机制，与政府

[①] 陶宇炜，熊长江，王娟琳. 高校网络舆情信息监测管理体系的构建研究［J］. 现代教育技术，2013，23（12）：90，111－113.

部门的分工对接相应，只有多头处理才能真正做到最高效率的处置应对。

三、社会稳定风险信息干预的框架构建

（一）社会稳定风险信息的源头干预

鉴于特大型工程投资项目社会稳定风险的复杂性，风险信息资源的获取起着至关重要的作用，政府及时发布相关风险信息，减少信息不对称的情况，有利于干预社会稳定风险的扩散。在特大型工程投资项目社会稳定风险扩散过程中，信息不对称的减少可以显著地影响风险的社会放大程度，当信息不对称减少时，政府的公信力可以得到提升，各主体对政府相对比较信任，因此风险的社会放大程度将会减小；同时，信息不对称情况的减少也使得人们更加倾向于拒绝社会稳定风险信息，从而降低了风险蛰伏率。政府作为信息资源的主要拥有者，有责任和义务在特大型工程投资项目社会稳定风险爆发时履行信息公开职能，保障社会公众的知情权。因此，对特大型工程投资项目社会稳定风险扩散进行干预的重要手段之一是信息的源头干预，从政府的角度出发，构建完善的信息公开机制。本书将从信息公开法律法规建设机制、信息公开主体责任机制和信息公开通报执行机制三个维度展开。

（二）社会稳定风险信息的过程干预

特大型工程投资项目的社会稳定风险具有随机性、高危性、突发性和扩散性等特征，使其传播扩散过程、对地区社会稳定的冲击也更为复杂。特大型工程投资项目社会稳定风险的扩散过程实质是相关风险信息在社会中传播，形成了舆论热点，进一步在相关主体之间扩散，为了有效防范特大型工程投资项目的社会稳定风险扩散，需要对相关的社会稳定风险舆情进行监测。构建特大型工程投资项目社会稳定风险舆情监测机制是对特大型工程投资项目社会稳定风险治理的重要手段，目的是通过相关手段监测特大型工程投资项目多元主体利益冲突引发的社会稳定风险舆情变化，提前对特大型工程投资项目的社会稳定风险扩散进行干预，最大限度地降低风险损失，维护地区社会稳定发展。特大型工程投资项目的社会稳定风险舆情监测机制包括顶层设计、资源整合、技术支撑三个方面。

（三）社会稳定风险信息的处置应对

当特大型工程投资项目的社会稳定风险爆发后，舆情监测机制与信息公开机制能在一定程度上缓解社会稳定风险的扩散，但当其真正扩散开后，需

```
多元主体合作治理模式下特大型工程项目的社会稳定风险信息干预机制
 ├─ 源头干预
 │   ├─ 信息公开法律法规建设机制
 │   ├─ 信息公开主体责任机制
 │   └─ 信息公开通报执行机制
 ├─ 过程干预
 │   ├─ 信息监测法律法规建设机制
 │   ├─ 信息监测资源整合机制
 │   └─ 信息监测技术发展机制
 └─ 处置应对
     ├─ 渠道沟通与信息反馈机制
     ├─ 社会保障与经济补偿机制
     └─ 谣言控制与心理疏导机制
```

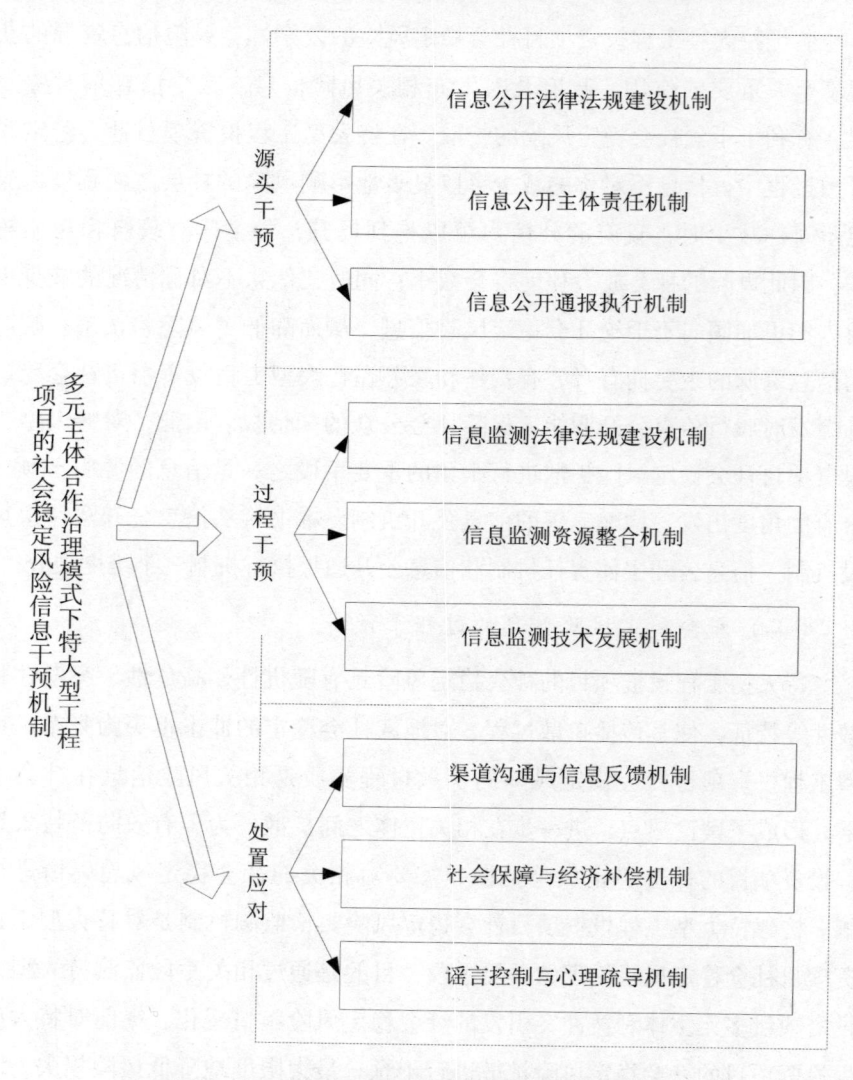

图 7-1　社会稳定风险信息干预的框架构建

要一套完善的社会稳定风险处置应对机制。在特大型工程投资项目的社会稳定风险爆发后，完善的风险处置应对机制可以作用于已经受到风险信息影响的相关主体，加速其向理性者的转变。首先，渠道沟通和信息反馈是社会稳定风险信息处置应对的基本手段。在宏观层面上，社会保障体系的完善与经济补偿机制都可以有效提高处置应对效率；而在微观层面上，风险谣言控制与对受影响群众的心理疏导能力的增强也可以有效提高处置应对效率。因此，本书所构建的特大型工程投资项目社会稳定风险处置应对机制包括了渠道沟通与信息反馈机制、社会保障与经济补偿机制和谣言控制与心理疏导机制三个方面。（见图7-1）

第二节　社会稳定风险信息的源头干预

一、信息公开法律法规建设机制

法律法规建设是确保政府信息公开的前提。近年来，中央和地方政府相关条例的不断发布，为政府信息公开问责制的发展提供了基本制度架构。从中央政府层面看，新时期以来为完善政府治理和推进透明行政，截至目前，国务院已下发多个相关条例，包括《关于进一步推行政务公开的意见》（2005）、《政府信息公开条例》（2008）、《全面推进依法行政实施纲要》（2014）、《关于全面推进政务公开工作的意见》（2016）及最新修订的《政府信息公开条例》（2019）等，这些条例为各级政府构建信息公开问责制度指明了方向。近年来，地方政府相关制度也相继出台，如为进一步强化省域层面政府信息公开的责任落实和追究力度，四川省人民政府于2008年推出了针对本省的《政府信息公开过错责任追究办法》，对政府信息公开的责任追究情形做出了明确规定。2009年，广东省人民政府发布了《广东省政府信息公开工作过错责任追究办法》，进一步明确了责任追究的程序和具体形式。此后，包括山东、安徽和浙江等均发布了本省政府信息公开责任追究条例。

在市县级和乡镇基层治理层面上，相关的条例则有云南玉溪的《政府信息公开责任追究制度》（2009）、江苏南京的《政府信息公开工作过错责任追究办法（试行）》（2017）、江苏盐城尚庄镇的《政务公开工作问责制度（试行）》（2019）等。

　　上述实施的信息公开相关法规制度和 2007 年 11 月开始施行的《中华人民共和国突发事件应对法》是我国政府信息公开的法律基础，也是在面临特大型工程投资项目社会稳定风险扩散时指导工作的准则。不容忽视的是，制度自身和法律法规在实施过程中均存在问题。首先，这两者的适用范围过于宽泛，再加上特大型工程投资项目社会稳定风险本身的随机性及其扩散过程的复杂性，政府在特大型工程投资项目社会稳定风险信息公开过程中遇到了诸多困难，社会公众的认可程度较低。虽然此后政府又出台了《突发事件应急预案管理办法》等相关法规文件，但都不足以有效指导特大型工程投资项目社会稳定风险信息公开工作。另外，根据当前各省份政府网站重大建设项目信息公开的实际情况可以发现以下问题：重大项目信息公开情况不佳，重大建设项目审批、核准、备案信息公开情况不理想；项目信息公开内容存在较大差异，公开水平参差不齐；部分网站对"重大建设项目"栏目设置定性不准确，有价值的、完整的信息较少，经常存在"更新不及时""公开渠道单一""公开的信息群众不关注、群众关注的信息不公开"等。

　　因此，应当在深入研究的基础上制定适合于特大型工程投资项目社会稳

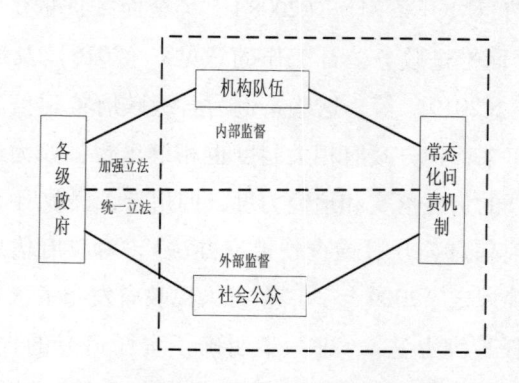

图 7-2　信息公开法律法规建设机制

<<< 第七章 多元主体合作治理模式下特大型工程投资项目的社会稳定风险信息干预机制

定风险信息公开的相关制度,增强其制度建设的科学性,同时加强机构和队伍建设,建立持续常态化的责任问责机制,提升社会公众对于政府社会稳定风险信息公开的认可度,如图7-2所示。

(一)加强特大型工程投资项目信息公开的立法

明确重大建设项目公开主体、公开内容和公开责任都需要有明确的法律依据,这同时也是依法治国的必然要求。目前有关特大型工程投资项目信息公开的法律依据过于宽泛,考虑到现实的可行性和可操作性,国家可先出台相关政策,选择合适的部门和地区进行试点,以渐进的方式逐步建立重大建设项目信息公开机制,最终上升到法律层面。针对当下各地区重大建设项目信息公开的差异混乱现象,建议可以效仿工程建设领域信息公开制度的做法,针对重大建设项目立项、筛选、审批、核准、建设、竣工与验收等一系列过程,建立按模块、分阶段的信息公开制度,确保重大建设项目信息能够充分、及时、准确的公开。

(二)建立常态化持续化的问责制度

从制度来看,尽管《政府信息公开条例》第29条规定了政府信息公开的社会评议制度以及问责制度,但是这些问责机制过于笼统,缺乏细化的可操作性。针对这一问题,有以下几点建议。一是在政府信息公开前,要形成常态性的责任明确机制,通过制度建构形成权力清单和责任清单,实现责任到人,为政府信息公开问责客体明确自身责任提供依据。二是在政府信息公开过程中,要形成持续性的责任监督机制。尤其上级行政机关要积极做好对下级行政机关的责任督查工作,通过强化领导督促下级行政机关在信息公开过程做到合理合规。三是在政府信息公开后,出现问题要形成具体性的责任追究机制。在此过程中,相关问责主体尤为重要的是对责任根源及其归属做出明确规定,通过形成可操作的条款展开责任追究,确保问责制真正具有威慑力。[①]

---

① 胡洪彬. 新时代政府信息公开问责制:理论解构与实践完善——对新修订《政府信息公开条例》的学理支撑[J]. 海南大学学报(人文社会科学版),2019,37(5):135-143.

(三) 加强社会公众对责任问责的认知

民众作为外部力量的参与，对政府信息公开问责的效力提升意义重大，要确保其有序参与，就要形成通畅和权威的官方问责平台，为其实施问责提供有效渠道，促其通过有序问责，为实现政府信息公开提供理性的和积极的推进力量。同时，为确保问责评价做到客观公正，适当引入社会层面的外部评价，如相关智库的专业性评价和社会公众的体验性评价等，由此通过全方位的评价主体设计，确保政府信息公开问责实现科学化和精细化运作，以高效的问责制推进政府信息公开质量不断提升。

(四) 加强机构和队伍建设

在确保政府信息有效公开和责任问责的过程中，内部监督和外部监督同样重要。各级政府应该加强自身机构和队伍建设，尤其是强调工作考核、社会评议、责任追究、举报调查处理等制度建设，建立健全信息公开监督保障机制，实现自我约束和内部监督。在工作考核中，应注重对政府主要人员的项目周期绩效考核而不是在位考核，避免责任的推卸；形成社会评议的定期化和常态化，强化自我约束；内部举报机制建设和外部举报机制建设应该同步开展，形成内外部协同监督机制。

二、信息公开主体责任机制

工程项目的实施涉及多方责任主体，包括从政策起草、政策执行、项目承建到具体实施的各级各类主体等。在此过程中，上级政府应主要发挥规划和督导作用；地方政府应该强化落实责任，加强与项目公司交流与沟通，针对涉及公众利益的纠纷应强调项目公司的社会责任；同时，充分发挥地方组织的维稳作用，借助地方组织实现政府与社会公众的双向沟通，推动工程项目的顺利有序开展，如图7-3所示。

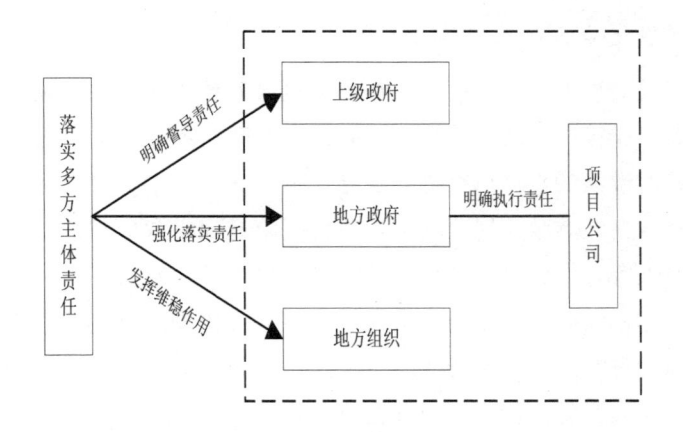

<<< 第七章 多元主体合作治理模式下特大型工程投资项目的社会稳定风险信息干预机制

图 7-3 信息公开主体责任机制

（一）明确上级政府指导责任

政府信息的不公开行为一方面源于政府与社会公众的信息不对称，另一方面也源于上下级政府的信息不对称。上级政府可以采取三种方式来影响地方政府的信息公开行为。一是标准控制，即上级政府采用一定的政策工具和手段来实现追求的目标，如出台具体的地方政府信息公开规范等。二是惩罚干预，即上级政府采取相应的惩罚措施直接干预突发环境事件中地方政府的信息公开行为，如经济处罚或者行政处罚。三是官媒报道，即上级政府官媒报道对地方政府信息公开结果具有不可忽视的影响，尽管这种信号不是直接的指令式干预，但它能强化公众的信心和组织动员能力，影响地方政府的回应策略和中央政府的干预行为，并最终促使地方政府完全地信息公开①。工程项目实施前期，上级政府做好指导工作，可以减少下级政府的不公开、推迟公开、选择性公开等行为，有效降低因信息不公开导致的社会稳定风险发生概率。

---

① 高山，刘小舟，凌双. 突发环境事件中地方政府信息公开行为研究：基于上级政府干预的视角 [J]. 情报杂志，2019, 38 (5)：161-168.

（二）强化地方政府落实责任

在上级政府层面，由于政策在经由上级政府传至下级政府的过程中，往往存在曲解、误读或更改的情形，因此，上级政府不仅需要做好政策发布工作，还应该对政策的贯彻执行进行督导，定期或不定期对地方政府的落实情况开展检查。在地方政府层面，工程项目实施过程中政府往往会与项目承接公司、投资人等合作管理或委托管理，同时也会涉及在技术、咨询等方面与外界展开合作，因此地方政府在项目执行前期应该做好规划工作，同时将项目规划具体信息在门户网站及政府工作地进行充分披露，另外应该给予其他相关部门信息公开的链接，方便社会公众查阅。

（三）明确工程项目公司执行责任

近年来，政府与社会资本合作形式（PPP）在我国迅速扩张，并成为基础设施建设的主要形式。在PPP模式中，政府往往作为项目发起人，而项目的后期管理和实施主要由投资人和项目公司完成。从实际操作的角度来看，采用社会资本合作相较于以项目公司形式运作具有较强的管理灵活性，但由于投资公司和项目公司皆为营利性组织，往往忽视工程项目实施过程中的负外部效应，极易产生社会风险。因此，地方政府应该在拟定合作协议时明确指出项目公司的责任与义务，尤其是在涉及社会公众利益问题上明确公司应该承担的社会责任。

（四）发挥地方组织维稳作用

特大型工程投资项目的实施往往会对周边居民的生产生活环境产生较大影响，容易引发人们的不满情绪。因此，一方面，政府部门可以通过地方党组织、妇联组织、扶贫组织等加大对社会公众的政策宣传与解读，减少社会公众对政策的误解，推动项目的顺利开展；另一方面，政府可以借助地方组织收集社会公众对项目实施的意见和建议，从而减少政府与项目公司之间的信息不对称，加强对工程项目的监督，保证项目在可控范围内有序开展。

三、信息公开通报执行机制

政府对于特大型工程投资项目信息的通报和公开是防止风险扩散的首要

>>> 第七章 多元主体合作治理模式下特大型工程投资项目的社会稳定风险信息干预机制

途径。特大型工程投资项目社会稳定风险开始扩散后，大量社会公众无法了解事件的全部真实信息，经常会受到相关"谣言"的影响，对政府处置特大型工程投资项目社会稳定风险造成负面影响，激化社会矛盾。此时，最好的办法是加强信息公开，建立健全社会稳定风险信息通报公开机制。在社会稳定风险爆发的第一时间就快速搜集事件的发生、处置等相关信息，并依法及时地向社会公开，由此消除信息不对称。同时，也要加快社会稳定风险信息处理速度，形成特大型工程投资项目社会稳定风险处置方案，并随着事态发展一步一步地及时公布，不能等到事件结束后才统一公布。在特大型工程投资项目社会稳定风险信息通报公开机制中，应当特别强调信息公开的及时性，并要确保信息的全面性和真实性，避免报喜不报忧的情况出现，以免降低政府公信力，无法有效干预特大型工程投资项目社会稳定风险的扩散，如图7-4所示。

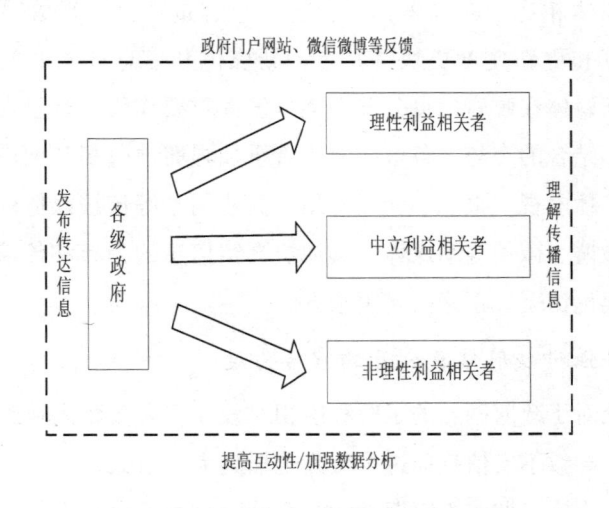

图7-4 信息公开通报执行机制

(一) 加强政府门户网站建设

政府网站是政府信息通报和公开的第一平台，也是社会公众获取权威政府信息的最方便快捷的平台。在特大型工程投资项目风险发生后，政府及其他相关部门应该根据项目实时进展在门户网站进行随时更新，保证重大建设项目信息能够充分、及时、准确地对外发布，充分保障公众知情权，防止错误消息的扩散和传播。同时，网站还应附带解读相关政策的文件，方便群众阅读。另外应推进各职能部门交流合作，打破信息壁垒。政务网站"一站式"服务有助于公众更快地获取信息，针对不同部门信息资源存在差异的状况，可成立跨地区、跨部门办公室，实行业务流程再造，优化办事流程。在网页底部附带其他地区政府门户网站或部委网站链接，减少公众检索时间，方便公众快速浏览信息，了解实情。

（二）充分利用互联网新媒体平台

新媒体工具在了解突发事件舆情动态、引导舆论方向、反馈民意等方面作用巨大，政府对于特大型工程投资项目的信息通报和公开离不开媒体的传播。与传统媒体相比，新媒体具有包含信息容量更大、开放性和互动性更强、传播速度和更新速度更快等特点。新媒体和信息技术的发展，使得微信、微博等新媒体在政府信息公开中逐步发挥重要作用，且呈现出传统媒介和新兴媒介相结合的态势。各级政府应着重加强舆情收集和回应机制，不仅要充分发挥广播电视、报刊、新闻网站、商业网站等传统媒体的作用，同时要合理运用微博、微信等新媒体工具加快真实信息的公布和传播，及时了解突发事件的舆论情态，正确引导舆论方向。

（三）加强对政府信息公开的宣传力度

目前公众对于政府网站的了解程度相对较少，大多数人缺乏对真假信息的辨别能力，导致不实信息通过少数人传播到大多数人，由此导致社会风险的扩散。政府应该定期或不定期地对社会公众进行教育和宣传，尤其是关于政府信息通报和相关政策公开。对涉及面广、社会关注度高或专业性较强的重要政策法规，要同步制定解读方案，加强议题设置，通过发布权威解读稿件、组织专家撰写解读文章等多种方式，及时做好科学解读，有效开展舆论引导。适应网络传播特点，更多运用图片、图表、图解、视频等可视化方式，增强政策解读效果。另外，政府可以充分利用网站、电视、报刊等新闻媒体，多形式地开展政府信息公开的宣传工作，及时宣传报道和表扬先进典型，使政府信息公开成为公众关注的重点和舆论、群众监督的焦点。培养社会公众关注政府政策信息的意识，提升社会公众的信息识别能力，由此形成推进政府信息公开工作的合力。

（四）加强网站工作人员业务能力培训

各级政府应该通过举办培训班和开展交流研讨等多种方式，对政府网站工作人员进行经常化的管理和业务培训。新媒体环境下的信息传播不同于传统的传播渠道，它具有多元化、互动化、片段化的特点。只有深入理解新媒体环境下的信息传播规律，才能准确把握新媒体环境下政府信息公开的方法和策略。通过对相关人员的培训和学习，提高其在新媒体环境下识别、判断、处理信息的能力，增强政府部门对特大型工程投资项目的舆情监测能力和对突发事件的紧急处理能力，合理引导正确舆论方向，增强政府公信力，稳定社会公众的信心。

第三节　社会稳定风险信息的过程干预

一、信息监测法律法规建设机制

特大型工程投资项目社会稳定风险的舆情监测是否对防范和化解特大型工程投资项目社会稳定风险有效，很大程度上取决于相关法律法规是否完善。因为如果没有完善的法律法规作为基础，社会稳定风险的舆情监测是难以让社会公众信服的，也容易引起新的社会稳定风险。因此，构建特大型工程投资项目社会稳定风险舆情监测机制的首先任务是要加强顶层设计，推进相关舆情监测法律法规的建设。

（一）加强法律法规顶层设计

我国应当加强舆情监测法律法规顶层设计，合理控制、有效解决我国网

```
                    ┌─────────────────┐      ┌─────────────┐
                    │  扩宽公众参与路径  │      │  加强司法普及 │
                    └────────┬────────┘      └──────┬──────┘
                             │  保证针对性和时效性      │
         ┌──────┐   ┌────────▼──────────────────────▼──────┐
         │舆情   │   │   ┌─────────────────┐                │
         │监测   │   │   │加强法律法规顶层设计│──▶ 基础保障    │
         │法律   │──▶│   └─────────────────┘                │
         │法规   │   │   ┌─────────────────┐                │
         │建设   │   │   │引导网络舆情相关立法│──▶ 有法可依    │
         │机制   │   │   └─────────────────┘                │
         └──────┘   └────────────────▲──────────────────────┘
                                     │
                             ┌───────┴────────┐
                             │完善网络平台自律机制│
                             └────────────────┘
                                   贯穿始终
```

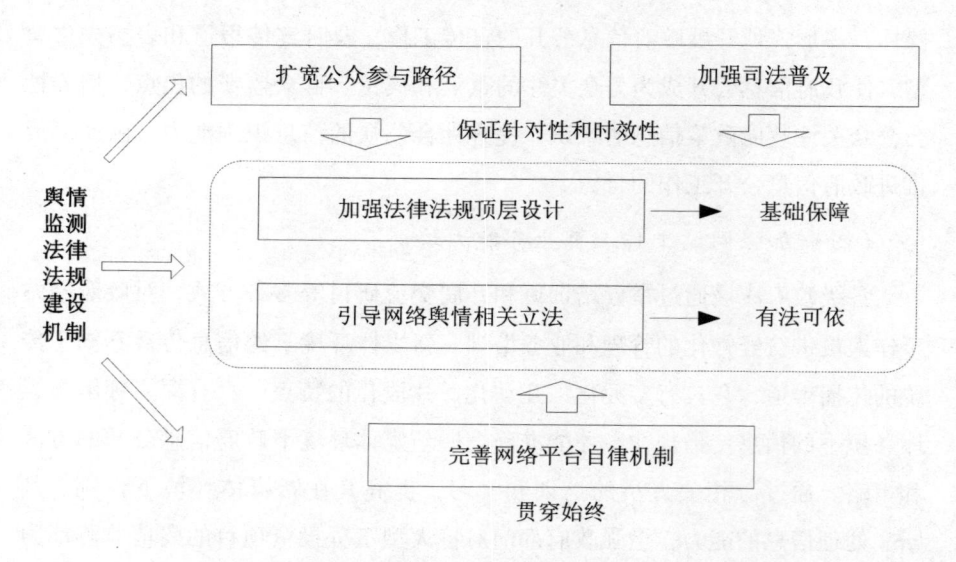

图 7-5　舆情监测法律法规建设机制

络舆情的负面影响，制定符合我国国情、适合我国现阶段发展的国家网络安全战略。第一，应当明确我国国家网络安全战略体系的核心、目标、发展方向以及对其所涉网络舆情概念予以较为清晰、明确的界定；第二，要围绕国家网络安全战略体系的核心、目标、发展方向以实现对规划战略的侧重点，做好具体工作任务上的合理安排、部署；第三，整合国内资源，依法建立依附于国家网络安全战略任务的具体执行机构、培养专业的网络安全人才，实现对网络舆情的发展动向监测，从而推进网络安全战略任务的进程[1]。

（二）引导网络舆情相关立法

在加强法律法规顶层设计的基础上，我国还需对网络舆情的相关立法予以必要引导，从而加强网络舆情立法的体系性建设。首先要理顺目前各级政府及其他相关机构关于舆情监测的法律、法规、政策及文件，剔除不再适应新时期舆情监测的相关部分，组织论证适当增加新形势下迫切需要解决的部分。现阶段我国没有专门针对网络空间安全的相关立法，也未曾出台就网络

---

[1] 甄子凯. 论网络舆情的法律规制 [D]. 保定：河北大学，2019.

舆情相关的基本法或者应对网络舆情危机发生的相关法律。因此，应当建构完善的网络舆情规制法律体系。我们应当充分利用、整合我国现阶段的立法资源与法律基础，除应当在其他相关网络或传媒法律中明确规定网络舆情如何规制外，还应当在相关立法中明确规定"网络舆情规制的原则、内容、程序、法律责任、救济措施以及负责部门等"内容。此外，辅之以具有较强威慑效力的《反恐怖主义法》或《刑法》等实现打击网络谣言、网络恐怖主义等违法犯罪行为，最终形成依托网络基本法，以其他相关专门法律、法规为支柱的与各部门法相互配合的网络舆情规制法律体系。

（三）扩宽公众参与路径

我国建构完善的网络舆情规制法律体系，除应当完善改进现有的法律、法规、政策及文件、加强立法导向性与体系性建设外，还应当扩宽公众参与路径。对于我国而言，应当推行网络实名管理，确切保证拓宽公众参与网络的途径。在实践中，应当建立类似于"民愿处理在线公开系统"，给予网络舆情参与者途径和渠道，向行政机关提出表达诉求机制，或及时查看其向行政机关提出表达诉求后的相关进展、处理过程以及处理意见，并且可以通过这个网站直接监督该表达诉求的处理流程，从而引导公民在公共网络空间中，实现其表达的合法化。在注重我国公众隐私保护的前提下，扩宽公众参与网络路径对于公民主体意识、权力意识乃至规则意识的养成，均具有较为重大的意义。其中，扩宽公众参与路径，即允许网络舆情参与者直接或间接地进行多渠道、多层次充分、合理的表达诉求，以提高其参与意识，从而避免因为网络舆情未能提供合理宣泄途径或渠道，致使其仅仅停留在批判层面，而未更加积极、更加理性地参与网络空间建设。

（四）完善网络平台自律机制

网络平台自律机制是舆情监测法律法规建设的重要组成部分，互联网企业基于商业利益肩负着维护平台有序运营的责任。其一，网络运营服务商作为盈利主体，有义务在现有法律规定下出台配套的相关条款保障用户正当权益、打击网络谣言、维护网络环境。其二，严格贯彻网络实名制。网络实名制是约束网民合法用网的重要手段，网络服务商严格贯彻实施网络实名制是净化平台环境的重要举措。其三，建立网络信息事前审查机制。将现有的信息发布事后审查机制变事前审查和事后审查是填补网络谣言监管漏洞的重要路径，互联网运营服务商应当改变以往审查模式，双向监管，实时监测。其四，建立用户文明诚信档案，对以往参与网络谣言传播的用户在平台内部设定降级惩罚，依据情节严重程度可以暂时剥夺用户信息发布或转载权限。这样一方面可以对造谣传播者予以惩戒，另一方面可以对其他用户形成威慑。[1]网络平台自律机制需要企业家责任，更需要将监督与管理贯彻到平台运营的每个环节，所以应将网络平台自律机制纳入法律的设定上，强制企业家主动履行职责，维系正常的网络环境。

（五）加强司法普及

此外，在当前互联网迅猛发展的新形势下，要充分意识到网络舆情的重要性，在《中华人民共和国网络安全法》等相关法律基础上，进一步在司法层面上加强司法解释与司法普及，以降低网络舆论对特大型工程投资项目社会稳定风险舆情监测的影响。如开办《网络安全法》宣传专栏、举办《网络安全法》宣传讲座、开展《网络安全法》知识竞赛、发放《网络安全法》宣传单等，建立健全网络安全教育长效机制。基层政府应注重对普法载体进行优化，当下群众对于媒体传播平台的选择和过去已经有了很大的变化，若还按照过去传统媒体的那些渠道、方式进行法治宣传教育，在当下环境是行不通的。法律供给丰富了，群众的文化程度有所提高，普法工作也需要跟上潮流，与时俱进。如在优化传统普法载体形式的基础上，做好新兴普法载体内容和创新普法活动载体，发挥手机的便捷性和网络的影响力，利用好互联网时代信息传播快捷与交互的优点，扩大普法宣传教育的覆盖面，掌握人们的真实思想状态，增强普法的针对性与时效性。[2]

---

[1] 刘忠正. 网络谣言法律规制研究 [D]. 济南：山东大学，2019.
[2] 杭天. Y市基层政府普法的问题与对策研究 [D]. 扬州：扬州大学，2018.

<<< 第七章 多元主体合作治理模式下特大型工程投资项目的社会稳定风险信息干预机制

二、信息监测资源整合机制

作为特大型工程投资项目社会稳定风险舆情监测的主体，政府相关部门在舆情监测中应该整合相关资源，统筹规划解决目前舆情监测职能部门过多的突出问题，做出科学高效的制度安排。（见图7-6）

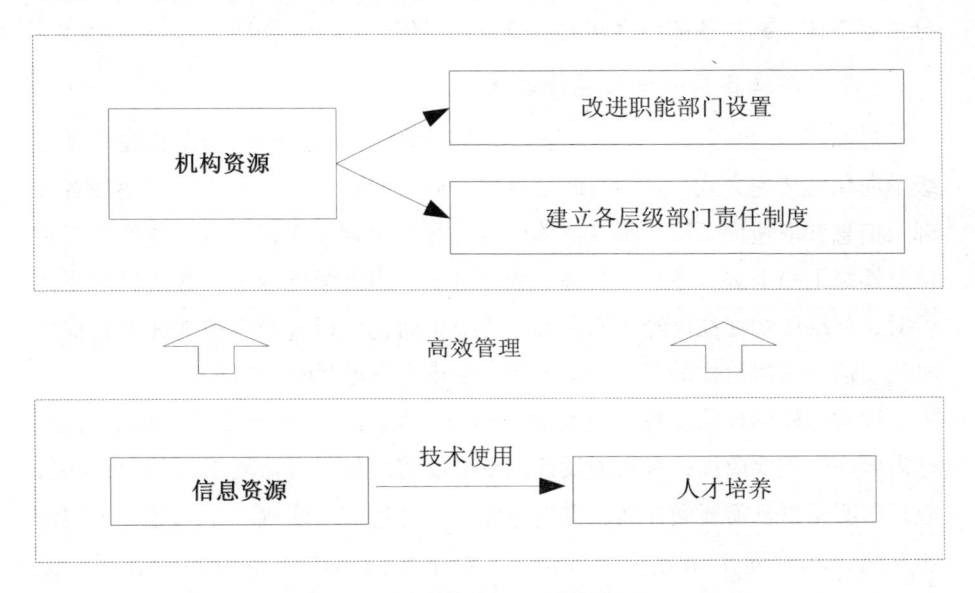

图7-6 舆情监测资源整合机制

（一）改进职能部门设置

在我国，网络舆情的监测其中涉及网络管理和安全的相关部门众多，包括国务院办公厅、网信部、公安部、文化部、新闻办等，同级部门之间分权架构，各自之间掌握的信息以层级和职能分管，这就导致了职能部门设置过于冗杂，易造成管理不善和资源浪费的现象。目前我国网络舆情依旧是政府主导的治理模式，众多监管部门都成了舆情监测治理的主体且彼此之间因为权限难以明确划分而产生了权限交叉。在网络舆情产生后，政府各监管部门之间缺乏有效、良性的沟通，面对舆情处理要么"各扫自家门前雪"，要么多方处理言论不一，这给网民提供了更多激化舆情的机会，在网络虚拟化、匿名化的当下，网民不需要对自己的言论负责，所以网上往往充斥着恶意的、指向性明显、非理性化的负面言论，政府处理舆情的偏失更会成为激化舆情的助燃器，这不仅降低了网络舆情监管的效率，也难以缓解舆情危机。①在中国的现行体制下，可以整合宣传部门、公安部门、网信部门等部门的舆情监测职能，通过设立专门的协调机构来负责社会稳定风险舆情数据整合与分析等工作，减少各部门之间的低效重复工作。

（二）建立各层级部门责任制度

目前，"信息孤岛"现象普遍，上下级部门之间的行政信息传递也是逐级单向化的传递方式。这种行政信息自上而下或自下而上的逐级传递使各个部门信息获取速度缓慢。很多群体性事件往往出现在基层，基层监管部门将信息逐级汇报上去，请示上层各级领导批示，当上级处理意见在逐级向下执行时，网络舆情往往已经快速发酵，传统单向化的行政管理模式面对新媒体时代下信息飞速传播的网络舆情现状，很难有效遏制舆情的发酵。

针对这样的现状，各层级监测部门要各居其位、各自发挥各自的效能。这需要一个重要前提：在宏观设计上要事前明确各层级监测部门的职责和权限，即明确自己需要做什么、应当做什么。这里需要明确一个问题，各层级相互配合不等同于相互扯皮推诿——对于本部门应当承担的职责要责无旁贷。

（三）信息资源整合

充分利用信息资源进行舆情监测是治理社会稳定风险机制的重要途径。舆情信息的传播在社会稳定风险扩散过程中是最直接明显的外在体现，如何依托目前迅猛发展的大数据等相关技术，充分整合现有信息资源，对相关舆情爆发事件的信息进行挖掘、保存、追踪，并与社会中其他智能化信息资源相结合，挖掘舆情热点的关键信息，是当下治理社会稳定风险的高效手段。

---

① 柴璐. 突发性群体事件中网络舆情的政府治理机制研究 [D]. 大连：辽宁师范大学，2019.

当下，随着人工智能技术的飞速进步与广泛应用，对待数据的方式已从收集为主转变为以获取信息为主。依托目前迅猛发展的大数据等相关技术，充分整合现有信息资源，可以对相关舆情爆发事件的信息进行挖掘、保存、追踪，并与社会中其他智能化信息资源相结合，挖掘舆情热点的关键信息，从而发挥资源整合的强大优势。当社会事件舆情发酵后，把握时间、高效应对是政府部门工作的重点也是难点。有效的、真实的、针对性的信息筛选则是政府部门做出应对判断的重要基础。

（四）舆情监测人才资源培养

尽管目前舆情监测有较为先进的软硬件配套设施，但使用这些的关键在于人，因此应当加强专业舆情监测人才培养，提升社会稳定风险舆情监测效率和准确度。部分政府网络部门的工作者通常是设岗不设人，或者由非专职人员临时调遣任职，这些公务人员上岗之后通常都没有经过信息技术专业知识的学习和培训。目前，他们很难从多元化的舆情信息中过滤出真正有价值的信息，将未经过滤的杂乱信息提交给上级进行统筹分析，政府很难及时准确地对当前网络环境是否会产生舆情做出预警。同时，缺乏处理群体性事件网络舆情的经验，造成在短时间内针对舆情危机无法做出有效的应对措施和合理的应急预案。

因此，应加大政府部门相关人员培训，建立常态化的培训机制。关注对相关专业技能工作人员的培养，加强基础平台设施的维护管理，为实现舆情治理做好有力的标准服务和技术保障。要加强政府工作人员的信息技术化水平，使其成为真正的行家里手。可以通过公开招聘、考试录用等途径引进兼有丰富管理经验和计算机专业技术能力的人才，通过择优选拔方式选出推动信息技术改革创新的首席信息官职务，并给予相关的行政权力和一定的资金投入支持，从而促进与舆情治理部门的协同发展。

三、信息监测技术发展机制

特大型工程投资项目社会稳定风险的相关因素众多且关系复杂，在社会中传播扩散具有海量的信息，对其进行监测需要对大量的信息进行浏览、查找、筛选等，这都离不开相应的技术手段。伴随着移动互联网应用不断向社会各层面渗透，网络舆论的格局发生了很大变化，如网民结构与社会人口结构趋同，网民产生代际更新导致网络流行议题和文化热点发生转换，微博、微信平台化，专业自媒体步入兴盛。在这样的变局下，网络舆情监测工作面临着新的挑战。然而，有些部门的舆情信息收集工作仍然停留在报刊、门户网站、BBS、微博等开源信息的收集阶段，并未将新闻客户端、微信、直播等平台打通，难以保证舆情信息分析的全面性以及舆情热度指标的准确性，网络舆情监测技术的普及和应用是当下之需。

目前，国内已有大量的技术公司、科研院所在开发舆情监测、分析、预警相关产品，政府应当大力扶持，加大投入，加快大数据、云计算等社会稳定风险舆情监测技术的发展，与各类公共资源数据库进行衔接，形成全面准确、安全可靠的社会稳定风险舆情监测数据库，开发高质量的社会稳定风险舆情监测产品，提升特大型工程投资项目社会稳定风险舆情监测的技术水平，为防范和化解特大型工程投资项目社会稳定风险扩散提供技术支撑。建设舆情监测技术发展机制具体包括以下几个手段（见图7-7）：

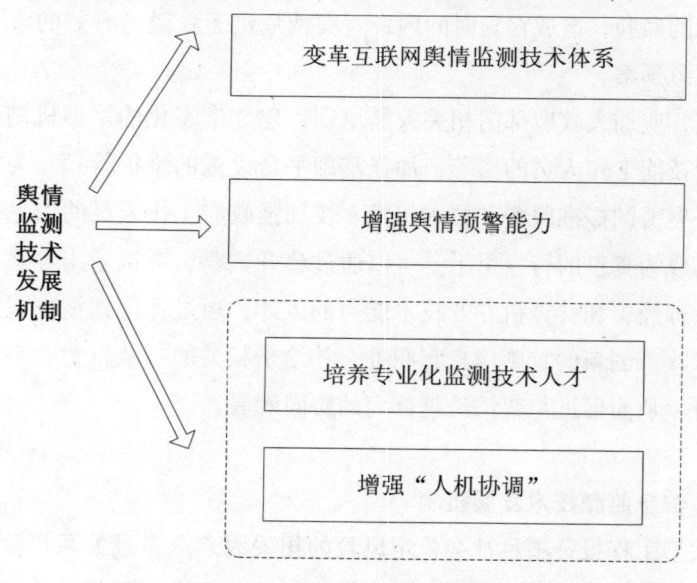

图7-7 舆情监测技术发展机制

舆情监测技术发展机制：
- 变革互联网舆情监测技术体系
- 增强舆情预警能力
- 培养专业化监测技术人才
- 增强"人机协调"

<<< 第七章 多元主体合作治理模式下特大型工程投资项目的社会稳定风险信息干预机制

（一）变革互联网舆情监测技术体系

将人工智能技术应用于网络舆情是可以更好地对舆情进行分析研判，通过直观、简明的方式描述网络舆情信息的产生，进一步推导信息传播主体的态度倾向性、情绪感染性以及初衷、意图等，从而预测网络舆情信息的发展趋势。目前大部分部门和企业的舆情监测和管理工作主要靠人工来完成，这样会使负责网络舆情监测任务的部门和人员承受巨大的工作压力。人工进行舆情监测还会遇到舆情收集不全面、舆情发现不及时、舆情分析不准确、信息利用不便利等问题。因此，很可能出现舆情信息已经在网上快速传播，一些非理性和不切实际的信息传播开来，造成了很坏的社会影响，但负责舆情监测的人员却毫不知情，失去了第一时间获取和掌握舆情，进而进行及时处理的时机。目前完全靠人工进行舆情信息的收集和上报，费时费力效果不好，也无法提供更加有用的舆情统计分析数据，为领导提供辅助决策服务。人工智能技术的介入将有利于对信息进行挖掘、采集、分类、整理，从而找寻出最核心的关键性数据。在此基础上，还可以运用人工神经网络预测模型，对网络舆情的性质、发展趋势进行正确描述，提出相应的对策。

（二）增强舆情预警能力

热点事件话语体系不可控，舆情预警能力亟待增强。纵观近年来发生的热点公共突发事件，可以发现，在以大数据为基础的社交平台上，公众的话语体系呈现出了一些全新特征，如舆论发布主体的匿名性、参与渠道的多元化、生成议题的自发性、交流观点的无界性、汇集意见的实时性、发展趋势的不确定性等。这些特征与舆论话语体系在传统媒体中的呈现完全不同，网络舆论热点事件话语体系的不可控性大大增强。

对此，政府应加大由舆情监测转向舆情预测的力度。当前的网络舆情监测工作主要通过对当下网络舆情的动态信息进行随机采样来收集、整理、分析，更多的是关注已经发生的事件在过去及当下的动向，对未来的发展预测难以兼顾。而借助人工神经网络预测模型，通过自然语言处理、模式识别及机器学习等人工智能技术，可以对网络舆情的性质、发展趋势进行正确描

191

述，再结合大数据分析处理整体数据来实现预测功能。

（三）培养专业化监测技术人才

在社交媒体平台上，自媒体呈现出来的话语体系最为庞杂。许多舆情信息不仅包含结构化数据，还涉及大量非结构化数据，若对其准确性、真实性逐一核查，既耗费人力又耗费时间。就内容而言，较多负面、虚假舆情具有较强的隐蔽性，单纯以关键词或主题词进行搜索容易产生误判、遗漏。话语体系的不可控性增加了舆情监测工作的难度，这要求工作人员必须具备过硬的专业敏感性以及较强的网络操作技能。但是目前大多数舆情监测工作部门的信息工作人员缺乏专业化的训练，舆情信息工作水平参差不齐。就舆情监测平台系统来说，对于舆情信息的跟踪分析灵敏度较低，在有些热点事件的处理上没有按照公共突发事件的分类标准进行准确的分级，从而导致网络舆情信息的分析判断力体现不出其应有的情报价值，预警能力也随之削弱。

（四）增强"人机协调"

舆情监测的技术体系落后，人机不协调问题亟待解决。网络舆论的实时性及其发展的不确定性要求网络舆情监测必须迅速、及时，但很多单位部门舆情监测平台的方法技术体系滞后，部分单位采用了网络监控系统、有害信息过滤系统等方式进行网络舆情监测，而有些单位为了节省舆情监测设备的成本，甚至将网络舆情监测工作依托于人工网页搜索及浏览的"人工盯梢"方式上，这成为监测工作的一大阻碍，监测工作出现疏忽错判也在所难免。排除资金、人力等客观因素，现阶段的网络舆情监测工作中技术方法体系的不足主要归因于"人机不协调"。机器与人工的协同分工模式不成熟、机器的辅助力量不够，导致在预测监测体系中分析情感、预测走势、检查效果等方面应用还稍显粗浅、机械，而在需要人工进行的高级维度分析、提出应对策略等层面，机器的应用又显得粗糙以及同质化。因此，解决人际协调问题是完善舆情监测技术发展机制的重要环节。①

---

① 鄢睿. 人工智能视域下网络舆情监测的变革之道 [J]. 传媒，2017（20）：51-53.

<<< 第七章 多元主体合作治理模式下特大型工程投资项目的社会稳定风险信息干预机制

第四节 社会稳定风险信息的处置应对

一、渠道沟通与信息反馈机制

在特大型工程投资项目社会稳定风险扩散的干预中，政府信息公开至关重要，而政府对于社会稳定风险信息的反馈沟通是其中的关键之一。若政府的回应不当，极易引发新一轮的猜测和质疑，加剧特大型工程投资项目社会稳定风险的扩散。目前我国各级政府的信息化水平得到了明显提高，各级政府一把手的信箱、留言板等都给了社会公众反馈沟通的渠道。但是在特大型工程投资项目社会稳定风险爆发后，这些渠道的低效无法满足社会公众的需求，应当对接舆情监测体系，建立多渠道信息反馈沟通机制。在信息公开后，社会公众可以有合理合法渠道反馈意见，政府有关部门也要及时地对提出异议的社会公众从不同层次给予解释，确保公开的相关风险信息得到各类型社会公众的认可，破坏"谣言"传播的土壤。此外，在风险信息反馈沟通中，要接受社会公众多方面的监督和投诉并妥善处理，以此提高特大型工程投资项目社会稳定风险信息公开机制的作用，如图7-8所示。

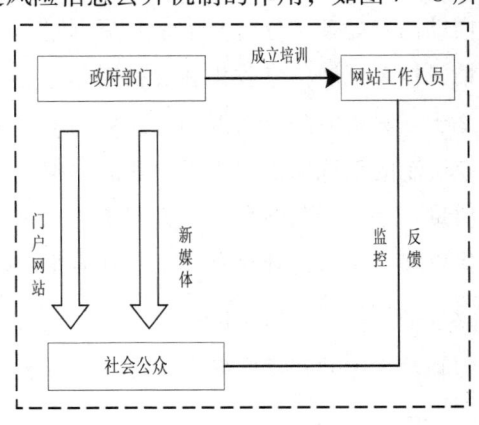

图7-8 信息反馈公开机制

（一）建立多渠道的信息反馈沟通机制

在新媒体环境下，公共传播可以突破传统媒体传播的单向模式，实现双向传播，从而提高公众的参与度。通过新媒体的方式，辅以技术支持，可以确保政府相关信息对公众的及时传达，同时确保公众的及时有效反馈，实现双向监督。因此，政府要充分利用官方门户网站和互联网等新媒体，建立与公众沟通互动的信息反馈机制，做好双方之间的信息沟通，进而以理性的方式来消弭分歧，充分发挥公众的舆论监督作用，提升政府的良好形象与公信力，从而维系政治系统运作的稳定性。政务微博、官方微信等形式是政府可以重点发展的新媒体工具，这些形式信息发布更加迅速、更加亲民、互动性强等，更重要的是能够和民众面对面交流。新媒体工具与传统渠道的结合，将提高政府与公众信息沟通的及时性和有效性。

（二）提升数据整合和分析能力

在处理社会公众的信息反馈意见时，由于不同类型的渠道之间存在信息壁垒，导致来自各个渠道的信息和数据在目前的技术条件下很难进行有效的整合，缺乏整合会显著影响之后的信息处理和数据分析所得到的结果的准确性和客观性，进而导致对舆情整体状况的认知偏差。[①] 影响政府回应机制运行的关键问题就是政府信息反馈系统中要素的协调问题，而协调配合的程度则取决于信息的完整性和传递的通畅性。在系统整体上的框架结构无法改变的情况下，就需要借助信息处理和分析技术来从局部进行改善。尽管当下部分政府部门借助舆情机构来开展信息收集和分析工作，但由于其技术手段传统且单一，在面对基于互联网的海量数据和多元化的信息形态时显得捉襟见肘。因此，政府回应机制的系统优化需要探索新的数据处理和分析技术以改善政府信息反馈的质量。基于互联网和云计算产生的大数据技术，能够为政府回应机制提供优化思路，从而提升政府回应的科学性、针对性和时效性。

（三）考虑建立不同主体的回应策略

同一事件中不同利益主体的利益博弈和限度是有差异的，因此，政府的

---

① 辛立艳. 面向政府危机决策的信息管理机制研究 [D]. 长春：吉林大学，2014.

<<< 第七章 多元主体合作治理模式下特大型工程投资项目的社会稳定风险信息干预机制

有效回应必须兼顾各方利益，至少顾及多数群体利益，在此基础上采取有针对性的回应策略和方式。对于理性的利益相关者，政府回应需以事实为依据，以全面的信息发布和有效的议程设置加以吸引，使其用理性的方式与手段思考问题与引导舆论。对于非理性利益相关者，除了全面、准确、及时公布信息以及掌控舆论外，加强沟通与做好协商是不二之选，并采取有效的措施防止非理性利益相关者的行为向事态恶化方向发展。对于中立的利益相关者，加强网络舆论监督，引导舆论的正确发展方向。此外，对于通常的网络诉求要提高回应意识和回应满意度，对于网络公共事件则应拓展回应主体与调整回应策略，提高回应的及时性与准确率。由此可见，政府和公众之间的网络沟通与互动构成了多维、动态的复杂输入—输出关系，政府必须针对各利益主体的特征分别回应，由此风险扩散干预效果会更好。

（四）增强信息公开的互动性

在特大型工程投资项目风险发生后，无论该风险是否得到有效遏制，政府都应该进行持续化的网站建设，并在网站上开设专门的信息公开栏目，方便公众在网络上查询需要的信息；另外可以开通专门的公众反馈通道，在日常的生活中，公众如果发现问题或对于政府的工作有意见和建议，可以通过该渠道进行反映；同时，政府可以通过微博、微信等新媒体工具对公众的反应进行持续化、动态化的监测，这样能够帮助政府的工作人员及时了解公众的困难和需求，对于社会公众的信息需求也更加了解。在以后的政务信息公开工作中，可以针对公众真正感兴趣的信息进行公布，这样能够提高政府政务信息公开工作的质量，提高公众满意度，由此增加政府的公信力。

二、社会保障与经济补偿机制

（一）地区社会保障机制

从宏观层面上来讲，特大型工程投资项目建设所在地区社会保障体系的完善对于社会稳定风险的处置应对有着重要的作用。在社会系统理论中，社会管理系统、社会生产系统与社会保障系统组成了社会系统，社会保障系统是联结社会生存系统与社会管理系统的"稳定器",对保障地区社会发展与社会稳定具有重要作用。社会保险、社会福利、社会救助等在我国社会保障体系中占有举足轻重的地位,也是社会保障体系的核心。当特大型工程投资项目开始建设后,加强社会保险、社会福利、社会救助等社会保障体系的建设可以在一定程度上缓解受影响群众的抵触心理,进而有利于社会稳定风险爆发后对其进行化解、转移和分散,有效地干预社会稳定风险的扩散。

1. 社会保险

社会保险是以国家为责任主体,对有工资收入的劳动者在暂时或永久丧失劳动能力,或虽有劳动能力而无力工作亦即丧失生活来源的情况下,通过立法手段,运用社会力量,给这些劳动者以一定程度的收入损失补偿,使其生活不低于基本生活水平,从而保证劳动力再生产和扩大再生产的正常进行,保证社会安定。社会保险在社会保障体系中居于核心地位,它是社会保障体系的重要组成部分,是实现社会保障的基本纲领。我国许多特大型工程投资项目涉及农村地区的征地拆迁问题,然而目前我国农村地区的社会保障体系尚未健全,一旦发生利益损害问题,极易引发当地居民的抵触心理,加大社会稳定风险的膨胀。社会保险制度的建立健全有利于保障当地居民在工程项目实施后的基本生活水平,一定程度上可以抚慰当地居民的情绪,从而减小风险发生的可能性。

2. 社会福利

社会福利是指政府和社会组织通过建立文化、教育、卫生等设施,免费或优惠提供服务,以及以实物发放、货币补贴等形式,对全体社会成员或特定人群给予帮助,以保证和改善其物质文化生活的制度。社会福利是社会保障的最高层次,是实现社会保障的最高纲领和目标。根据社会影响评价指导原则跨组织委员会建立的评估指标,特大型工程投资项目产生的社会影响主要来源于人口流动特征、社区与制度结构、政治和社会资源、个体和家庭的变迁、社区资源五大方面。由此可以看出,特大型工程投资项目产生的社会风险利益相关主体对政治和社会制度的信任,对迁移和拆迁的关注,以及居住的稳定性、熟悉人的密度、家庭和友谊网络、社区基础设施和文化的改变、社会福利等因素都会影响风险爆发后的化解和转移。因此，在实施特大型工程投资项目前，政府应注重社会福利制度的建设，尤其是加强社区文化建设，确保利益相关主体在受影响前后的人文环境和社会环境差别不要太大。

3. 社会救助

社会救助是依据法律规定，政府和社会对因自然灾害或其他原因而无法维持最低生活水平和低收入的个人或家庭给予帮助，满足其生存需要的制度。社会救助属于社会保障体系的最低层次，是实现社会保障农民工保障的最低纲领和目标。根据受影响的形式不同，可将特大型工程投资项目涉及的社会救助分为灾害救助、移民救助和特殊救助三大类。[①] 针对不同的救助对象，政府应该给予不同的补贴和安抚。值得注意的是，我国许多特大型工程投资项目涉非自愿性移民导致的普遍贫困问题，特别是对于一些农村移民，由于失去了赖以生存的土地，生产生活也就同时失去了相应的保障。鉴于经济与社会生活缺乏基本保障极易引发大量的社会问题，政府对特大型工程投资项目产生的移民贫困问题应该格外注意，尤其是应当根据当地经济发展水平，综合考虑居民点物质生活需要，逐步使移民群体平稳地度过过渡转换期，尽早投入到搬迁后的生产和生活中去，重建其生产生活系统，过上正常安稳的生活。

（二）经济补偿机制

国内外研究普遍认为经济利益的不平衡是引发特大型工程投资项目社会稳定风险的主要原因，加强对受特大型工程投资项目影响的地区与当地群众进行经济补偿是解决经济利益不平衡的重要手段。特大型工程投资项目的建设在一定程度对原有经济活动造成了破坏，带来了"产业空心化"等问题，虽然也产生了一些新的经济活动，但仍然无法弥补受影响群众的经济利益。因此，在特大型工程投资项目社会稳定风险处置应对机制中，应当采取"对

---

① 曹礼和，嵇雷. 水库移民社会救助研究：以湖北省为例 [J]. 湖北经济学院学报，2012，10（1）：89-93.

口支援""财政政策倾斜"等方式加强对受影响地区与群众的经济补偿,尽快恢复特大型工程投资项目对原有经济体系的破坏,推动地区社会经济发展,提高受影响地区群众的收入水平,这对于特大型工程投资项目社会稳定风险扩散的干预可以起到积极作用。

1. 对口支援

公众和政府之间的利益矛盾是造成工程项目社会稳定风险的根源,政府只有切实保障当地居民的相关利益,才能遏制特大型工程投资项目社会稳定风险的生成和保持社会的和谐稳定。在特大型工程投资项目实施之后,最重要的也即当地居民最关心的就是生态恢复和经济恢复工作。在这一过程中,政府应当充分发挥主导作用和扶持作用。选择重点地区和重点领域来对口支援,以此形成示范效应,为对口支援的展开提供组织保障、制度保障和资金保障,逐渐形成一条以政府支援、企业合作、社会帮扶、人才交流为主的支援形式。① 另外,特大型工程投资项目在运营中可能会对当地的生态环境带来影响,这些最终往往由这些居民买单。为了保障这部分公众的利益,政府需要建立利益补偿制度来对公众进行利益补偿。在利益补偿制度中,不仅要明确补偿对象的范围、拓展多样化的补偿方式,还要经过广泛调研和参考专家的意见,设定合理的补偿标准,并将其纳入法制化轨道。

2. 财政政策倾斜

特大型工程投资项目实施后的经济重建和恢复工作往往是政府工作的重心。政府对失地农民以及失去住房保障的居民安置责任重大,一方面要积极进行土地调整,使失地农民重新拥有土地,减少部分失地损失,另一方面要通过政策扶持帮助当地农民开展种植结构调整,提高农业基础设施标准,大力发展高效农业,提高土地产出。针对失去住房保障和经济收入的当地居民,一方面提供安置房,另一方面通过政策倾斜、开展职业培训,多渠道拓宽当地居民就业门路,提高收入,由此最大程度减少因工程项目建设给当地

---

① 钟开斌. 控制性多层竞争:对口支援运作机理的一个解释框架[J]. 甘肃行政学院学报,2018(1):4-14,126.

居民带来的损失。

三、谣言控制与心理疏导机制

（一）风险谣言控制

特大型工程投资项目社会稳定风险扩散过程中会伴随着各式各样的谣言，对社会稳定风险的扩散起到了催化的作用。这些谣言会引发社会公众的不安情绪，使人们的判断力出现偏差，成为社会稳定风险扩散中的不满者主体，参与到社会稳定风险扩散中。因此，在微观层面上应当强化对社会稳定风险谣言的控制能力，降低谣言传播对社会造成的破坏。首先，需要对谣言的来源进行控制，结合社会稳定风险舆情监测机制，从源头上对相关谣言进行处置，提前做出预期；其次，强化对谣言传播途径的控制，在特大型工程投资项目社会稳定风险爆发后，加强对社会中相关传播渠道的管制，防范谣言的传播扩散；最后，还要加强对相关受众的管理，如结合舆论引导机制，积极引导舆论风向。

1. 来源控制

谣言的源头是始作俑者，政府及管理部门一旦发现谣言在传播，应第一时间以技术手段找出其源头，避免其进一步扩大化，将谣言危害降到最低。对于谣言的制造者，要加大处罚力度，以儆效尤。政府及有关管理部门在发现有影响力的疑似谣言事件时，应该及时进行干预，尽快查清楚事情真相，并通过各级政府、官方的主流媒体，如电视新闻、门户网站、官方微信微博等平台，向普通群众还原事情真相，从而既能提高节点的"康复率"（已经信谣的不再信），又能降低节点的"感染率"（不再传播）。[1] 及时发布辟谣信息，沿着谣言可能的普及路径，将辟谣信息散播出去，从而达到控制谣言源头的目的。另外，网络监管部门在追溯谣言的过程中可以记录下曾经传播过谣言的节点和源头，对曾经参与造谣或者大量传播的人进行重点关注，在

---

[1] 吴尤可，瞿辉. 基于社交网络的谣言追溯技术及对策研究 [J]. 情报科学，2017，35 (6)：125-129.

后续追踪的过程中利用历史信息迅速锁定传播者,提高追踪谣言的精度和速度。

2. 途径控制

特大型工程投资项目建设与人们的生产生活息息相关,因此其谣言具有强烈的"扩散效应",一旦形成就会通过各个节点以较快的速度传播。在不少影响社会稳定的群体事件中,谣言产生了发酵事态、恶化形势的不良影响,这不仅危害公众和特定群体,而且刺激简单的谣言危机演化为公众和政府冲突的恶性事件。因此,政府应该充分考虑谣言传播的各种可能途径,并且实施监测。在发现小规模的群体性谣言散播迹象后,政府及各级管理部门要有针对性地对此群体立即进行区隔、分化、及时处理,将谣言扼杀在萌芽状态。同时,政府也可以充分发挥理性群体的力量,对传播过程中的举报行为采取奖励措施,这将极大地激励民众积极参与,为谣言的根除提供极大动力。

3. 受众控制

受众是指媒介信息的接收者。谣言的产生和传播,从某种程度上来说,是由于人们对于客观事物的认识不够,也是由于人们对于信息的需求和把握不对等。尤其是人们对于涉及自身利益的消极的言论更加敏感,易于相信,这就使得谣言有了潜在的成长环境。鉴于此,各级管理部门应该把控制谣言传播作为一项长远的政策来抓,对普通群众进行相关宣传教育甚至培训,逐步提高普通群众的认知水平和觉悟。通过线上线下渠道定期宣传一些谣言案例,提高公众在信息不对称的条件下快速甄别谣言的能力,使得民众不造谣、不信谣、不传谣。

(二) 心理疏导机制

特大型工程投资项目社会稳定风险的扩散不仅包含着复杂的社会矛盾,也包含着复杂的心理因素。特别是在相关谣言扩散开来时,社会公众的心理情绪会受到极大的影响。因此,首先要建立完善的心理疏导机制,在日常生活中开展常态化的理性公民教育,强化社会公众在应对社会稳定风险时的危机教育,同时依托政府相关机构、学校、医疗机构等形成覆盖全社会的心理疏导网络,这样在社会稳定风险爆发后可以迅速地发挥关键作用。此外,结合社会稳定风险舆情监测机制,对特大型工程投资项目社会稳定风险扩散中的特定人群开展针对性的心理疏导,例如对一些已经受到影响且情绪激动的人,要安排相关人员针对性地展开交流,缓解当事人情绪,避免其做出过激行为,扩大影响范围。

1. 一般性心理疏导

谣言不仅是一种信息传播现象,更是一种复杂的社会现象和心理现象。无论是传言还是预报,人们在听到之后都会产生心理恐慌,并表现出恐慌行为。这种恐慌情绪的表达和恐慌行为的出现,又给他人造成刺激,引发类似的情绪和行为反应。通过这一相互刺激的循环模式,恐慌就会迅速增强并且蔓延。因此,政府应该采取相应的措施,通过开展交谈会、群访等形式加强与社会公众的交流,排解他们的疑惑和忧虑,稳定社会公众的信心,从而增强政府的公信力,确保工程项目的顺利开展。

2. 特殊人群心理疏导

根据经济学中的"二八定律",在任何一组东西中,最重要的只占其中一小部分,约20%,而另外80%往往是不重要的。同理,在特大型工程投资项目建设中,谣言的传播和恐慌的蔓延往往来源于少数人,他们是直接利益相关者,对项目的建设更为敏感,在重大事件中充当"意见领袖"的作用。谣言和风险往往从这一部分人中开始大范围扩散。因此,政府应该着重加强针对这一部分特殊人群的心理疏导,综合考虑他们的利益诉求,针对性地化解项目阻力,并通过这部分群体将辟谣信息传达至大部分群体,增加社会公众对政府工作的理解,缓解政府与社会公众的矛盾,避免谣言和风险的扩散。

小 结

本章分析了多元主体合作治理模式下特大型工程投资项目的社会稳定风

险信息干预机制，从风险信息的源头干预、过程干预、处置应对，围绕信息这一元素展开建立一个全面完善的干预机制。干预的第一步是风险信息的源头干预，强调了顶层设计层面，即法律法规建设机制的建设，接着从政府这一主体出发，提出完善主体责任机制的重要性和政府在信息层面通报执行的关键任务；干预的第二步是风险信息的源头干预，强调了信息传播过程中政府的信息监测职能，并从监测的法规保障、资源整合和技术发展三个层面递进展开；干预的第三步是风险信息的处置应对，与源头和过程不同，这一部分强调的是在风险信息扩散到一定程度后，如何依然从信息层面最小化风险后果，从而达到稳定风险的目的，包括渠道沟通与信息反馈机制、社会保障与经济补偿机制和谣言控制与心理疏导机制。

第八章

特大型工程投资项目的社会稳定风险治理现代化体系

目前，我国的特大型工程投资项目虽然取得了巨大成就，但是仍然蕴含着多重风险，面临着严峻的风险挑战，构建社会治理共同体逐渐被提上议程，特大型工程投资项目社会稳定风险治理理念也需要不断地创新发展，亟需构建特大型工程投资项目社会稳定风险治理现代化体系，推动特大型工程投资项目社会稳定治理的现代化发展。因此，本章从优化社会稳定风险管控体系、提高项目治理水平和治理效能、构建多方协同的全面治理体制三方面提出了特大型工程投资项目社会稳定风险治理现代化的总体思路及相应的治理举措，为我国特大型工程投资项目社会稳定风险治理现代化提供思路。

第一节 特大型工程投资项目社会稳定风险治理现代化的需求

一、应对项目风险挑战的有力保证

20世纪末和21世纪初，中国在自身发展及借鉴国外成功经验的基础之上，开始注重对特大型工程投资项目社会稳定风险治理理论的研究和传播，逐步迈向特大型工程投资项目社会稳定风险的治理之路，并且在此过程中还在不断寻求特大型工程投资项目社会稳定风险治理的良策。得益于中国总体经济的快速发展，中国的特大型工程投资项目取得了巨大成就，但是在取得巨大成就的背后，也蕴含着各种特大型工程投资项目社会稳定风险。社会稳定风险形式多样，来源多样，既包括显性风险也包括隐性风险，既包括内部风险也包括外部风险，既包括一般风险又包括重大风险，由此可见，特大型工程投资项目社会稳定风险具有多样性、交织性和复杂性。在特大型工程投资项目的建设过程中，及时准确地识别以上风险具有一定的难度。比如，虽然特大型工程投资项目的建设带来了巨大的经济效益和社会效益，但是依然存在一系列问题。在特大型工程投资项目的建设过程中，虽然人民群众的生活水平普遍得到提高，但教育、就业、社会保障、医疗、住房、生态环境等关系群众切身利益的问题依然较多，极易引发特大型工程投资项目多元利益冲突。因此，只有统筹协调好特大型工程投资项目建设过程中所包含的多元利益关系，尽力解决好社会群众切身利益问题，才可以减少特大型工程投资项目多元利益冲突，社会才会更加和谐稳定。只有这样，在对特大型工程投资项目社会稳定风险进行现代化治理时，才可以掌握主动权。

特大型工程投资项目所蕴含的风险具有多样性、复杂性和交织性，面临着多方面的风险挑战，包括经济风险、政治风险、文化风险、社会风险等。风险挑战是经济社会发展过程中客观存在的，也是特大型工程投资项目建设所不可避免的。有风险挑战并不可怕，只要应对得当，就可以控制风险到最低值，逐步实现特大型工程投资项目社会稳定风险治理的现代化。

二、建立社会治理共同体的必然要求

特大型工程投资项目社会稳定风险治理现代化是建立社会治理共同体的必然要求，也是推进国家工程项目治理体系和治理能力现代化的重要部分，为在新的历史条件下加强和创新工程项目的治理指明了方向。

（一）工程项目社会稳定风险治理实践探索的经验总结

中国自改革开放以来，不断探索和推进特大型工程投资项目社会稳定风险的治理体系，经过多年实践，特大型工程投资项目社会稳定风险治理体系在理念和体制两方面产生了巨大的变化。在理念上经历了三大阶段的历史性变化，即社会风险管控、社会风险管理、社会风险治理，从管控、管理、治

<<< 第八章 特大型工程投资项目的社会稳定风险治理现代化体系

理的变化可以看出我国特大型工程投资项目社会稳定风险治理越来越趋于科学化和现代化，越来越讲究方法和策略。在体制上经历了从推进社会管理体制到创新社会治理体制，再到完善社会治理制度的逐步深化。特大型工程投资项目社会稳定风险治理体系的逐步完善和渐趋现代化是工程项目社会稳定风险治理实践过程中的重要组成部分。

（二）工程项目社会稳定风险治理理念的创新发展

针对特大型工程投资项目所蕴含的各种风险，坚持和完善共建共治共享的社会风险管理制度，体现了工程项目社会稳定风险社会治理理念的升华，体现了各级政府对特大型工程投资项目社会稳定风险治理规律性认识的不断深化与精准把握。共建共治共享可以从以下几方面进行理解。共建即共同参与特大型工程投资项目体系构建，特大型工程投资项目社会稳定风险的治理现代化体系，不仅仅是各级政府的责任，也是每一位社会公众的责任，每个人都应该极力推进特大型工程投资项目社会稳定风险治理的现代化发展，为之贡献一份微薄而又坚强的力量；政府与公众之间不再是简单的管理与被管理的关系，而是社会各方主体平等协商、合作互动的关系。共治，即共同参与特大型工程投资项目社会治理，逐步完善政府负责、社会协同、公众参与、法治保障、科技支撑的社会治理体系。对于各级政府而言，要发挥好统领全局的作用，对于社会公众而言，要不断加强参与能力。共享，即共同享有特大型工程投资项目社会治理成果。之所以要加强特大型工程投资项目社会治理，归根到底是为了保障每一位社会公众的合法权益。在特大型工程投资项目层面，社会稳定风险治理主体、治理方式和治理目标都产生了变化。首先，进行现代化治理之后，特大型工程投资项目社会稳定风险的治理主体从政府主导向多元主体共同治理转变。其次，治理方式也从单向治理向双向治理转变。最后，治理目标不再是单纯地追求经济增长，而是以各个方面全方位发展为最终目标。这有利于特大型工程投资项目建设中多元主体利益共享、风险共担、协同共进的社会稳定风险治理局面的形成，有效推进特大型工程投资项目社会稳定风险治理体系和治理能力的逐步现代化。

(三) 顺应社会稳定风险治理新形势新任务新挑战的必然选择

在全面深化改革的有力推动下，我国特大型工程投资项目社会稳定风险治理理念也在不断发展。社会稳定风险治理体系不断拓展完善，社会安全稳定形势持续向好。但是随着经济快速发展，特大型工程投资项目中的利益相关者的利益诉求越来越趋于多样化，蕴含着更多的社会稳定风险，社会治理面临的形势和环境更为复杂。以上种种情况，均表明应完善共建共治共享的社会稳定风险治理制度，使得参与治理的主体、治理的方式更加多元化，这样才可以使特大型工程投资项目治理体系和治理能力现代化的效能日益显著。

第二节 特大型工程投资项目社会稳定风险治理现代化的原则与特点

一、特大型工程投资项目社会稳定风险治理现代化的原则

（一）主动防治原则

特大型工程投资项目社会稳定风险的发生往往会呈现出连锁反应甚至"蝴蝶效应"的特质，使得微小事件都可能造成恶劣的社会危害。新时期特大型工程投资项目社会稳定风险的随机性、高危性和扩散性等特征使得传统的危机管理无法有效应对，并且在演变过程中，所产生的单一风险往往会引发连带性风险、次生性风险以及复合性风险。一是事件发生后可能会引起连锁反应，如风险源附近的突发事件及其扩散，可能危及风险源本身；二是对风险的处理应对不当也可能会引起连锁反应，风险事件发生后，在处理不及时或应对不科学的情况下，可能主动引起连锁反应，致使风险升级和危害程度扩大。因此，对此类型的风险应做到主动防治。

当前我国特大型工程投资项目社会稳定风险的防治在主动性上有所缺

<<< 第八章 特大型工程投资项目的社会稳定风险治理现代化体系

失,主要表现在以下三个方面。一是风险意识薄弱,对风险的预见性不高。对可能存在或即将发生的风险不善于排查化解,敏感性不高,甚至对其无视,从而导致难以提前发现并处置。二是没有足够的风险控制能力,致使事故频繁发生。对显性风险无法准确把握以及缺乏有效的判断,从而难以实现对风险及其危害的预先控制,只能任其发展扩散,最终导致危机爆发甚至危害程度扩大。三是管理制度上存在欠缺,容易仓促应对,以及风险责任权属不清、综合协调不畅。

因此,特大型工程投资项目社会稳定风险的主动防治原则要求:一是提高风险意识和培养风险文化;二是明确事前防范控制导向;三是建立健全风险管理制度。

(二)精准治理原则

特大型工程投资项目社会稳定风险具有一定程度上的同类共性特征,可以归类管理,推进规范化和精准化的风险管理。但对整体而言,特大型工程投资项目社会稳定风险规范化的普及率仍待拓宽,实际操作仍需改进,精准化尚需全面提升。

因此,特大型工程投资项目社会稳定风险的精准治理原则要求:一是静态层面的规范化管理程序、方法和工具等规定;二是常态层面的长效机制,要做到真抓实干以及贯彻落实;三是动态层面的规范化流程,形成从规划到推行,从实施到改进的良性循环,对精准治理持续推进。

(三)动态治理原则

特大型工程投资项目社会稳定风险源头往往处于紧密交织并且相互激发的状态,从而导致了风险的随时变化甚至持续升级,这与风险管控和治理架构的长期固化相矛盾,因此无法进行有效的风险治理。具体表现在以下几点:一是风险治理制度无法与新生的社会稳定风险相适应;二是知识的不及时更新导致对风险应对准备不足,表现为对有可能产生严重后果的新生风险的敏感性不高;三是在对新生风险无法做到有效应对,往往失误频出。因此,要求用动态更新来回应升级中的特大型工程投资项目社会稳定风险。

特大型工程投资项目社会稳定风险的动态治理原则要求：一是知识层面，形成系统的案例库，通过收集实时的风险信息，对社会稳定风险的特征不断更新，以形成规范的管理系统。二是制度层面，建立健全风险沟通机制并加强相关学习，长期的知识学习可以有效提高风险管理的能力。三是技术层面，做到对中低危等级风险的持续关注和定期评估，形成特大型工程投资项目社会稳定风险管理模式的动态调整，即在必要时能够迅速从低危风险等级的管理模式切换到高危风险等级的管理模式。

二、特大型工程投资项目社会稳定风险治理现代化的特点

（一）治理化

在一般人看来，"统治"与"治理"两种方式似乎没有什么区别，但是仔细看来，两种方式有着质的区别。统治的关键点在于强制性，其得以实施的关键在于依赖具有强制性的国家权力并通过强制手段来维持特大型工程投资项目建设区的社会稳定，在该模式下，隐藏着更大的社会稳定风险，因为普通的社会公众受制于国家权力的强制性，只能被迫接受而没有任何辩驳的机会。在治理的方式下，一改强制性的特点，转为以民主合作为特点的治理，通过谈判协商来维持特大型工程投资项目建设区的社会稳定。因此这种治理方式下讲究民主，只有大多数人同意执行才可以继续下去。目前我国对于特大型工程投资项目社会稳定风险采用后者的方式进行管理，各级政府作为主体，发挥着统领全局的重要作用，推动了从统治模式到新的现代化治理模式的彻底转变。

（二）有限化

政府作为特大型工程投资项目社会稳定风险治理现代化的主体，在构建特大型工程投资项目社会稳定风险治理现代化体系中具有重要地位。因此若要实现特大型工程投资项目社会稳定风险治理现代化，首先，需要实现政府治理的现代化。之前的政府模式追求全能型发展，但是全能在某种程度上意

<<< 第八章 特大型工程投资项目的社会稳定风险治理现代化体系

味着无效、无能,这种方式实际潜藏着很多弊端。首先,全能型政府意味着办事效率低下,无法认真彻底地履行好每一项职能。其次,全能型政府意味着对于任何事情,政府机关都拥有绝对的权力,在这种情况下,无实权的社会公众就处于劣势地位,自己的合法权益得不到保障,利益诉求得不到倾听,从而会进一步引发官民之间的矛盾与冲突。因此,减少社会稳定风险,实现社会稳定风险治理的现代化,就需要建立"有限化"的政府,促进政府机关从低效逐步走向高效。

(三)法治化

法治,是指特大型工程投资项目社会稳定风险的治理依赖于明文规定的宪法和法律,整个治理过程都是合法的、规范的。目前大部分的特大型工程投资项目建设区已经实现法治化,但是仍有小部分区域由于地域偏僻等原因,法治化程度不高,所以更容易激化各种矛盾,引发特大型工程投资项目社会稳定风险。就全国的特大型工程投资项目而言,特大型工程投资项目社会稳定风险的治理逐步向法治化发展,逐步实现全面的法治化。

(四)服务化

特大型工程投资项目社会稳定风险的治理现代化与政府工作息息相关,除此之外,政府又是主要的现代化治理主体,因此政府的服务化特点也可以看作是特大型工程投资项目社会稳定风险治理现代化的特点。政府是为人民服务的政府,主要职能是为社会公众提供各种公共服务和提高社会公众生活质量。

在特大型工程投资项目的实际实施过程中,不可避免地会产生一些社会风险和矛盾冲突,此时,需要具备法治、民主、责任、效率等现代化特征的政府出面解决问题,通过改革和创新来建设服务型政府,这是其走向社会稳定风险治理现代化的必要前提之一。

(五)透明化

特大型工程投资项目建设期间,要求做到除了涉及国家机密的信息之外,其余信息都有必要向社会公众公开,实现信息公开透明化。信息透明化可以有效地解决信息不对称问题，充分保障工程项目建设区域社会公众的知情权，减少矛盾冲突，保证社会稳定。若特大型工程投资项目建设区社会公众知情权得到保障，可以进一步激发社会公众对本区域社会事务的参与热情，提高特大型工程投资项目社会稳定风险治理的效果。因此，在特大型工程投资项目社会稳定风险治理过程中，政府应当做到以下几点来保证治理工作的透明化：首先，政府要有开放的心态，虚心接受社会公众对其提出的建议；其次，保证公共决策过程与执行过程的公开透明；最后，信息垄断会使得信息不对称，容易滋生"寻租"等腐败问题。因此，政府要依法把各项公共政策、法规规章等公共信息公开，从根本上实现特大型工程投资项目社会稳定风险治理的透明化。

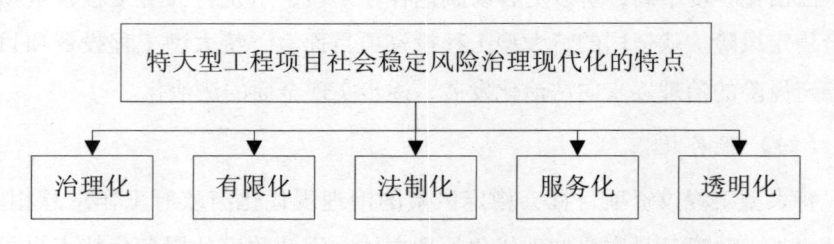

综上所述，特大型工程投资项目社会稳定风险治理现代化的特点可以总结为图 8-1。

图 8-1 特大型工程投资项目社会稳定风险治理现代化的特点

第三节　特大型工程投资项目社会稳定风险治理现代化的总体思路

一、优化社会稳定风险管控体系

风险管控的定义有很多，本书认为，对于特大型工程投资项目来说，风险管控是指在一个存在风险的环境中，通过合理有效的防范和治理措施，以

<<< 第八章 特大型工程投资项目的社会稳定风险治理现代化体系

消除各种风险或将风险降至最低的过程。风险管控的理想状态,从经济层面讲,就是以最小的成本来最大程度地化解危机,从而最大化收益。风险管控应着重于降低风险产生的概率和减小风险事件造成的经济损失。风险识别、风险评价、风险应对是风险管控的主要内容,同时这三个环节紧密联系,任何一方面工作的不力或出错都会降低整体的风险管控效果。特大型工程投资项目社会稳定风险管控体系在总体上,要做到组织结构清晰、上下相接、下级对上级负责以及全员共同参与、分工明确、责任明确,形成一个全方位、立体性的规范化体系。

因此要完善风险管控程序,优化特大型工程投资项目社会稳定风险管控体系。

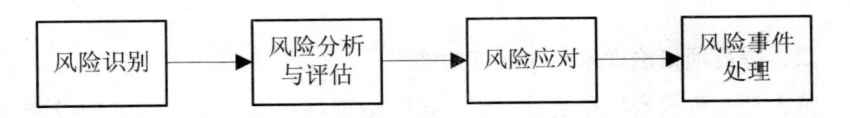

(一) 特大型工程投资项目社会稳定风险管控程序

特大型工程投资项目社会稳定风险管控程序,包括风险识别、风险分析与评估、风险应对和风险事件处理,如图8-2所示。

风险识别 → 风险分析与评估 → 风险应对 → 风险事件处理

图8-2 特大型工程投资项目社会稳定风险管控程序

(二) 特大型工程投资项目社会稳定风险识别

风险识别作为特大型工程投资项目社会稳定风险管控的首要步骤,必须做到准确识别出所面临的各种风险,进尔根据这些风险制定并完善相关应对措施。风险识别的基础是风险的可识别性,而风险识别的主要来源是各种风险所带来的危害。风险识别主要建立在对各种风险信息资料全面搜集和整理的基础上,同时由经验丰富的项目风险管理专家来识别可能存在的风险。

(三) 特大型工程投资项目社会稳定风险评价

风险评价就是对已经识别出来的各种风险进行评价,主要内容包括风险产生的概率高低和风险所造成的损失大小。对于项目风险管控来说,最主要的是经济性原则,即对此项目进行风险防控所花费的成本不能超过其所带来的收益。换句话说,如果项目风险管控背离了经济性原则,那么这项工作便毫无意义。同时,管理者只需要干预那些发生概率高或所产生的危害程度大的风险,没有必要干预那些一般的风险。

(四)特大型工程投资项目社会稳定风险应对

社会稳定风险应对,是指在识别出风险并对其进行评估后,融入更多不可预见的因素,实施相应的修改程序,通过对风险识别评估资料的仔细研究,对识别出的风险制定相应的措施,以降低风险发生的概率并最大程度地减少损失的过程。这个过程不是为了将风险进行消除,而是为了尽力控制风险以及最小化损失。社会稳定风险应对的指导原则为"最低合理可行"(as low as reasonably practicable),即保证风险处于最低可接受的范围,不必追求最优,但需要达到更优。社会稳定风险应对方法主要有:风险预防、风险缓解、风险转移、风险回避、风险自留、风险利用。

二、提高项目治理水平和治理效能

特大型工程投资项目的社会稳定风险治理是指围绕特大型工程投资项目产生的社会稳定风险,政府、项目法人、承包商、供应商、分包商、监理单位、设计单位、施工人员、当地群众、专家学者、社会公众、媒体、社会组织等诸多主体,对因各自利益诉求不同而产生的冲突问题进行协调,防范化解多元主体冲突放大下的社会稳定风险扩散问题,共同参与对特大型工程投资项目社会稳定风险的相关事务、相关组织进行规范和管理,最终达到公共利益最大化和社会稳定目标的过程。

纵观我国的治理改革局面,党的十九届四中全会提出坚持和完善中国特色社会主义制度、推进国家治理体系和治理能力现代化。在党中央的统一领导下,地方政府是国家治理现代化的基础,同时也是国家治理现代化战略关键的实施者和践行者。因此,要不断加强和完善政府治理职能,这是提高项目治理水平和治理效能的重要保障。

首先,人力资源是开展一切活动的基本保障,政府部门要打造一支专业知识能力突出且技术和管理并重的风险治理人才队伍,同时对特大型工程投资项目社会稳定风险的各个阶段发展及工作要清晰地了解和掌握,具有较高的任务执行力。建立专业的风险治理团队,可以有效推进风险教育相关工作,从而更好地识别风险,更合理地进行决策,在风险事件发生后更妥善地引导应对,以尽可能消解风险及最小化损失。其次,全球化风险社会背景下,每个人都应该对社会稳定风险有一个正确的认知:风险随时可能发生,必须杜绝侥幸心理,时刻保持高度警惕。不论是政府还是项目中的其他主体,都应该确立正确的社会稳定风险意识,应该采用积极主动的态度去应对可能出现的风险。最后,作为社会稳定风险治理过程中的重要环节,科学开放的风险沟通机制是必不可少的,贯穿于整个风险治理过程。有效的沟通以信任及互动为基础,风险沟通则更需要信息的持续交流。因此,建立合理的信息交流平台和载体,可以有效推动信息资源往政府部门集聚,并共享至项目工程各个部门,使各类资源有序流动,避免了无序流动所造成的成本增加及资源配置效率降低。

三、构建多方协同的全面治理体制

所谓多方协同的全面治理体制,就是基于政府治理能力较高而整体治理能力较低的现实情形,政府在风险治理中既发挥其主导作用,又保护并尊重项目中其他利益相关主体的地位及项目整体自身的运作机制和规律,从而达到多方协同的、全面有效的治理。政府还应当充分考虑当地群众等其他主体的意见,让当地群众等其他主体也参与到特大型工程投资项目社会稳定风险治理机制中,形成多方协同的全面治理体制,可以有效地提高对特大型工程社会稳定风险的治理能力。

多方协同的全面治理不同于以往政府自上而下运用权力来进行管理,而是一种上下互动、多方合作的管理模式,政府与当地群众等其他主体不再是单纯的管理与被管理的关系,强调的是各类主体可以通过平等协商来化解矛盾与冲突。与多元主体利益协调机制是以治理目标为基础一样,首先,多方协同的全面治理体制也要以治理目标为基础,逐渐推进政府与当地群众等其他主体的合作治理,为实现共同的治理目标而努力;其次,要增强政府与当地群众等其他主体之间的信任度,因为在合作治理中主体间的信任度越高,达成合作的概率就越大;最后,各主体也要提高自身合作治理的能力,为多方协同的全面治理打下坚实的基础。

因此,完善特大型工程社会稳定风险治理对策,最重要的是政府必须打破与项目其他主体间的权力壁垒,将各个部门、企业、群众等其他利益相关者共同纳入风险治理体系,并为其拓宽参与渠道,建立信息共享平台。同时,群众等其他主体都应该承担起社会稳定风险治理的重任,政府除为这些利益相关者拓宽参与治理过程途径外,也要在物质或精神层面上给予他们赞扬和认同,为其营造健康良好的参与式社会空间。另外,必须有效推进和完善利益相关者的参与制度,协同治理就是多方合作开放性的参与,共同推进决策、民主化,做到从"告知性参与""限制性参与"走向"合作性参与""决策性参与"。政府部门在风险治理中必然会存在能力上的不足,这是由其专业性上的短板所决定的,而当地群众等其他相关主体作为风险治理过程最广泛的参与者,始终扮演着至关重要的角色。由于数量众多,群众在风险识别方面具备其他利益相关者难以企及的独特优势,每一位群众提高风险防范意识和识别能力,会大大缓解政府在风险识别以及治理过程中的压力,对于构建多方协同的全面治理局面十分有利。

第四节 特大型工程投资项目社会稳定风险治理现代化的重要举措

一、强化特大型工程投资项目社会稳定风险化解意识

风险化解意识是一种对不确定性后果的意识,是一种反思意识与责任意识,根本上是注重风险的存在。强化特大型工程投资项目社会稳定风险化解意识就是加强对社会稳定风险的识别能力,确保风险产生时能够被发现并及时应对。

(一) 提高风险意识

对特大型工程投资项目社会稳定风险,从政府到其他各个主体,都应提高忧患意识,重视风险发生的可能性。就政府层面来说,现今社会稳定风险的相关预防工作在政府部门的绩效考核中成熟度不高,仍需不断实践和完善,政府部门对这方面认知不足且未做出明确指示,也暴露出一些弊端。部分政府有关工作人员追求绩效且不愿意在难以提供可视化绩效的社会稳定风险治理的前期阶段中花费成本,鉴于相关情况,在对政府部门绩效进行考核评价时,应该将社会稳定风险防治工作视为考虑因素,尤其是使用能够实现科学评估和能进行定量分析的有效绩效指标,在一定程度上提高政府部门对于这部分工作的重视力度,达到应对和防范社会稳定风险的目的。对于其他各个主体而言,要以政府为导向,提高风险化解意识,制定相应风险应对预案,做好风险随时可能发生的准备。

(二) 加强风险教育

目前,风险方面的相关教育在我国社会较为缺乏。首先,我国相关部门并没有相应的风险防范及化解意识,没有制定相应的规章制度来发挥教育在提升风险意识方面的作用;其次,没有系统的风险教育知识课程,使民众有效提升风险意识从而降低风险发生的可能性;最后,各主体自身也缺乏意识去接受风险教育,以致在遭遇风险时无法有效应对风险,甚至由于缺乏知识而处理不当,使自己处于更大的风险之中。因此,加强风险教育是强化特大型工程投资项目社会稳定风险化解意识的重要基础。

(三) 强化信息共享

共享的信息平台能够确保风险预警信息发布的及时性,为风险的预警和处置争取时间,将数据孤岛这一严重阻碍风险治理时效的短板成功攻克,为提高风险意识提供科技支撑。同时,特大型工程投资项目社会稳定风险的各个利益相关主体在这个开放共享的数据平台上共同活跃,使得各个主体都能够公平享受由于科技进步带来的红利,在提供强大信息资源支持的基础上提高对社会稳定风险的化解意识。

二、提高特大型工程投资项目社会稳定风险化解能力

特大型工程投资项目社会稳定风险治理的总体目标是特大型工程投资项目的相关主体协调配合,对特大型工程投资项目的社会稳定风险进行防范与化解,从而推动特大型工程投资项目的建设与区域社会经济的协调发展,发挥特大型工程投资项目的巨大社会经济效益。因此,为了更好地协调经济发展,推进国家治理体系和治理能力现代化,必须提高特大型工程投资项目社会稳定风险化解能力。

(一)增强利益相关者之间的沟通与交流

特大型工程投资项目参与的主体众多,虽然增加了风险管理的复杂度,但也提供了更有效实施管理的机会。因此,管理者应不断加强与合作方之间的交流互动,在对自身风险应对能力进行评价的同时,也要权衡各方主体的资源优势,以客观地制订更加切合实际的风险应对措施。

(二)决策阶段的项目放弃

风险可能在掌控之内,也可能无法有效地控制。对于前者,可以在项目决策阶段利用现有的资源或相应措施,以降低风险发生的概率或尽可能减少风险带来的损失;对于后者,即计划内无法采取措施进行控制的风险,同时波及范围广、社会影响大,则可考虑放弃此项目的投资,以防止风险扩大。

(三)快速有效的突发事件应急处置

在特大型工程投资项目的实施阶段,当出现突发性事件并可能产生社会影响时,应快速采取相应的应急措施,尽可能阻断风险的扩散并抑制其衍生危害。在项目的成熟阶段,此时项目已有很长的建设期,因此不必再讨论项目的可行性,应该思考该项目引发社会稳定风险时,如何提高对突发事件的

<<< 第八章 特大型工程投资项目的社会稳定风险治理现代化体系

应急处置能力和风险治理效能,从而减轻风险对项目整体和社会所带来的影响。

(四)社会参与的风险转移策略

在特大型工程投资项目社会稳定风险发生后,风险的不断蔓延及危害程度的扩大将会导致项目方或企业无法处理。此时,政府需要发挥治理作用并动员社会多方共同参与,采取合理的风险转移策略,即调动多方力量来共同分担面临的风险,推动特大型工程投资项目多方协同的全面治理体制发挥出更大作用。

三、完善特大型工程投资项目社会稳定风险化解手段

引发特大型工程投资项目社会稳定风险的因素有多种,因此我们需要从多角度多方面对产生的社会稳定风险进行化解,从而保证特大型工程投资项目的正常实施,进而维护社会稳定。特大型工程投资项目社会稳定风险化解手段通常包括机制和技术两方面。机制是指共建共治共享的社会工程项目治理制度,该制度包含多种机制,如诉求表达及利益协调机制、社会矛盾纠纷多元预防化解综合机制、三联机制、公共安全机制等;技术是指大数据、区块链等科学技术。通过机制和技术两大层面,逐步化解特大型工程投资项目社会稳定风险,如图8-3所示。

(一)完善共建共治共享的社会工程项目治理制度

1. 完善诉求表达及利益协调机制

一是完善诉求表达机制。积极发挥多种诉求表达渠道,这些诉求表达渠道包括人大、政协、人民团体、社会组织、基层群众自治组织以及新闻传媒等,通过这些渠道及时真实地反映社会公众的利益诉求。二是规范利益协调机制。利益协调机制主要包括制度和程序:制度包括公共决策社会公示制度、公众听证制度及专家咨询论证制度。程序包括凡是涉及特大型工程投资项目建设区域社会公众切身利益的重大决策,都要把社会风险评估作为首要程序。

```
                    ┌─────────────────────────────────┐
                    │ 特大型工程项目社会稳定风险化解手段 │
                    └─────────────────────────────────┘
                           ↙              ↘
                    ┌──────┐          ┌──────┐
                    │ 机制 │          │ 技术 │
                    └──────┘          └──────┘
```

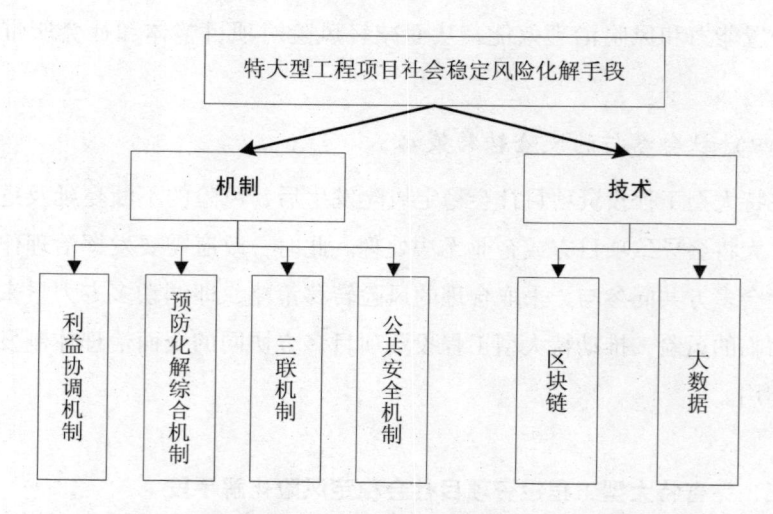

图 8-3　特大型工程投资项目社会稳定风险化解手段

（机制下含：利益协调机制、预防化解综合机制、三联机制、公共安全机制；技术下含：区块链、大数据）

2. 完善社会矛盾纠纷多元预防化解综合机制

首先，特大型工程投资项目建设过程中，由于多方面的原因，不可避免地会产生一些利益主体间的冲突，冲突解决不当，便会进一步扩大，造成更加恶劣的影响，因此我们必须努力在基层将矛盾化解。解决矛盾必须先提供解决矛盾的途径，可以通过拓宽人大代表、政协委员、律师、法律工作者等第三方参与纠纷化解的制度化渠道，吸收专家参与技术性领域纠纷解决工作，让更多纠纷通过社会力量调解得到化解。其次，通过不断完善社会矛盾排查预警机制，运用科学技术加强各阶段监控，从源头上预防和减少矛盾，及时有效地把矛盾化解在基层。

3. 形成三联机制

三联机制是指当特大型工程投资项目产生社会稳定风险时，能够及时对风险进行化解，形成问题联治、工作联动、平安联创的工作机制。该机制主要包括以下内容。首先，发挥法治对社会稳定风险的控制作用，在治理现代化的过程中，要强调法治的作用，努力解决特大型工程投资项目建设期的各种冲突矛盾。其次，提高应对特大型工程投资项目社会稳定风险的专业化水平，重视人才培养，尤其是要培养具有坚定理想、卓越才能的优秀人才。最后，加强法律法规意识的培养，提高对特大型工程投资项目实际运行过程中的各类风险发现、防范、化解、管控能力，把风险化解于无形。

4. 健全特大型工程投资项目公共安全机制

完善共建共治共享的特大型工程投资项目社会稳定风险治理制度，就需要把健全公共安全体系作为重点。第一，特大型工程投资项目的建设，需要在项目建设区建立公共安全隐患排查和安全预防控制体系，完善和落实安全生产责任和管理制度；第二，要坚持高标准、严要求的原则，不断完善和坚持特大型工程投资项目社会稳定风险评估制度，推动项目利益相关者落实风险防控责任。与此同时，除了完善公共安全体系之外，还需要健全参与机制，强化科技手段运用，切实提高特大型工程投资项目社会稳定风险预防控制能力。

（二）利用新技术发挥科技支撑作用

特大型工程投资项目社会稳定风险化解手段除了构建共建共治共享的社会工程项目治理制度之外，还可以通过利用一些新型技术来提高预测、预警和预防特大型工程投资项目建设过程中的各类风险能力，增强特大型工程投资项目建设区社会治安防控的整体性、协同性和精准性。把整体性、协同性和精准性作为化解特大型工程投资项目社会稳定风险手段的内在要求，贯穿于特大型工程投资项目社会稳定风险预测、预警和预防的全过程，更加注重资源共享、条块互补。因此我们可以通过区块链、大数据等信息技术手段提高特大型工程投资项目社会稳定风险防控的精准化与精细化水平。

1. 区块链

区块链的本质是一种数据结构，将各种数据按照时间顺序进行有序排列，排列时需要设置密码，具有不可篡改和不可伪造的特点。广义来讲，区块链技术是利用块链式数据结构来验证与存储数据、利用分布式节点共识算法来生成和更新数据、采用密码的形式来设置访问权限。具有去中心化、开放性、自治性及信息不可篡改性等特点。

将区块链的新信息技术运用到特大型工程投资项目社会稳定风险治理过程中，将会具有重要意义。如区块链具有开放性的特点，除了涉及不可泄漏的机密之外，数据都会对所有人开放，任何人都可以随时随地地查询所需要的信息，促进了信息透明化。通过区块链技术，可以加强特大型工程投资项目社会稳定风险治理的透明化。除此之外，区块链信息不可篡改的特点也为特大型工程投资项目社会稳定风险的治理提供了便利。由于信息不可篡改，所以就杜绝了部分改变原有事实、捏造虚假现象事情的发生，客观上促进了特大型工程投资项目社会稳定风险治理的公正化。

2. 大数据

"大数据"中的多元数据组可能来自媒体、政府及公共事业单位网站、社会群众的集体访谈等渠道，这些多元数据组具有特定的序列。将大数据运用于特大型工程投资项目，对于特大型工程投资项目社会稳定风险的现代化治理具有重要意义。大数据具有以下特点：第一，数据体量巨大。从 TB 级别，跃升到 PB 级别；第二，数据类型繁多，如网络日志、视频、图片、地理位置信息等；第三，信息数据处理速度快。以上特点充分体现了新型信息技术的优越性。一项特大型工程投资项目具有建设周期长、规模大等特点，因此包含着各种各样的复杂数据，但是由于每个数据的重要程度不同，并且每次寻找的目标数据也不尽相同，往往在筛选数据时具有一定困难。如果将该新信息技术运用其中，则会大大提高工作效率，对于特大型工程投资项目社会稳定风险的现代化治理具有极大的促进作用。

小　结

本章是特大型工程投资项目社会稳定风险治理现代化体系研究。首先，阐述了特大型工程投资项目社会稳定风险治理现代化的需求，同时分析了特大型工程投资项目社会稳定风险治理现代化的原则及特点。其次，基于以上原则和特点，进一步提出特大型工程投资项目社会稳定风险治理现代化的总体思路，即通过优化社会稳定风险管控体系、提高项目治理水平和治理效能以及构建多方协同的全面治理机制等方面逐步实现特大型工程投资项目社会稳定风险治理的现代化。最后，在总体思路的基础上，从强化风险化解意识、提高风险化解能力及完善风险化解手段三方面提出了特大型工程投资项目社会稳定风险治理现代化的重要举措。

第九章

结论与展望

第一节 研究结论

在当前国家强调推进治理体系与治理能力现代化的背景下，加强对特大型工程投资项目多元利益冲突以及由此引发的社会稳定风险的治理也应当被包含在内，特别是近几年来党和国家高度重视重大风险与社会矛盾化解，特大型工程投资项目社会稳定风险问题成了社会各界关注的焦点和学术界研究的热点。本研究面向特大型工程投资项目的利益冲突，基于特大型工程投资项目利益相关者与主体利益诉求之间的复杂关系，运用社会网络分析工具界定特大型工程投资项目主体的关键利益诉求，由此利用博弈论理论与方法分析关键利益主体冲突如何放大，并在此基础上提出基于多元利益主体冲突化解与社会稳定风险信息干预的特大型工程投资项目社会稳定风险治理的多元主体合作治理，并指出构建特大型工程投资项目社会稳定风险治理现代化体系的方向。主要结论如下：

第一，特大型工程投资项目的利益相关者众多，各利益相关者所追求的利益诉求也不尽相同，利益相关者与利益诉求形成了复杂的网络关系，影响了特大型工程投资项目利益冲突放大与社会稳定风险形成。本研究在分析特大型工程投资项目社会稳定风险内涵与特征基础上，探讨特大型工程投资项目利益冲突放大与社会稳定风险的关系，从关键利益主体冲突放大分析特大型工程投资项目利益冲突放大机理，利用社会网络分析方法界定了特大型工程投资项目主体的关键利益诉求，形成了利益冲突放大视角下研究特大型工程投资项目社会稳定风险治理问题的基本思路。

第二，通过识别特大型工程投资项目利益相关者与利益诉求，运用社会网络分析方法构建特大型工程投资项目"利益相关者—利益诉求"2－模网络，并从网络中心性、结构洞等方面进行定量测度，研究发现：

1. 从特大型工程投资项目主体的利益诉求研究结果来看，特大型工程投资项目"利益相关者—利益诉求"2－模网络中社会安全诉求、项目进度诉求、财务成本诉求、自然环境利益诉求、项目经济利益诉求、居民健康诉求、利益补偿诉求、就业诉求、居民生活质量诉求的度大于主节点集度的平均值，且在所有调查问卷中出现频次较高，因此被认为是特大型工程投资项目的主要利益诉求。

2. 从特大型工程投资项目利益相关者研究结果来看，当地政府、当地群众、项目法人、媒体、社会组织、社会公众、专家学者的度相对较高，与之密切的利益诉求较多，而且在所有问卷中出现的频次也较高，因此被认为是主要的利益相关者。

3. 剔除影响较小的利益相关者与利益诉求因素后，对特大型工程投资项目"利益相关者—利益诉求"2－模网络进行冗余矩阵、限制度矩阵及结构洞测度，发现利益补偿诉求、自然环境利益诉求不但处于特大型工程投资项目利益相关者的利益诉求关系网络的核心，而且其总限制度较低，行动效率较高，说明其在特大型工程投资项目主体的利益诉求中有着比较重要的地位，因此被认为是特大型工程投资项目主体的关键利益诉求。

第三，在确定特大型工程投资项目主体的关键利益诉求基础上，研究地方政府、项目法人与当地群众由于关键利益诉求的不同产生的利益冲突，从主体博弈的视角分析特大型工程投资项目利益冲突放大过程，研究特大型工程投资项目利益冲突放大机理，结果表明：

1. 对于地方政府与当地群众之间由于经济利益引发的冲突，主体情绪对冲突博弈有一定的影响，在处理两者冲突时应该在严厉处罚暴力抗争行为时关注当地群众情绪，有效控制冲突放大。

2. 对于项目法人与当地群众之间犹豫自然环境利益诉求引发的冲突，两者之间存在着信息不对称，利用不完全信息动态博弈模型研究得出分离均衡与混同均衡条件，发现有效的信息沟通可以有效控制当地群众与项目法人之间的冲突。

3. 对于地方政府与项目法人之间的冲突，利用风险管理博弈模型得出应当加大双方不重视风险管理的惩罚力度，以此来促进双方对风险管理的平衡，降低冲突发生可能。

第四，本研究基于特大型工程投资项目利益冲突的社会稳定风险治理困境与国际借鉴，从主体、动力与结构三方面提出特大型工程投资项目社会稳定风险的多元主体合作治理框架，针对利益冲突放大问题，提出特大型工程投资项目多元利益主体冲突化解机制与社会稳定风险信息干预机制，并在治理体系与治理能力现代化理念下提出特大型工程投资项目社会稳定风险治理现代化体系的构建方向。

1. 在多元主体合作治理模式下，针对特大型工程投资项目利益冲突放大问题，从多元主体冲突化解的公众参与机制、多元主体利益协调机制、多元主体利益补偿机制等方面构建了多元主体合作治理模式下特大型工程投资项目的多元利益主体冲突化解机制。

2. 在多元主体合作治理模式下，针对特大型工程投资项目社会稳定风险信息扩散问题，确定社会稳定风险信息干预机制构建总体思路，分别从社会稳定风险信息的源头干预、过程干预、处置应对全过程构建多元主体合作治理模式下特大型工程投资项目的社会稳定风险信息干预机制。

3. 在总结特大型工程投资项目社会稳定风险治理现代化需求基础上，分析特大型工程投资项目社会稳定风险治理特点，从优化社会稳定风险管控体系、提高项目治理水平和治理效能、构建多方协同的全面治理体制三方面提出特大型工程投资项目社会稳定风险治理现代化总体思路，并从强化风险化解意识、提高风险化解能力、完善风险化解手段三方面提出特大型工程投资项目社会稳定风险治理现代化的重要举措。

第二节 研究展望

本研究基于利益冲突放大视角研究了特大型工程投资项目社会稳定风险治理问题，探讨了关键利益主体冲突放大过程，并基于此提出了多元利益主体冲突化解机制、社会稳定风险信息干预机制以及社会稳定风险治理现代化体系。然而，由于时间、数据的局限性，还存在许多不足之处，需要在今后的研究中不断深入：

1. 本书在构建特大型工程投资项目利益相关者与利益诉求复杂网络关系时，虽然依靠研究团队广泛的合作关系，对相关特大型工程投资项目进行了实地调研，但要吸引特大型工程投资项目所有利益相关者参与其中仍然存在较大困难，特别是一些利益相关者还有可能因为保密或者匿名原因不能保证提供数据的真实性。因此，未来要对更多案例进行研究，完善特大型工程投资项目"利益相关者—利益诉求"2-模网络，为界定关键利益诉求与关键利益主体提供更科学有效的支撑。

2. 本书在对特大型工程投资项目关键利益主体冲突放大的仿真研究中，相关参数如地方政府采取强硬策略时获得的额外收益 ΔU、当地群众采取抗争策略时获得的额外补偿收益 ΔV 等采取的假设赋值，虽然是在大量阅读文献及对相关专家访谈的基础上确定的，但仍然存在不准确的缺陷。在今后的研究中应该加大对相关数据的搜集和社会调查，以满足仿真研究的需要。

3. 特大型工程投资项目社会稳定风险的影响具有动态的演变性，会随着社会发展等外部因素变动而产生新问题和新情况，尤其是风险社会带来的社会网络结构及特大型工程投资项目投资环境的变化，会影响特大型工程投资项目社会稳定风险。这需要在今后研究中考虑变化的利益相关者、利益诉求以及相关的社会稳定风险因素，研究动态变化环境下特大型工程投资项目利益冲突放大与社会稳定风险形成机理，进而提出更有针对性的治理机制。

4. 本书在提出多元主体合作治理模式下多元利益主体冲突化解机制、

多元主体合作治理模式下社会稳定风险信息干预机制的基础上,给出了特大型工程投资项目社会稳定风险治理现代化体系。但只是从特大型工程投资项目社会稳定风险治理现代化体系的总体思路与主要举措方面给出了构建方向,并未给出具体的治理现代化措施,这需要在今后的研究中,进一步解读推进国家治理体系与治理能力现代化要求,进而结合特大型工程投资项目利益冲突与社会稳定风险特征,提出更加具体的特大型工程投资项目社会稳定风险治理现代化体系。

附录

特大型工程投资项目利益相关者与利益诉求的关系调查问卷

您好！首先感谢您能抽出宝贵的时间来参与本次调查，非常感谢您的支持！

我们正在进行一项关于特大型工程投资项目的利益相关者及利益诉求的调查，期望能够发现特大型工程投资项目中的关键利益相关者与关键利益诉求，为特大型工程投资项目的社会稳定风险管理提供参考。我们相信您的答案和意见将会为本研究提供极大的帮助，我们向您保证有关调查资料只用于学术研究。

本研究首先利用文献综述的方法，识别了部分利益相关者与利益诉求；然后，希望利用各位在工作、学习、生活中的经验进一步确定利益相关者与利益诉求，进而判断各利益相关者与各利益诉求之间的关系。在此基础上，利用社会网络分析等科学研究方法来确定关键利益相关者与关键利益诉求，以提高特大型工程投资项目社会稳定风险管理能力，为保证地区社会稳定做出贡献！

以下内容是为您完成调查问卷提供的参考资料：

1. 本研究中的特大型工程投资项目，是指建设规模巨大、投资规模庞大、涉及因素众多，对区域乃至整个国家有着重大而且深远影响的工程项目。这里工程项目具有广泛含义，既可以是水利工程、高速铁路，也可以是特大型石油、化工项目等，如三峡水利枢纽工程、南水北调工程、京沪高铁、粤港澳大桥、西气东输、战略石油储备工程等。

2. 初步识别出的特大型工程投资项目利益相关者如表1。

表1　特大型工程投资项目的利益相关者

利益相关者	利益相关者的描述
S1：政府	特大型工程投资项目所在地的政府机关
S2：项目法人	特大型工程投资项目建设的责任主体，负责项目策划、资金筹措、建设实施等
S3：承包商	具体承担特大型工程投资项目建设的相关单位，受雇于项目法人
S4：供应商	为特大型工程投资项目提供材料、设备等的相关单位
S5：分包商	承担特大型工程投资项目施工、运输、劳务等子工程的相关单位
S6：监理单位	承担特大型工程投资项目监理任务的单位
S7：设计单位	为特大型工程投资项目进行设计工作的相关单位
S8：施工人员	参与特大型工程投资项目建设施工的工人
S9：当地群众	生活在特大型工程投资项目所在地而且受到特大型工程投资项目的影响，包括移民群众
S10：专家学者	与特大型工程投资项目相关的项目管理、环境保护、工程技术等方面的专家学者
S11：社会公众	对特大型工程投资项目比较关心的非项目所在地的普通群众
S12：媒体	报纸、网络、广播等传统媒体和新媒体平台及其从业者
S13：社会组织	对特大型工程投资项目比较关注的环境保护、社会发展等方面的社会组织

3. 初步识别出的特大型工程投资项目利益诉求如表2。

表2　特大型工程投资项目的利益诉求

	利益诉求	利益诉求说明
经济利益诉求	R1：项目经济利益诉求	追求工程项目经济效益最大化
	R2：利益补偿诉求	受影响群众要求补偿更加公平合理
	R3：财务成本诉求	工程项目建设在保障质量前提下，成本越低越好
	R4：经济发展效率诉求	短期利益与长远利益同时兼顾
社会利益诉求	R5：社会安全诉求	工程项目建设要求保障社会安全
	R6：居民生活质量诉求	工程项目建设要求提高居民生活质量
	R7：居民健康情况诉求	工程项目建设要求保障居民健康
	R8：就业诉求	当地居民不因工程项目的建设而失业
环境利益诉求	R9：自然环境利益诉求	工程项目建设要求经济与自然协调发展
	R10：基础设施利益诉求	完善基础设施建设
文化利益诉求	R11：教育诉求	要求保障居民受教育权利、提高教育水平
	R12：文化发展诉求	减少文化冲突，促进文化融合和文化创新
其他利益诉求	R13：项目进度诉求	工程项目按时完工
	R14：项目管理权诉求	获得项目管理主导权

填表说明：请您根据您对各类特大型工程投资项目的实际了解以及上述资料，分三步完成表3：

第一步：您认为特大型工程投资项目包括哪些利益相关者？请依次在表

3 的第一列列出，您既可以从表 1 中选择，也可补充其他利益相关者填入。

第二步：您认为特大型工程投资项目的利益诉求有哪些？请依次在表 3 的第一行列出，您既可以从表 2 中选择，也可补充其他利益诉求填入。

第三步：您认为各利益相关者会与哪些利益诉求有关系？如果某一利益相关者与某一利益诉求有关系，则在相应表格中打"√"，无影响则不填。例如，如果您认为 S1 与 R1、R3、R5 有关系，则在 S1 与 R1、R3、R5 交叉的格子中打"√"。

需要说明的是：这里的关系指这一利益相关者非常关注这一利益诉求，间接的以及不能直接显现在社会中的较小影响都可以忽略不计。

您可以从您周围的特大型工程建设活动或者您印象最深刻的特大型工程投资项目中考虑进行填写！

表 3　特大型工程投资项目利益相关者与利益诉求的关系表

<<< 附录 特大型工程投资项目利益相关者与利益诉求的关系调查问卷

续表

利益诉求\利益相关者										……
……										

问卷到此结束，再次感谢您的支持！